KB057840

[김광일의 입]

당신의 대한민국이 무너지고 있다

[김광일의 입]

당신의 대한민국이 무너지고 있다

김 광 일 지음

문이당

책머리에

나는 표류한다. 떠서 흘러간다. 나는 나를 모른다. 누가 정체
성을 물으면 가슴만 뛸 뿐 어찌할 바를 모르겠다. 한때는 신을 사
랑하고 신을 향해 목숨을 걸 수 있을 것 같았는데 지금은 두렵기
만 하다. 한때는 박정희를 파쇼라고 생각해서 타도해야 한다고
외치며 돌멩이를 던졌는데, 지금은 그가 없었으면 이 나라가 어
떡할 뻔했겠는가 생각한다. 이승만이 죽었을 때 어머니와 이모가
통곡을 하던 장면이 떠오른다. 어떤 정치인의 꿈은 노년 인생의
탈脫 정치라고 했다. 나는 소설가가 꿈이었다. 나는 문학 담당 기
자였다. 나는 '무無 정치'였다. 그러던 어느 날 나를 돌아보니 정
치평론의 한복판에서 허우적대고 있었다. 나를 정치판에 끌어들

인 자는 누구냐. 나는 주류가 아닌 이방인인데도 정치 바깥에 머물 수가 없었다. 저들의 정치가 내 삶을 과도하게 틈입하고 규정했다. 허무도 낙관도 위로가 되지 못했다. 나는 표류한다. 태평양 전쟁 때 출격 직전인 가미카제 조종사에게도, 제1차 세계대전 때 독일군과 대치 중 기습공격에 나서는 영국군 참호 병사에게도 술을 한 잔씩 먹였다. 죽음과 맞바꾸는 술이었다. 나는, 내 잔에 내가 술을 따른다. 자식들에게 미안하다는 후회만 남는다. 나는 문재인 대통령을 좋아하지도 싫어하지도 않는다. 그가 나를 모르듯 나도 그를 모른다. 다만 내가 기자로 살아온 지난 36년은 지금 대통령이 걷고 있는 길이 바르지 않다고 말하고 있을 뿐이다. 나는 기자로서 소임을 다하려 한다. 나에게 애국심이 있는지 모르겠다. 너무 크다. 행복이 보장된다면 어디로든 떠나고 싶다. 좌도 우도 아닌 내가 시시비비를 따지는 근거는 오직 하나다. 공동체 구성원 모두를 위한 것인가, 그리고 과학적인가, 여부다. 말이 거칠어지고 성정이 메말라졌다. 어서 순하게 살고 싶다.

2020년 초겨울
김 광 일

이 책이 독자 여러분께서 기다리시던 맛 좋은 요리 한 접시일 수도 있다고 상상해 본다. 기획, 구상, 진행, 편집, 제목, 차례, 디자인, 사진 같은 갖은 레시피를 지휘한 셰프는 문이당 임성규 대표다. 필자는 몇몇 음식 재료를 날랐을 뿐이다. 임 대표께 경의와 감사를 드린다.

차례

책머리에

1장 정치에게 묻는다

2장 나라가 니꺼냐

3장 억울한게 아니라 분한 것이다

1장
정치에게 묻는다

난세에 영웅이 난다는 말이 있다. 임진왜란 때 이순신이 나라를 구했고, 해방 정국의 민족적 누란累卵 위기에서 자유민주주의 체제를 선택한 이승만 대통령, 온갖 반대를 물리치고 꿋꿋한 신념으로 경부고속도로를 건설했던 박정희 대통령. 이런 지도자를 떠올리는 독자도 적지 않을 것이다. 지금 나라 안팎에 여러 도전과 급변하는 국제정세로 난세亂世의 고비를 넘고 있다면 우리는 어떤 영웅을 기다리고 있는 것인가?

이상한 나라의 앨리스

한국판 '이상한 나라의 앨리스'

영국 작가 루이스 캐럴이 1865년에 내놓은 장편 동화다. 일곱 살배기 여자아이 앨리스가 토끼 굴을 타고 떨어져 '이상한 나라'로 가게 된다. 그때부터 정말 '이상한 모험'이 계속 된다. 요즘 한국 땅에서 살고 있는 주민들도 비슷한 느낌이다. 2017년 5월 대통령 선거가 토끼 굴이었던 셈이었을까. 그때 이후로 한 번도 경험해보지 못했던 일들이 연속으로 벌어지고 있다.

2020년 국정감사가 끝났다. 이번 국정감사에서 가장 뜨거웠던 인물들은 윤석열 검찰총장과 추미애 법무부 장관이다. 추 장관이 먼저 국감장에 나왔고, 다음에 윤 총장, 그리고 추 장관이 한 번 더 나왔다. 그런데 대한민국은 참 이상한 나라의 앨리스요, 이상한 대통령을 모시고 일하는 이상한 고위 공직자들이란 생각을 떨칠 수가 없다. 정신이 몽롱한 상태에서 아무 쪽 허공이나 보고 자기 얘기만 지껄이는 사람들이 모여 있는 집단 같다.

첫째 이상한 나라의 풍경은 윤석열·추미애 두 사람의 직설적인 발언에서 비롯됐다. 윤 총장은 분명하게 말했다. "법리적으로 검찰총장은 장관의 부하가 아니다." 그런데 추 장관은 이에 대해 똑같은 국감장에서 '장관은 총장의 상급자'라고 했다. 총장은 장관에게 "나는 당신의 부하가 아닙니다."라고 했고, 그러자 장관은 총장에게 "나는 당신의 보스가 맞소." 하고 정면으로 치받은 것이다.

부하가 아니라는 말이 나오자 민주당은 불난 호떡집처럼 떠들썩했다. 일단 부하라는 단어가 부적절하다고 지적하고 나섰다. 김용민 의원은 이렇게 말했다. "검찰총장이 장관과 친구입니까? 부하가 아니면 친구입니까? 대통령과도 친구입니까?" 추 장관은 "생경하다."고 했다. 노웅래 의원은 이렇게 말했다. "윤석열 총장, 선을 넘었습니다. 검찰총장이 법무부 장관의 부하가 아니라 한 것은, 자기는 위아래도 없다, 지휘를 따르지 않겠다, 결국 항명하겠다는 것과 다름없습니다. 지휘를 받아도 부하가 아니라는 말, 술 먹고 운전했는데 음주운전은 안 했다는 말입니다. 치졸한 말장난입니다."

그러나 많은 법조인들은 장관과 총장의 관계를 상명하복의 관계로 보지 않는다. 검찰청 법에 '검사의 임명과 보직은 법무부 장관의 제청으로 대통령이 한다'고 돼 있다. 따라서 추 장관이 윤 총장에게 '내 명을 거역했다'느니, '말 안 듣는 총장'이라느니 하는 인식 자체가 잘못됐다는 것이다. 윤 총장 본인이 이렇게 설명했다. "장관은 정치인이다. 정무직 공무원이다. 총장이 장관의 부하라면 수사와 소추를 정치인이 지휘하는 셈이다. 이것은 검찰의 정치적 중립과는 거리가 먼 얘기다."

복잡한 말이 필요 없다. 윤석열·추미애, 두 사람은 모두 대통령이 임명장을 준 사람이다. 윤석열은 부하가 아니라고 하고, 추미애는 자기가 상급자라고 하니 임명장을 준 대통령이 누가 맞는지 밝혀주면 될 일이다. 그러나 청와대도, 대통령도 꿀 먹은 곰처럼 침묵하고 있다. 그러면 안 된다. 대통령이 시시비비를 가려줘야 한다. 검찰은 행정기관인가, 준사법기관인가. 이런 논쟁이 가능하지만, 그것은 법조인이나 법학자들에게 알아서 하라고 하면 된다. 부하인지 아닌지 그것부터 가려달라는 것이다.

다음은 윤 총장의 거취 문제다. 윤 총장은 국감장에서 이렇게 말했다. "임명권자인 대통령께서 적절한 메신저를 통해 '흔들리지 말고 임기를 지키면서 소임을 다하라'고 말씀을 전해주셨다." 그러자 추 장관이 이것 역시 정면으로 치받았다. 추 장관은 "그분(문 대통령)의 성품을 비교적 아는 편이다. 절대로 비선秘線을 통해 메시지와 의사를 전달할 성품이 아니다."라고 말했다. 자, 이것도 누구 말이 80%쯤 맞고 누구 말이 20%쯤 맞고, 이렇게 타협 선을 정해서 어물쩍 넘어갈 일이 아니다. 분명하고 또 분명하다. 문 대통령이 윤 총장에게 소임을 다하라는 말을 했는가, 안

했는가, 둘 중 하나일 뿐이다.

하긴 문 대통령의 평소 어법으로 볼 때 물러나라는 것인지, 자리를 지키라는 것인지 애매모호하게 말이 전달됐을 수도 있다. 가령 "무슨 소리가 들리더라도 소임을 다하세요. 그러나 상황에 따라 스스로 거취 문제를 결정할 수도 있고요." 뭐 이런 식으로 메시지가 전달됐을 수도 있다는 뜻이다.

그런데 추 장관은 교묘하게 말을 바꿨다. 윤 총장은 '적절한 메신저'를 통해 그 뜻을 전달받았다고 했다. 그러니까 청와대 수석, 혹은 민주당 고위 당직자, 혹은 대통령의 최측근을 암시하는 듯 말했다. 그러나 추 장관은 그 적절한 메신저를 비선이라고 규정해버렸다. 적절한 메신저와 비선은 어감이 전혀 다르다. 하나는 적법한 느낌을 주고 다른 하나는 음험한 불법의 뉘앙스를 풍긴다. 게다가 추 장관은 문 대통령의 성품을 거론해버렸다. 내가 그분의 성품을 아는데, 절대 그럴 분이 아니다, 라고 해버린 것이다. 이런 화법과 말투는 학교 선생님이나 엄마가 말썽부릴 소지가 있는 아이를 어를 때 쓰는 것이다. '나는 네가 그럴 사람이 아니라는 것을 알고 있어, 다만 네 주변에 있는 친구들이 너를 꼬드겨서 이런 일이 벌어진 것이지.' 하는 식으로 쓰는 말인 것이다.

추 장관은 사실은 자신의 임명권자의 역린을 건드린 것이다. 내가 대통령 성품을 아는데, 그럴 분이 아니다, 라는 말은 다음과 같은 뜻이다. '윤 총장에게 소임 다하라는 메시지가 가긴 간 것 같은데, 그것은 아마도 대통령 잘못이 아니라 대통령을 측근에서 모시고 있는 사람들이 잘못 판단한 일인 것 같다, 국감 끝나고 나서도 비슷한 얘기가 다시 나와서는 안 될 것이다.' 이것은 감히 대통령과 청와대를 향해 다짐 받듯 못을 박아둔 것이다. 문 대통령과 청와대를 향해 다른 말이 나오지 않도록 미리 쐐기를 박아 놓은 것이라고 볼 수도 있다.

이 대목에서 이상한 나라의 앨리스를 떠올리는 것은 역시 문 대통령과 청와대의 침묵 때문이다. 총장은 분명하게 메시지를 받았다고 하고, 장관은 대통령의 성품까지 거론하며 쐐기를 박듯 없던 일로 만들어버렸는데, 정작 문 대통령은 꿀 먹은 곰처럼 조용하다. 이것이야말로 황희 정승이 했던 것처럼 "네 말도 맞다, 네 말도 맞다." 이런 식으로 넘길 수 없는 사안이 아닌가.

그런데 이상한 나라의 대통령을 본 것 같은 생각이 드는 이유는 보다 본질적인 문제 때문이다. 문 대통령은 윤석열 총장에게 "우리 윤 총장!" 하면서 임명장을 주었고, "살아있는 우리 권력도 수사하라."고 했고, "소임을 다하라."고도 했다. 이렇게 겉으로는 착하고 선한 이미지를 한껏 드러내놓고, 뒤로는 윤 총장을 포위 공격하고, 인사 학살을 하고, 수사팀을 공중분해시키고, 수족을 잘라 식물 총장으로 만들어버렸다. 조선일보 사설은 '이 모든 일의 뒤에 문 대통령이 있다는 사실을 모르는 사람이 없다.'면서

'이 이중성은 유체 이탈이라는 말로도 표현할 수 없을 지경.'이라고 했다. 그날 사설 제목은 이렇다. '너무 달라 두려움마저 드는 문 대통령의 겉과 속.'

윤 총장은 자신의 수사지휘권을 추 장관이 박탈한 것에 대해 위법하고 부당한 것이라고 했다. 그러자 추 장관은 "그런 말을 하려면 직을 내려놓으면서 검찰조직을 지키겠다고 해야 되지 않을까."라고 했다. 한마디로 '나한테 대들려면 사퇴한 다음에 해라.' 이런 뜻이다. 우선 총장이 장관의 부당함에 저항할 때 꼭 사퇴를 한 뒤에 해야 하는 것인지, 이런 인식부터 문제가 있다는 점을 지적하지 않을 수 없다. 직을 내려놓지 않고, 직을 유지하면서 얼마든지 장관의 잘못을 비판할 수 있는 것이다. 또 하나는, 추 장관이 혹시 총장에 대한 '해임 건의'까지 생각하고 있느냐는 점이다.

검찰총장 임기가 법률에 의해 2년으로 보장되기 시작한 1988년 이후 강제로 물러나게 하려면 1) 보직 해임, 2) 검사직 박탈, 3) 국회 탄핵 등 세 가지 방법밖에 없다. 그러나 보직 해임은 자칫 행정소송까지 갔다가 대통령이 패소할 가능성이 크다. 임기 3년을 보장받고 있는 KBS 사장에게서 그런 일이 한 번 있었다. 다음은 총장이 파렴치한 비리 사실을 저질렀을 때 하는 검사직 박탈과 탄핵이 있는데, 이것은 엄청난 국민적 저항과 정치적 역풍이 불 수 있다. 이런 상황 속에서 윤석열 총장은 "퇴임 후 국민들에게 봉사하겠다."는 국감 마지막 발언으로 정치권을 뒤흔들어 버렸다. 국민들은 다음 대통령 선거를 떠올리지 않을 수 없었다. 차기 대선 때 여야 양쪽 대표 선수는 결국 어떤 얼굴로 결정될지가 초미의 관심사로 떠올랐다.

'국민의 짐'이 되고 있는 야당

야당野黨이란 무엇인가

야당野黨이란 정당 정치 체제에서 지금 정권을 잡고 있지 않은 정당을 뜻한다. 정권과 더불어 있는 여당與黨이 아니라 들판(野)에 나가 있는 정당인 것이다. 진정한 야당이란 여당의 독주獨走를 견제하고 다음 선거에서 집권을 노릴 수 있어야 한다. 국민에게 부담만 된다면, 그렇게 차기 집권 가능성이 현저히 떨어진다면 차마 야당이라고 부르기 민망하다. 그땐 '반대를 위한 반대'를 일삼는 트집 잡는 정당이 되고 만다.

바보들의 특징이 뭘까. 한눈에 바보를 알아볼 수 있는 방법이 뭘까. 바보들에게는 두 가지 특징이 있다. 가장 큰 특징은 바보는 자신이 바보라는 것을 모른다는 점이다. '너 자신을 알라.' 이 유명한 말을 남긴 그리스 철학자 소크라테스, 수천 년이 지난 지금도 가수 나훈아는 〈테스형!〉이라는 노래로 전국을 휘어잡고 있는데, 대한민국 야당은 '너 자신을 알라.'는 말에서 너무도 동떨어진 수준에 처해 있는 것 같다. 지금 야당은 자신들이 바보라는 것을 정말 모른다. 바보들의 두 번째 특징은 '너는 바보 같아.'라는 말을 해주면 화를 낸다는 점이다. 그래서 우리는 바보한테 '너는 바보다.'라는 말을 하지 않는 게 좋다.

대한민국 제1야당 '국민의 힘', 이 당은 지금 국민에게 힘이 되고 있을까. 한 번도 경험해보지 못한 팍팍한 삶과 일상을 겨우 견디고 있는 국민에게 이 야당은 정말 힘이 되고 있을까. 이상돈 전 의원이 한 라디오 방송에 나와서 이런저런 얘기를 하다가 야당을 들먹이며 슬쩍 '국민의 흠'이라는 말을 했다. 물론 이상돈 전 의원이 한 말을 공감하는 것은 아니지만, 슬쩍 흘린 국민의 흠이라는 말이 귀에 들어와 박혔다. '힘'이 아니라 '흠'이라니, 말 재주를 부려 폐부를 찌른 것 치고는 마음이 아렸다. 문재인 정부에게 실망이 너무 커서 차라리 이민을 가야겠다는 말을 입에 달고 사는 분들도 야당을 향해서는 '국민의 힘'이 아니라 '국민의 짐'이 되고 있다고 쓴 소리를 마다하지 않는다. 지금 같은 야당은 국민에게 힘이 아니라 오히려 짐이 되고 있다는 것이다. 왜 그럴까.

김종인 비대위원장이 이끌고 있는 '국민의 힘'은 가장 큰 숙제가 서울시장 보궐선거를 이기는 것이다. 정치란 선거를 이기기 위해서 하는 것이고, 정치란 선거의 결과로 평가 받는 것이다. 정치란 세상을 바꾸기 위해서 하는 것이라면, 선거를 이기지 않고는 세상을 바꿀 수 없기 때문이다. 서울시장 자리가 뭔가. 천만 시민들에게 한 해 예산 39조5천억 원을 집행하는 자리고, 우리나라 정치를 상징하는 자리이며, 대통령 출마의 교두보가 될 수 있는 자리다. 그런데 당 내부 반발 속에 서울시장 보궐선거 준비 위원장으로 내정됐던 유일호 전 경제부총리가 임명된 지 사흘 만에 전격적으로 철회됐다. 후임에는 대구가 지역구인 3선 김상훈 의원이 그 자리를 맡았다고 한다. 이런 저런 얘기가 나오지만, 그런 것까지 알 필요도 없고, 눈 감고도 무슨 상황인지 많은 국민들은 짐작할 것이다. 한 마디로 김종인 위원장이 당내 혼란상을 지적하면서 "이러면 비대위원장 못 한다."며 격노했다고 한다.

밖으로 흘러나온 정황이 그 정도면 자기들끼리 있는 자리에서는 어떤 혼란과 좌충우돌이 빚어지고 있는지 미루어 짐작할 수 있다. 김종인 위원장이 비공개 회의에서 이렇게 말했다고 한다. "총선 참패를 겪고도 당이 아직도 정신을 못 차렸다. 이렇게 하면 비대위를 지속하지 못할 수도 있다." 다시 말해 김종인 위원장이 자신의 자리를 걸고 경종을 울린 것이다. '이런 상황이면 내가 떠나겠다.' 이런 말을 한 것이다. 왜 이런 극단적인 발언까지 나왔을까. 당내 중진들이 김종인 위원장에게 노골적으로 반기를 들고 있기 때문이다. 김 위원장이 '기본 소득, 전일全日 보육제, 그리고 경제3법, 노동법 개정' 등에서 여당에 앞서 이니셔티브를 쥐려고 선제적 제안을 했는데, 주로 당내 중진들한테서 번번이

잡음과 반발이 나왔기 때문이다.

더군다나 앞서 말한 서울시장 경선 준비위원회도 말썽과 논란이 되고 있다. 서울시장 후보에 누구를 내느냐, 이 문제를 TV조선의 초대형 대박 상품인 '미스터트롯' 뽑듯이 하자는 얘기가 있었다. 그러니까, 서울 시민들이 심판관이 되도록 하자는 얘기였는데, 이것이 그만 삐그르르, 삐걱 잡음을 일으키고 있는 것이다. 선거 사무에 최종 책임을 지고 있는 김성동 사무총장이 자기가 나서려고 한다느니, 준비위 구성원들이 모두 누구누구를 위한 대리인들일 뿐이라느니, 계파 나눠먹기를 하고 있다느니, 하는 잡음이다.

우리한테 들리는 목소리는 이런 '국민의 힘' 사람들의 아우성이 아니다. 우리한테 들리는 목소리는 바로 국민들의 한숨 소리다. 어휴, 저 인간들한테 뭘 맡길 수 있을까, 하는 한숨 소리인 것이다. 이용식 문화일보 주필이 자신의 칼럼에서 이렇게 말했다. 제목이 '보수의 거대한 착각'으로 돼 있는데, 서울시장 보궐선거에 대해 얘기했다. 야당 사람들은 박원순 전 서울시장이 성추행으로 불명예 추락했기 때문에 다음 서울시장 선거는 야당 쪽으로 올 수밖에 없다고 기대하는 모양인데 착각이라는 것이다.

우선 서울에 있는 25개 구청장 중에 24명이 여당 쪽 사람들이고, 야당은 단 한 명 서초구 구청장뿐이다. 그리고 서울시 의원과 구의원 대다수가 여당 소속이다. 그런데 서울시 시장 선거를 낙

관한다는 게 말이 되느냐, 이런 뜻이다. 이 주필 칼럼은 야당의 착각을 이렇게 세 가지로 꼬집어 지적했다.

첫째, 온갖 비리와 실정 탓에 현 정권은 저절로 붕괴할 것이란 기대다. 긴 말 할 필요 없다. '조국 윤미향 추미애 사태'를 보라. 문재인 정권은 끄덕없다는 뜻이다. 둘째, 애국 세력의 외침이 정치적 태풍을 일으킬 것이란 희망이다. 이것도 착각이다. 왜냐하면 확장성이 없기 때문이다. 그렇다. 공감대 확산이 없다는 것이다. 셋째 지도자감이 없어 희망도 없다는 한탄이다. 그럴 듯하지만 틀린 주장이다. 왜냐. 정치적 영웅시대는 끝났기 때문이다. 단적인 예로 문재인 대통령을 보라. 그 사람을 향해 온갖 비난을 쏟아붓지만, 그런 사람도 대통령이 되는 한국 상황이라는 것을 왜 인정하지 못하는가.

문재인 정부에게 실망한 우리는 누구에게 기대를 걸어야 하는가. 김종인 위원장인가. 개헌 저지선인 100석조차 간당간당하다는 야당인가. 서울시장 선거인가. 여러분의 생각이 궁금하다.

청와대는 문 대통령의 행적을 초 단위로 해명하라

초 단위 대통령의 행적

우리는 국가적 위기 상황이나 사회적인 대형 사고를 겪게 되면 대통령의 행적을 시시콜콜한 부분까지 따지곤 한다. '그때 대통령은 어디서 무엇을 하고 있었느냐?' 그리고 '대통령은 어디까지 알고 있었느냐?'를 따지는 것이다. 왜냐하면 제왕적 대통령제가 극도로 심화된 우리나라는 어떤 안보 사건이나 재난 사고가 터지더라도 현장에서 청와대까지 초스피드로 보고가 올라가고, 청와대에서 내려온 지시에 따라 현장의 대응 전략과 수위가 결정되기 때문이다.

　　1976년 판문점 미루나무 도끼 만행사건, 2008년 금강산 박왕자 총격 피살사건 못지않게 충격적인 일이 벌어졌다. 2020년 9월 22일 소연평도 부근 완충 해역에서 북한군이 비무장 민간인인 우리 국민을 총격으로 살해했고, 기름을 끼얹어 불살랐다. 문재인 대통령은 24일 오후 5시 15분 청와대 대변인 브리핑을 통해 이렇게 말했다. "어떤 이유로든 용납될 수 없다. 북한 당국은 책임 있는 답변과 조치를 취해야 한다."

국민들은 우리 대통령에게 할 말이 있다. 먼저 대통령이 TV 생중계로 직접 설명하라. 대변인을 통하거나 청와대 고위 관계자 등을 통해서 국민들께 아뢰지 말라. 이것은 무슨 부동산 문제 같은 정부 정책 설명이 아니다. 대한민국 국민의 생명이 가장 참혹하고 치욕스러운 방식으로 살해된 중대 사건이다. 게다가 그 유해까지 전례를 찾아볼 수 없을 정도로 비인도적인 방식으로 처참하게 처리됐다. 대통령이 국민께 직접 보고해야 할 사건으로서 국민 생명보다 더 중한 것이 어디 있는가. 당장 TV 앞에 나와 국민들께 직접 보고하라.

시신이나 부유물이 소각됐어도 잔해는 남아 있을 수 있다. 대통령이 직접 가서 우리 국민의 불에 탄 유해를 찾아오라. 불에 탄 시신의 잔해가 있는지 알아보고 찾아서 갖고 오라. 만약 유실됐으면 인근 해역 바닷물이라도 떠서 갖고 오라. 그게 대통령이 해야 할 일이다.

문 대통령의 입장 표명은 해수부 공무원이 실종됐다는 신고가 있은 지 47시간 만에, 그리고 사살됐다는 첫 대면 보고를 받은 지 33시간 만에 나왔다. 실종 신고 이후 47시간, 이틀 동안 대통령은 도대체 뭘 했는지 분 단위로 밝혀야 한다. 다시 말해 대면 보고를 받은 지 33시간 동안, 하루 하고도 9시간 동안 뭘 했는지 분 단위로 밝혀야 한다. 젊은 네티즌들과 야당은 '문 대통령의 행적을 초 단위로 해명하라.'며 분노하고 있다. '세월호 사고' 때는 박 대통령의 7시간을 갖고 그 난리를 쳤던 문재인 정권이 아니던 가. 소상하게 밝혀라.

우리 국민이 서해 해상에서 북한군에 의해 사살되고 불태워졌 다는 사실은 국방부 장관이 9월 22일 밤 10시 30분에 청와대에 보고했다. 이것을 문 대통령에게 직접 대면 보고한 시간은 이튿 날인 23일 오전 8시 30분이라고 했다. 무려 10시간 동안 대통령 은 몰랐다고 해명하고 있는 것이다. 이게 말이 되는 소리인가. 우 리 국민이 적국인 북한군에 의해 사살되고 불태워졌는데, 대통령 에게 보고가 이뤄지지 않았다는 게 말이 되는가. 그 말도 안 되 는, 하나 마나 한 무슨 무슨 회의 좀 하지 말라. '북한군의 도발로 볼 것인지 말 것인지, 9·19 군사합의 위반으로 볼 것인지 말 것 인지' 회의하는 데 몇 시간, '대통령에게 보고할 것인지 말 것인 지' 참모들끼리 결정하는 데 또 몇 시간, 그렇게 시간을 흘려보냈 다는 것인가. 청와대는 "첩보 단계였을 뿐 대통령에게 보고할 정 보 수준이 되지 못했다."는 식으로 말했다. '첩보였다, 정보가 아 니었다.'는 식으로 말장난 하지 말라. 청와대가 무슨 무슨 회의 를 거듭하고 말장난을 꾸며내고 있을 때 우리 국민이 생명을 잃 고 처참하게 소각되고 있었던 것이다. 국민 생명이 촌각에 달렸 을 때는 그 망할 놈의 회의 좀 하지 말라.

우리 군은 북한 만행을 6시간 동안 지켜보기만 했다고 한다. 군은 22일 오후 3시 30분 실종된 우리 해수부 공무원이 북한 선박에 의해 접촉됐다는 것을 파악했다. 그로부터 6시간 뒤 우리 국민은 사살됐다. 군은 6시간 동안 지켜보기만 했다. 북한에 연락을 취하려는 노력도 하지 않았다. 해군 함정을 보내 무력시위를 하지도 않았다. 김정은의 심기를 보호하는 군인지 우리 국민의 생명을 보호하는 군인지 따지고 싶다. 그래놓고 내놓은 변명이 '설마 그렇게까지 할 줄은 몰랐다.'는 것이다. 어디서 많이 들어본 말 같지 않은가. 설마 네가 그럴 줄은 몰랐다, 이것은 연인이 헤어질 때 딴 사람이 생긴 상대방에게 하는 말이 아니던가. 설마 그럴 줄 몰랐다, 우리 군은 북한군과 연애라도 하는 줄 알았다는 말인가.

군은 우리 국민이 사살 당하는 시점에 북한군과 북한 선박을 향해 왜 즉각적이고 보복적인 원점 타격을 하지 않았는지 답변하라. 시신 혹은 부유물이 불태워지고 있던 시간만 40분 동안이다. 군은 그 불빛을 관측하고 있었다. 아무리 정권이 바뀌었어도 '선先 조치 후後 보고'라는 교전 수칙은 그대로 있는 것이다. 대통령도, 청와대도, 국방부도, 제발 '용납하지 않겠다.'는 식의 미래형 동사로 보고하거나 하나 마나 한 유감 표명 따위는 국민들께 필요 없다는 것을 알아야 한다. 현장 사령관은 우리 국민이 피살됐다는 것을 확인한 시점에 즉각 보복 조치에 나서서 '북한 선박을 침몰·수장시키고 북한군 수십 명을 사살했다.'고 과거형 동사로 보고해야 한다. 그게 군이다.

청와대 관계자는 처음에는 이번 일을 사고라고 했다가 나중에 반인륜적 행위라고 고쳐서 말했다고 한다. 국민들이 봤을 때는 그 정도가 아니다. 천인공노할 만행이다. 처음에는 북한군이 시신을 '화장火葬했다.'는 식의 우리측 설명도 있었다. 이런 사람은 국어의 뜻을 모르는 것인지 무작정 북한 심기를 살피는 것인지 어이가 없을 따름이다. 나중에 '훼손'이라고 고쳐서 표현했다는 데, 정확하게 말하면 불태워 소각한 것이다. 시신이나 유해遺骸 물건을 해상에서 소각하는 행위는 전쟁 중에도 볼 수 없었던 모멸적 만행이다. 철천지원수처럼 지내는 중동의 적대국끼리도 이런 만행은 저지르지 않는다. 심지어 테러범을 총살했을 때도 시신만큼은 묻어주거나 가족에게 송환했다. 시신에 기름을 끼얹어 불태웠다면 미사일 발사보다 몇십 배 치욕적인 야만스러운 도발이다.

이 와중에 문 대통령은 9월 23일 새벽 1시 26분 종전선언을 제안한 유엔연설을 했는데, 당연히 그것을 취소했어야 옳다. 제 나라 국민이 총살 당하고 소각 당했는데 그로부터 3시간쯤 뒤 대통령이라는 사람이 온 세계에 공개되는 유엔연설을 통해 자국 국민을 총살한 적국을 향해 엎드리듯 종전선언을 제안했으니 이는 대한민국 국격과 국민의 자존감과 군사적 입장과 원칙을 통째로 무너뜨린 중대한 실수였다. 게다가 문 대통령 연설에는 남북이 코로나에 공동방역을 하자는 내용까지 담겼다는데, 바로 그 시각에 북한은 코로나를 막는다며 우리 국민을 사살하고 있었던 셈이다. 지금 제정신이냐는 말을 들을 만큼 망신스러운 일을 저지른 것이다. 청와대는 대통령의 유엔연설 영상이 9월 15일 제작됐고, 18일 유엔으로 보내졌기 때문에 어쩔 수 없었던 것처럼 해명하고 있다. 정말 말도 안 되는 소리다. 국제 외교에도 자국 국민의 생명이 달려 있을 때는 '어쩔 수 없는 일'이란 없는 것이다. 유엔 주재 한국 대사를 통해 문 대통령의 영상 연설을 즉각 보류하거나 취소했어야 옳다.

그런데 청와대와 군은 이번 북한 만행이 9·19 군사합의 위반은 아니라고 했다. 포병이 하는 포격은 합의 위반이지만 총격은 위반이 아니라는 것이다. 또 한 번 억장이 무너지는 소리다. 청와대와 국방부는 김정은의 심기만 살피고 있는가.

이번 일은 누가 지시했을까. 북한 통전부가 밝힌 것처럼 현지 북한 정장艇長의 결정일까. 평양의 결정일까. 김정은이 직접 지시한 내용일까. 한 가지 분명한 것은 있다. 북한이 이런 만행을 서슴없이 저지른 것은 문 대통령과 문 정권을 얕잡아보고 있기 때문이다. 어떤 전직 고위 당국자는 '사살 결정은 최고 정점인 평양의 지침인 것이고, 남한과 상종하지 않겠다는 메시지'라고 했다는데, 이것은 절반은 맞고 절반은 틀렸다. 상종은 하지 않더라도 두려워할 수는 있는데, 북한은 문 대통령과 문 정권을 정말 하찮게 보고 업신여기고 있는 것이며, 문 정권의 보복 의지와 실행 능력을 제로zero라고 보고 있기 때문이다. 그렇게 된 이유는 문 정권이 대북 아첨 외교로 일관해온 결과인 것이며, '네가 이럴 줄 몰랐다.'는 식으로 북한의 선의善意에만 기댔던 결과인 것이다. 문 정권을 얕잡아보거나 우습게 보지 않는다면 절대 이런 만행을 저지르지 못한다. 더 간명하게 말한다면 핵 무장을 갖춘 적국이 핵무기가 없는 우리 국민을 아무렇게나 처단한 것이다.

문 대통령의 복심은 김경수에게 있다

대통령의 복심

'복심腹心', 배 '복' 자에 마음 '심' 자. 마음 속 깊은 곳을 뜻한다. 모든 권력이 대통령 한 사람에게 집중돼 있는 정치 체제에서 대통령의 측근만 되어도 나는 새를 떨어뜨릴 지경인데 '대통령의 복심'이라니. 도대체 얼마나 입안에 든 혀처럼 문재인 대통령의 생각대로 움직일 수 있어야 이런 세평世評을 듣게 되는 것일까. 혹자는 그 사람이 김경수 경남지사라고 하고, 혹자는 윤건영 민주당 의원이라고 하고, 혹자는 양정철 전 민주연구원장을 꼽기도 한다. 이런 사람들은 자신을 '복심'이라고 생각할까. 정작 대통령은 누구를 마음에 두고 있을까?

다음 대통령 선거는 2022년 3월에 있다. 지금 문 대통령 체제가 너무 좋다, 그래서 그 비슷한 대통령이 계속 했으면 좋겠다, 하는 분들도 계실 것이고, 반대로, 지긋지긋하다, 누가 됐든 어서 바뀌었으면 좋겠다, 하는 분들도 계실 것이다. 상황이 어떻게 되든 나는 중도파다, 대통령이 누가 되든 나는 신경 쓰지 않기로 했다. 이런 극단적 중도파the extreme center도 계실 것이다.

일단 표면적으로는 차기 대권 주자 선호도 조사에서 이낙연 민주당 대표, 그리고 이재명 경기지사가 1·2위를 다투는 것으로 나와 있다. 그리고 민주당 의원들도 서서히 이낙연 혹은 이재명 쪽으로 움직이는 양상을 보이고 있다. 드러내놓고 발언을 하지는 않지만 주류 세력인 친문 진영 의원들도 이낙연·이재명 둘 중 한쪽에 발을 들이고 있다.

그러나 최근 민주당 내부 사정을 잘 아는 인사들을 만날 기회가 있었는데, 그분들이 하나같이 하는 얘기는 '20%를 상회하는 이낙연·이재명 선호도 조사 내용은 김경수 경남지사가 대선 레이스에 뛰어드는 순간 허수가 될 가능성이 높다.'고 했다. 드루킹 여론조작 사건으로 1심에서 징역형 실형을 선고받았던 김경수 경남지사는 보석으로 풀려난 뒤 11월 6일 항소심 선고를 앞두고 있다. (그날 김 지사는 2년 징역형 유죄 판결을 받게 된다.) 만약 김 지사가 최종적으로 무죄 판결을 받게 되면 여권의 대선 주자 판도는 출발선에서 다시 짜야 한다는 것이다. 민주당의 한 중진 의원은 이렇게 말했다. "친문 적자라는 타이틀을 가진 김 지사가 재판에서만 자유로워지면 본격적으로 세력을 불려나갈 것이다. 지금은 상황이 불투명하니 모두가 눈치를 보고 있다."

그렇다면 현재 이낙연·이재명 두 사람에게는 어떤 힘이 실리고 있는가. 이재명 경기지사는 2020년 9월 17일 '2020 DMZ 포럼' 기조연설에서 이렇게 말했다. "국회에서도 대북전단 금지법 제정, 남북정상선언 비준 등 현안을 조속히 처리해 평화협력에 대한 우리의 의지를 보여주십시오." 그러자 바로 이튿날 김태년 원내대표가 최고위원회의 그리고 정책조정회의 등을 통해 이재명 지사의 발언에 힘을 실어주는 목소리를 냈다. "남북한 정상 간 합의의 구속력 있는 실천을 위해 4·27 판문점 선언에 대한 국회 비준동의안을 야당과의 합의로 이번 정기국회 내에서 처리하길 바랍니다." 판문점 선언 비준 문제를 놓고 이재명·김태년 두 사람이 장단을 맞춘 것이다.

또 지금 이재명 지사는 지역 내에서만 쓸 수 있는 상품권, 즉 '지역 화폐'가 경제 부양에 실효성이 있느냐 여부를 놓고 한국조세재정연구원과 대립각을 세우고 있다. 조세재정연구원이 지역 화폐가 역효과를 낼 뿐이라고 하자, 이재명 지사는 '얼빠진 국책연구기관, 청산해야 할 적폐'라고 맹비난을 퍼부었다. 그런데 김태년 원내대표가 이재명 지사의 손을 번쩍 들어주었다. "지역 화폐가 신종 코로나바이러스 감염증 상황에도 불구하고 지역 경제를 활성화하는 데 효자 노릇을 톡톡히 하고 있습니다."라고 했다.

이렇듯 이재명 지사에게 힘을 실어주고 있는 김태년 원내대표는 그냥 원내대표가 아니다. 그는 친문이자 친노 그룹에서 구심점 역할을 하는 당권파라고 할 수 있다. 당내에서 김태년 원내대표의 움직임이 그 누구보다 중요하다고 할 수 있는 이유다. 이해찬 전 대표도 이재명 쪽으로 기운 듯한 발언을 했었다. 이재명 지사가 허위사실 공표죄로 기소됐을 때 당에서는 제명해야 한다는 비판 여론이 일었지만 이해찬 대표가 "재판 결과를 지켜보자."며 이재명을 지켰다. 민주당 의원들 중에는 다음과 같은 생각을 가진 사람이 적지 않다. "민주당의 차기 대권 주자는 우리의 색깔을 좀 더 잘 보여줄 수 있는, 선명성 있는 인물이 돼야 할 것입니다. 지금 민주당에는 이 지사만큼 선명한 인물이 없습니다."

물론 이낙연 대표 쪽도 가만있지는 않는다. 세력 확장에 적극 나서고 있는 것이 곳곳에서 감지된다. '이낙연 대세론'을 굳히기 위한 전략을 펴고 있는 것이다. 무엇보다 당 대표는 당직 임명권을 쥐고 있다. 자신의 의지에 따라 친문 인사들을 지도부에 대거 영입하는 방식으로 세를 불릴 수 있으며, 이미 그렇게 하고 있다. 양향자 의원, 최인호 수석대변인, 박광온 사무총장 등이 친문 핵심 인사이면서 이낙연 대표 주변에 포진하고 있다. 이 대표는 3선 홍익표 의원을 민주연구원장에 영입했고, 권칠승 의원을 수석 사무 부총장에 임명했다. 모두 친문 인사들이다.

그러나 다시 한 번 강조하지만, 이러한 이낙연·이재명 양강兩强 구도는 김경수 경남지사의 재등장 여부에 따라 하루아침에 와해될 수 있다. 대부분 친문 세력들은 아직 관망세를 유지하고 있다는 분석이 옳을 것이다. 친문 진영에서 '적통嫡統 적자嫡子'로 인정받고 있는 김경수 지사가 항소심 선고로 멍에를 벗게 된다면 친문 세력들은 뒤도 안 돌아보고 김 지사 쪽으로 쏠릴 것이다. 그러나 항소심 유죄 선고로 김 지사의 앞날은 매우 불투명해졌다.

이해찬 전 대표는 퇴임 기자회견에서 이렇게 말했다. 먼저 유시민 노무현재단 이사장에 대해서는 논외로 쳤다. "본인이 안 하겠다는 거 아녜요? 받아들여야지. 책 쓰고 이런 쪽을 원래 더 좋아하는 사람이죠." 그러나 이해찬 전 대표는 김경수 지사에 대해서는 그 가능성을 확실하게 짚어주었다. "만약 살아 돌아온다면 지켜봐야 할 주자입니다."

최근 여권에서 가장 눈에 띄는 장면이 두 곳에서 있었다. 첫째는 청와대의 권력기관 개혁회의에서 문재인 대통령이 추미애 법무부 장관과 나란히 회의장에 입장하는 장면이다. 여러 해석과 논란을 낳고 있는데, 단기적으로는 문 대통령이 추 장관을 지지하는 모양새지만 장기적으로는 알 수 없다는 관측이 많다. 추 장관이 다음 개각 인사에서 살아남을 수 있을까, 혹은 서울시장 후보가 되는 꿈을 다시 꿀 수 있을까, 이 지점까지 문 대통령이 추 장관을 지켜낼 것이라고 할 수 있을까.

다른 장면은 문 대통령이 경남 창원 스마트그린 산업단지를 방문해서 문 대통령의 복심 중에 복심이라는 김경수 경남지사와

5개월 만에 만났다는 점이다. 물론 형식적으로는 한국판 뉴딜 현장 방문이라는 명분을 내세웠지만, 그러나 정치적으로는 여권 내 대권 구도가 본격화하고 있는 가운데 문재인·김경수의 만남이라고 봐야 한다는 것이다. 김경수 지사는 이렇게 말했다. "노후화된 창원 국가 산단産團의 새로운 기회를 문 대통령께서 만들어주셨습니다. 대한민국 제조업의 심장이 다시 뛸 수 있도록 만들어주신 문 대통령께 진심으로 감사합니다." 문 대통령은 김 지사 등 관계자를 직접 언급하며 이렇게 말했다. "뜨거운 응원의 박수를 보냅니다." 김경수 지사가 대법원 판결에서 극적으로 무죄 취지의 파기환송을 얻어내지 못하는 한 차기 대권의 꿈은 접어야 한다. 김명수 대법원장이 이끄는 최고 재판부는 어떤 선고를 내릴 것인가.

문 대통령의 유일한 업적은 윤석열 총장 임명

호랑이 새끼를 키우는 인사人事의 역설

일세를 풍미한 천재 바둑기사 조훈현이 집안에 들인 유일한 내內 제자는 이창호였다. 얼핏 무표정한 얼굴이던 이 소년이 나중에 스승을 거꾸러뜨린 '호랑이 새끼'로 성장해서 자신의 통일천하를 일궈냈다. 스승에 대한 은혜는 스승을 이겨서 갚는 것이라고도 했다. 두고두고 사표師表가 될 만한 호랑이 새끼 키우기다. 그러나 정반대의 경우도 있다. 문재인 대통령은 "우리 윤 총장님!" 이라고 추켜세우면서 검사 윤석열을 검찰총장에 임명했다. 그런데 이 '호랑이의 발톱'이 울산선거 공작 사건, 드루킹 댓글 조작 사건, 월성 원전 1호기 경제성 조작 사건 같은 3대 사건 수사로 정권의 목을 겨냥하고 있다. 문 대통령과 정권 사람들은 윤석열 검찰총장 임명을 땅을 치며 후회하고 있을지 몰라도 국민들 입장에서는 '문 대통령의 유일한 업적'이라고 평가하고 싶은 인사의 역설을 목도하고 있는 것이다.

2020년 8월 3일 오후 신임 검사 26명이 임관식과 신고식을 가졌다. 먼저 법무부가 있는 정부과천청사에 가서 추미애 법무부 장관에게 임관식을 했고, 이어서 서울 서초동 대검 청사에서 검찰 수장인 윤석열 총장에게 신고식을 했다. 추미애 장관은 임관식에서 293개 단어, 978개 글자 분량으로 말했다. 첫 대목이 이렇다. "검사는 인권감독관입니다. 검찰의 신뢰 회복을 위해선 절제되고 균형 잡힌 검찰권을 행사해야 합니다." 그러나 추 장관은 2020년 2월 3일 당시 신임 검사 임관식에 처음 참석해서 이렇게 말했다. "상명하복을 깨라. 여러분은 박차고 나가 각자가 정의감과 사명감으로 충만한 보석이 돼 달라." 정의감과 사명감을 강조하던 장관이 어느새 절제와 균형을 강조하는 사람으로 바뀐 것이다. 정의감과 사명감, 그리고 절제와 균형, 다 좋은 말 같지만, 그러나 추 장관의 강조점은 현격히 달라져 있는 것이다. 신임 검사들이 잠시 뒤 듣게 되는 윤석열 총장의 발언과 비교하면 그 차이점이 확실하게 드러났다.

추 장관은 임관식 직후 "검찰 인사가 늦어진 배경이 무엇인가? 검찰총장의 의견을 어떻게 수렴할 것인가? 한동훈 검사장과 정진웅 수사팀장의 몸싸움에 대해서는 어떻게 생각하는가?" 등 기자들 질문에는 답하지 않았다.

신임 검사 26명은 과천 청사에서 임관식을 마친 2시간 뒤 서울 서초동 대검 청사에서 이번에는 윤석열 검찰총장에게 신고식을 했다. 윤 총장은 '신임검사 신고식 당부 말씀'이라는 제목으로 565개 단어, 1840 글자 분량, 그러니까 추미애 장관의 발언보다

2배쯤 많은 분량으로 발언을 했다.

앞서 말한 추 장관의 발언을 다시 한 번 짚어보면, 추 장관은 "몇 가지 당부 말씀을 드리겠다."면서 "절대 명심하시라."는 다짐까지 놓은 뒤 첫 마디를 이렇게 꺼냈다. "검사는 인권감독관으로서 수사의 적법성을 통제하는 본연의 역할에 충실해야 합니다. 검찰은 국민의 인권을 옹호하기 위해 탄생한 기관이고 검사는 인권 옹호의 최후의 보루입니다." 추 장관은 '검찰이 인권을 옹호하기 위해 탄생한 기관'이라고 규정했다.

그러나 윤석열 총장은 첫마디를 이렇게 시작했다. "이제 검사가 된 여러분의 기본적인 직무는, 법률이 형사 범죄로 규정한 행위에 관해 증거를 수집하고 기소하여 재판을 통해 합당한 처벌이 이루어지도록 하는 것입니다. 즉, 여러분의 기본적 직무는 형사법 집행입니다." 추 장관은 검사의 첫 번째 임무로서 '인권 옹호'를 명심하라고 한 반면, 윤 총장은 '검사의 기본 직무란 범죄가 처벌이 이뤄지도록 하는 것'이라고 강조했다.

그러면서 윤석열 총장은 '헌법'과 '헌법 정신'과 '헌법의 핵심 가치'에 대한 발언을 무려 여섯 번이나 강조했다. 그중 한 대목은 이렇다. "형사 범죄를 규정하는 형사 법률은 헌법을 정점으로 하는 법체계의 일부를 구성하고 있습니다만, 다른 법률의 실효성을 담보하는 핵심적인 법률이자 헌법 가치를 지키는 헌법 보장 법률입니다. 따라서 검사는 언제나 헌법 가치를 지킨다는 엄숙한 마음 자세를 가져야 합니다." 그러면서 커다란 충격과 울림을 주고 있는 대목을 말했다. "우리 헌법의 핵심 가치인 자유민주주의는 평등을 무시하고 자유만 중시하는 것이 아닙니다. 이는 민주주의라는 허울을 쓰고 있는 독재와 전체주의를 배격하는 진짜 민주주의를 말하는 것입니다." '민주주의라는 허울을 쓰고 있는 독재' 그리고 '전체주의', 이것은 누구를 말하고 있는 것일까. 그것은 말할 것도 없이 검찰의 수사와 수사 지휘를 방해하고 있는 살아 있는 권력, 즉 지금의 정권을 말하는 것이다. 우리나라 헌정 사상 야당 정치인이나 반정부 시민단체가 아닌, 대통령이 임명한 현직 고위 공직자가 정권을 향해 독재요, 전체주의라고 규정하는 것을 들어본 적이 있는가.

윤석열 총장은 왜 자기의 직책은 물론이고 운명까지 걸어서 이런 길을 선택하고 있는 것일까. 그가 선택한 길은 이제 '신新적폐'를 청산하겠다는 길일까. 세계 어느 지역 어느 나라든 앞선 정권을 '앙시앙 레짐'으로 규정하고 청산하려 했던 정권은 불과 몇 년 뒤 자신들 스스로 '앙시앙 레짐'이 되어가는 길을 피하지 못했다. 적폐 청산이라며 앞 정권을 깔아뭉갠 정권에 의해 임명된 윤석열 총장이 대한민국 검사로서 헌법을 수호하려는 길을 가다보면 자신을 임명한 대통령과 정권에게조차 칼을 겨누지 않을 수 없는 길로 들어서게 되는 것이다. 그것이 장 폴 샤르트르가 말한 '실존적이고 과학적인 지식인의 운명'이기도 하다. 이제 윤석열 총장이 현 정권을 신적폐로 규정하고 그것에 정면 도전하는 것은 어쩔 수 없는 대권 도전의 길이 될지도 모른다. 윤석열 자신이 사는 길, 그리고 나라가 사는 길은 그 길밖에 없다고 믿기 시작했는지도 모른다.

댓글 중에는 윤석열 총장을 '차기 대통령님'이라고 부른 사람도 있었다. 지금의 정치적 구도로 봤을 때 상징적으로 가장 대척점에 서 있는 두 사람을 꼽으라면 한 사람은 윤석열 총장이고 다른 사람은 문재인 대통령이다. 윤석열 총장은 문 정권에 도전장을 낸 셈이다. 결투를 신청한 것이다. 한판 붙어보자, 이대로 묵과할 수는 없다, 그런 의미다. 이것은 권력형 비리와의 전쟁이다. 이것은 '민주주의 허울 쓴 독재'와의 전쟁이다. 이것은 헌법수호 전쟁이다. 이것은 자유민주주의 수호 전쟁이다. 이것을 전쟁이라고 부르는 이유는 윤석열이 목숨을 걸었기 때문이고, 패망의 길로 들어선 나라를 구하려는 길이기 때문이다.

저들이 아무리 수천수만 명씩 스크럼을 짜고 집단으로 달려들어도 길목을 지키고선 장수 한 사람에게 꼼짝 못할 수가 있는데, 그게 바로 검찰총장이라는 자리다. 공수처장도, 경찰청장도, 심지어 법무부 장관이란 직책도 헌법에는 나오지 않는다. 오로지 검찰총장만이 헌법 제89조에 나오는 직책이다. 헌법에 '검찰총장의 임명은 국무회의의 심의를 거쳐야 한다.'고 명시돼 있는 것이다. 법무부 장관, 공수처장, 경찰청장은 관련 법규만 바꾸면 직책 이름이 달라질 수 있다. 당장 법무부 장관을 법률부 장관 혹은 정의구현부 장관, 이렇게 바꿀 수 있지만, 검찰총장이란 직책의 이름을 바꾸려면 헌법을 고쳐야 한다는 뜻이다.

진중권 전 동양대 교수가 말한 것처럼 '문재인 대통령의 유일한 업적'은 윤석열 검찰총장을 임명한 것이고, 하나 더 보태자면 최재형 감사원장을 임명한 것이라고 말할 수 있다. 지금 우리나라는 이 두 사람이 마치 지옥문을 지키는 장수들처럼 나라가 나락으로 떨어지려는 것을 가까스로 막고 있는지도 모른다.

윤석열 총장은 이런 당부도 했다. "국가와 검찰 조직이 여러분의 지위와 장래를 어떻게 보장해줄 것인지 묻지 말고 여러분이 국민과 국가를 위해 어떻게 일할 것인지 끊임없이 자문하기 바랍니다." 결론 부분에 언급한 이 대목은 1961년 존 F 케네디 대통령의 취임 연설을 생각나게 하는 대목이다. 당시에 케네디는 이렇게 말했다. "그렇기에 국민 여러분, 조국이 여러분을 위해 무엇을 할 수 있는가를 묻지 말고, 여러분이 조국을 위해 무엇을 할 수 있는가를 물으십시오." 윤석열 총장은 신임 검사들에게 '국가와 검찰 조직이 무엇을 해줄 수 있을지 묻지 말고, 여러분이 국민과 국가를 위해 어떻게 일할지 자문하라.'고 당부하고 있는 것이다. 윤석열 총장은 지금 케네디의 꿈을 꾸고 있는 것인가.

천千의 얼굴을 가진 박지원

국정원장에 가장 잘 어울리는 박지원

박지원은 여러 경력을 가졌다. 재미 사업가, 대통령 비서실장, 문화관광부 장관, 대북 특사, 다선 국회의원이란 길을 걸었고, '정치9단', '굴신의 달인' 같은 별명도 갖고 있다. 2003년 대북 송금 특검 수사로 구속됐을 때 그가 읊었던 시詩는 시인 조지훈의 '낙화落花'에서 뽑은 한 구절이었다. '꽃이 지기로소니 바람을 탓하랴.' 그렇게 땅에 떨어졌던 사람이 정치적 우여곡절 끝에 문재인 정권에서 국정원장이 됐다. 혹자는 "국정원장이란 자리에 가장 잘 어울리는 사람이 바로 박지원이다."라고 했다. 임명권자의 생각이 어쨌든 상관없이 그가 '음지에서 애국하는' 인생 마지막 미션을 잘 수행하길 바란다는 바람을 담고 있기도 했다.

2020년 7월 27일 박지원 국가정보원장 후보자에 대한 인사 청문회가 있다. 올해 일흔여덟 살 정치인 박지원에 대한 청문회는 청문회 제도가 출범한 이래 20년 만에 어느 정권에서도 볼 수 없었던 가장 뜨거운 공방의 현장이다. 전남 진도에서 초·중학교를 나온 박지원, 재미 사업가 시절과, 김대중 대통령의 '심복 중에 심복'이라는 소리를 들을 만큼 가장 신임 받는 오른팔이었던 정치 이력, 대북 송금과 관련된 특검 수사의 피의자였던 과거, 불법 정치자금 수수 혐의로 재판을 받았던 흠결, 그리고 최근 학력 위조 논란에 이르기까지 어느 것 하나 허투루 넘길 수 없는 파란만장한 발자국들 때문에 이번 인사청문회가 벌써 달아오르고 있다.

2020년 7월 16일 주호영 미래통합당 원내대표는 문 대통령에게 10가지 공개 질의를 했는데, 그 여섯째 질문은 이렇게 돼 있다. "작금의 남북관계가 긴장되고 민감한 상황에서 대통령님께서 박지원 전 의원을 국정원장 후보로 지명하신 사유에 대하여 그 배경을 소상하게 밝혀주시기 바랍니다. 국가안보의 최일선에 있는 국가 최고의 정보기관에 헌법상 반국가단체이자 국가보안법상 이적단체인 북한과 긴밀한 관계를 지속하고 있는 후보자를 수장으로 지명하신 이유는 무엇인지, 북한과 협의가 있었다는 보도에 관한 입장도 밝혀주시기 바랍니다."

요점은 이렇다. '박 후보자는 북한과 긴밀 관계를 지속하고 있는 인물이다.', '이번 인사를 북한과 협의 했는가.' 이 두 가지다. 그런데 문 대통령과 청와대는 주호영 대표의 10가지 질의에 별 반응을 보이지 않다가 나흘 뒤인 7월 20일 강민석 청와대 대변인을 통해 이렇게 대응했다. 야당이 박지원 국가정보원장 후보자를 '적과 내통한 사람'이라며 공격한 것에 대해 문 대통령이 '매우 부적절하다.'며 강한 불쾌감을 표시했다는 것이다. 주호영의 열 가지 질문에 무응답으로 일관하다가 유일하게 여섯 번째 박지원 후보자 관련 질문에 '매우 부적절'이라는 문 대통령 반응이 나왔고, 언론은 이것을 '강한 불쾌감'이라고 해석한 셈이다.

왜 그랬던 것일까. 문 대통령은 왜 다른 아홉 질문은 무시했는데, 유독 박지원 후보자 관련 질문에는 강렬한 핀 포인트 반응을 보였던 것일까. 이것은 누구한테 던지는 메시지일까. 주호영 대표에게 들으라고 하는 말일까? 박지원 후보자에게 들으라고 하는 말일까? 언론이나 국민들에게 전하는 메시지일까? 아니면 김정은 위원장과 평양에 전하는 간접 메시지일까.

여기서 2020년 7월 3일 박지원 씨가 국정원장 후보자 지명을 받자마자 페이스북에 올렸던 글을 돌아볼 필요가 있다. 이렇게 돼 있다. "감사합니다. 국정원장 후보자로 내정되었다는 통보를 청와대로부터 받았습니다. 만약 소정의 절차를 거쳐 공식 임명을 받으면 각오를 밝히겠습니다만, 먼저 제가 느낀 최초의 소회를 밝힙니다. 역사와 대한민국 그리고 문재인 대통령님을 위해 애국심을 가지고 충성을 다하겠습니다. 앞으로 제 입에서는 정치라는 정政자도 올리지도 않고 국정원 본연의 임무에 충실하며 국정원 개혁에 매진하겠습니다. SNS 활동과 전화 소통도 중단합니다. 후보자로 임명해주신 문재인 대통령님께 감사드리며 김대중·노무현 대통령님과 이희호 여사님이 하염없이 떠오릅니다."

요약하면 이렇다. '정치 끊는다. 문 대통령에게 충성하겠다. 김대중·노무현 생각난다.' 그러나 핵심 메시지는 문재인·김대중·노무현, 세 대통령이 가진 대북 정책의 기본 철학을 충실히 받들겠다, 그런 뜻이 아니었을까. 그렇다면 박지원 후보자의 이런 SNS 목소리는 누구 들으라고 한 말일까? 문 대통령 들으라는 감사 메시지일까? 아니면 김정은 위원장 들으라는 간접 메시지일까?

7월 27일 박지원 국정원장 후보자에 대한 인사청문회의 관전 포인트는 이렇다. 즉, 내가 김정은이다, 이렇게 가정하고 들어보면 매우 흥미로울 것이다. 내가 김정은이다, 라는 생각으로 박지원 후보자의 답변을 들으면 새롭게 이해되는 측면이 많을 것이다. 왜냐하면 청문회에서의 박지원 후보자의 답변은 그대로 김정은 위원장에게 전달하는 대북 메시지일 가능성이 높다고 보기 때문이다.

어느 평론가는 박지원 후보 지명 인사를 '신의 한 수'라고 했고, 다른 평론가는 '남북 관계에 헨리 키신저 같은 역할을 기대한다.'고도 했다. '박지원 버전의 햇빛정책'이 나올 수도 있고, 새로운 프레임을 가진 남북·미북 정상회담, 더 나아가 남북미 3자 정상회담까지 들썩일 수도 있을 것이다. 박지원 국정원장, 이인영 통일부 장관, 이 커플이 어찌 됐든 남북 관계에 새로운 아이디어를 낼 수 있고, 북한도 기대감을 표시한 바 있으며, 그것이 남북 관계 돌파구를 마련할 수도 있는 게 사실이다. 그래서 박지원·이인영 커플 인사는 문 대통령이 김정은에게 보내는 가장 현실적이고 강력한 시그널이라고 봐야 한다. 문 대통령은 청문회에서 야당 의원들의 질문이 신경 쓰이는 게 아니라 박지원 후보자의 답변과 태도를 김정은이 어떻게 볼지 그게 더 신경 쓰일 것이다.

박지원 후보자를 수식하는 말들이 참 많다. '좌익의 아들, 성공한 재미교포, DJ의 충신 혹은 심복, 정치9단, 영원한 현역, 그리고 굴신屈身의 달인'이다. 박지원 후보자는 1981년 전두환 대통령이 미국을 방문했을 때 방미환영단장이었다. '그 당시 그는 전 대통령의 동생인 전경환 씨의 오른팔이었다.'고 회고하는 사람도 있다. 그러다 김대중 대통령의 심복이 되었는데, 그렇다면 문재인 대통령과는 무슨 관계였을까. 박지원은 지난 2015년 민주당 전당대회 때 TV토론에 나와 문 대통령을 향해 "왜 그때 대북송금 특검을 해서 남북 관계를 망쳤냐?"고 따져 물었고, 문 대통령은 "그만 좀 하시라."고 발끈한 적이 있다. 2017년 대선 때는 박지원 씨가 당시 안철수 국민의당 후보 선거대책위원장을 맡아 매일 아침 당시 더불어민주당 후보였던 문 대통령을 비판해서 '문 모닝'이라는 별명을 얻었다. 하지만 문재인 정부 출범 이후 문 대통령에 대해 연일 극찬해 '문 생큐'로 변했다는 말을 들었다.

박지원 후보자는 지인에게 5천만 원을 빌렸다가 5년 동안 원금·이자 아무것도 갚지 않고 있다는 의혹, 그리고 두 딸이 미국 시민권자인데 한국의 '스파이 보스'인 정보기관 수장의 자식이 미국인인 것은 괜찮겠는가 하는 쟁점, 그리고 최근엔 1965년 단국대에 편입했을 당시 광주교대에서 조선대 재학으로 학력을 위조한 것이 아니냐는 의혹까지 불거져 있다. 그렇지만 야당의 공격이나 청문회의 결과에 상관없이 문 대통령은 박 후보자를 국정원장에 임명할 가능성이 높다.

박지원은 '여러 얼굴의 사나이'이고 '굴신의 달인'이다. 2020년 1월 한 토크쇼에서 이렇게 말했다. "정치인은 바람이 불면 흔들리고 누웠다 일어날 줄도 알아야 한다. 정치인은 천干의 얼굴을 가져야 한다. 또 정적을 폄훼하려 할 때는 사정없이 해야 한다." 그래서 박지원의 입에서 나오는 말은 어떤 말을 들어도 놀랍지 않다. 지난 목포 땅 투기 의혹과 관련 손혜원 전 의원과 뜨겁게 한판 승부를 벌일 것처럼 하다가 싱겁게 철수해버리는 능수능란한 처신을 했던 사람이었다. 국정원장 인사청문회, 우리는 문 대통령의 입장이 되어보기도 하고, 김정은 위원장의 입장이 되어보기도 하면서 박지원 후보자의 답변을 들어보면 흥미로운 해석이 가능할 것이다.

이러다 이재명 좋아지면 어떡하지

사이다 발언

사이다를 마셨을 때 느낌처럼 막힌 속이 뻥 뚫리듯 시원한 발언을 뜻한다. 어떤 가수는 '사이다 같은 여자'라는 발언을 했다가 여성을 비하했다는 몰매를 맞고 사과를 한 적도 있는데, 좋은 의미에서 '사이다 발언'이란 표현은 대략 2015년 무렵에 널리 퍼졌다고 보면 된다. 이런 표현이 유행하게 된 것은 고구마를 먹었을 때의 느낌처럼 답답한 현실 때문이다. 지금은 중장년 사이에도 거의 일상어처럼 쓰이고 있다. '헬조선'이라는 말로 대표되는 삶의 조건들, 각종 '내로남불 부조리'와 갑질, 그리고 청년 실업, 열정 페이, 수저 계급론이 젊은이를 절망케 하는 상황이다. 이때 속 시원한 발언을 들으면 "아, 사이다 같다."고 외치게 되는 것이다. 지금 여당이든 야당이든 국민들에게 사이다 같은 발언을 들려주고 있는 사람은 누구인가.

어제 저녁은 모처럼 가까운 지인들을 만나 가볍게 맥주 한 잔 했다. 이분들은 적극적인 야당 지지자는 아니지만 보수적 가치를 중시하는 쪽이다. 화제는 최근 벌어진 일들에 집중됐다. 고 박원순 서울시장은 진짜 왜 죽었을까, 하는 궁금증, 그리고 차기 대권 주자는 결국 어떻게 좁혀질까, 하는 정치 전망 같은 여러 얘기 중에 이재명 경기지사도 한참 관심을 모았다.

그런데 이재명 지사에게 절대 표를 주었을 것 같지 않은 이 지인들이 이구동성으로 말하는 것이 있었다. 이 지사의 최근 발언들을 열거하면서 이런 촌평들을 했다. "너무 멋지다. 정치적 호불호를 떠나 그의 심플한 메시지가 와 닿았다." 그러다 한 지인은 이런 말까지 했다. "이러다 내가 이재명을 좋아하게 되면 어떡하지?"

최근 부동산 대란大亂과 주택 공급 문제에 대해 이재명 지사는 한 언론과의 인터뷰에서 이렇게 말했다. "가격(집값)보다는 숫자(다주택), 숫자보다는 실거주 여부를 따져 징벌적으로 중과세를 해야 한다. 부동산 규제는 가격보다 숫자를 줄여야 하고, 숫자보다 더 중요한 게 실수요 여부다. 비싼 집에 사는 게 죄를 지은 건 아니지 않는가. 지금 가격과 숫자에 모두 중과해서 문제가 되고 있다…… 평생 한 채 가지고 잘살아 보겠다는데 집값 올랐다고 마구 세금을 때리면 안 된다. 실거주 1가구 1주택에 대해서는 오히려 세율을 완화해야 한다. 지방에 있는 사람들이 서울에 집을 사 1가구 2주택인데 이러면 지방 집을 팔고 서울 집을 소유하는 상황이 벌어져 수도권과 지방의 격차, 양극화가 더 심각해지게 된다. 실거주냐, 아니냐를 가지고 중과 여부를 결정해야 지방이 살고 기회를 고루 누리게 된다.”

결론적으로 말해서 '실거주 여부를 따져서 세금을 매겨라. 비싼 집에 산다고 죄인은 아니다.'는 것이다. 이재명 지사가 예전에도 '사이다 발언'을 잘한다는 평을 들은 적이 있지만, 이번 부동산 관련 발언도 핵심을 찌르는 말이었다. 이번 발언은 집을 가진 사람이나 못 가진 사람이나, 서울에 집을 가진 사람이나 지방에 가진 사람이나 모두 수긍할 수 있는 정곡을 찌르는 말이었다. 대권과 당권을 경쟁하고 있는 다른 여당 지도자들, 예를 들어 이낙연 의원이 “세금을 누진적으로 대폭 강화하겠다.”고 하고, 정세균 총리가 “2주택자에게 취득세 중과를 고려하겠다.”고 하고, 김부겸 당대표 후보가 “임대사업자 세제 혜택을 없애야 한다.”고 발언하고 있는데, 이런 것들은 어느 한쪽을 해결하려다 다른 쪽에 더 큰 부작용을 낳을 것 같았다. 반면 이재명 지사의 '실거주 여부를 따지자, 비싼 집 산다고 죄는 아니다.'가 훨씬 선명하고 분명한 핵심처럼 보이는 것이다.

이재명 지사의 결정적 '사이다 발언'은 서울·부산 시장 후보 공천 문제를 두고 나왔다. 박원순 서울시장, 오거돈 부산시장 모두 성추문에 휘말려 임기를 채우지 못했다. 따라서 2021년 4월 보궐선거를 치러야 한다. 그런데 문재인 대통령은 2015년 민주당 대표 시절 이렇게 말했다. "재·보궐 선거 원인을 제공한 정당은 후보를 내지 말아야 한다." 민주당 당헌 제96조 2항도 이렇게 돼 있다. '당 소속 선출직 공직자가 부정부패 사건 등 중대한 잘못으로 그 직위를 상실하여 재·보궐선거를 실시하게 된 경우 해당 선거구에 후보자를 추천하지 아니한다.(당헌 제96조 2항)' 성추문은 그 어떤 독직 사건보다 당헌에 규정된 중대한 잘못에 해당한다. 본인들이 서둘러 사표를 내고 극단적 선택을 했던 것을 보면 알 수 있다. 당헌대로라면 민주당은 내년 4월 서울·부산 시장 보궐선거에 후보를 내면 안 된다.

이에 대해 이재명 지사는 언론 인터뷰에서 이렇게 말했다. "정치인은 신뢰가 가장 중요하다. 서울·부산 시장 후보를 공천하지 않아야 한다. 장사꾼도 신뢰를 유지하려고 손실을 감수한다. 후보를 내면 국민들은 또 거짓말하는구나, 생각할 것이다." 한마디로 '신뢰가 중요하다, 약속을 지켜라, 공천하지 말라.' 이것이다. 너무도 당연한 말이 오히려 돋보이는 요즘 여당 분위기인데, 오히려 그렇기 때문에 중도층 유권자나 심지어 보수 유권자들로부터도 '사이다 같다. 선명하고 멋지다.'는 평을 듣는 것 같다. 특히 다른 경쟁자들이 대충 얼버무리면서 뒤로 한발 빼고 눈치를 살피는 듯한 발언을 하고 있는 것과 비교되면서 이재명 발언이 인상적으로 들렸다. 이 문제와 관련 이낙연 의원은 "당대표 후보가 언급하는 것은 부적절하다."고 했고, 정세균 총리는 "총리가 언급하기 적절치 않다."고 했다, 김부겸 당대표 후보는 "당원들의 뜻을 물어서 공천하겠다. 필요하다면 당헌을 개정하겠다."는 입장이다. 모두 뜨뜻미지근하다.

이런 상황이 되자 강성 친문親文으로 분류되는 정청래 의원이 이재명 지사에게 이런 말을 했다. "지금 시기에 '혼자 멋있기 운동'은 적절해 보이지 않는다. 어려운 처지에 놓인 당과 당원들의 아픔을 먼저 보듬어야 하지 않을까. 속상해하고 있는 동지들을 먼저 살펴라." 이재명 발언의 선명성에 비해 정청래 발언은 조금 옹색하게 들린다. 진중권 전 동양대 교수가 정청래 의원을 조목조목 비판했다. 진중권 씨는 곽경택 감독의 영화 〈친구 2〉에 나오는 대사로 먼저 반격했다. "와 피 한 방울 안 섞인 것들이 형님 동생 하는지 아나? 같이 굶어도 보고 같이 도망쳐 보고 같이 죽을 뻔도 하고 같이 얼싸안고 울어도 보고! 그래가 형님, 동생 식구가 되는 기다." 이런 뒤 진중권 씨가 정청래 의원에게 직접 말했다. "의원은 공직이다. 공직이란 동지가 아닌 국민에게 봉사하는 직을 말한다. 동지가 국민을 배반했을 때는 국민을 위해 그자를 쳐내야 한다. 그게 안 되는 품성이라면 공직이 아니라 조폭을 해야 한다."

이번에 발표한 여론조사에서 이재명 지사는 차기 대선 주자 선호도에서 이낙연 의원을 4%P, 즉 오차범위 내로 따라잡았다.

조만간 여당 내 대선 주자 지지율 1·2위가 뒤집힐 수도 있다. 민주당 핵심 주류인 친문계는 내부적으로 비상이 걸렸을 것이다. 차기 정권 재창출의 희망을 비문非文계 정치인 이재명 지사에게 걸어도 좋을 것인지 고민이 깊어갈 것이다. 일반 국민들은 물론이고, 민주당 친문계는 아직도 또렷하게 기억하고 있을 것이다.

즉, 2018년 11월에 있었던 일이다. 당시 이재명 지사는 '혜경궁 김씨' 논란에 휩싸여 있었다. '혜경궁 김씨'라는 별명을 가진 트위터 계정이 노무현·문재인 대통령을 비판하는 글을 올렸는데, 그 계정의 실제 주인이 이재명 지사의 부인인 김혜경 씨 아니냐는 의혹에서 논란이 시작됐다. 그러자 이재명 지사는 당시 이렇게 말했다. "저나 제 아내는 물론 변호인도 (대통령 아들인) 문준용 씨 특혜 채용 의혹은 허위라고 확신한다. 그러나 논란이 된 트위터 글이 죄가 되지 않음을 입증하기 위해선 먼저 해당 트위터에 거론된 (대통령 아들의) 특혜 채용 의혹이 허위임을 법적으로 확인한 뒤 이를 바탕으로 허위 사실에 의한 명예훼손 여부를 가릴 수밖에 없다."

말은 조금 복잡해 보이지만 한마디로 이런 뜻이다. '친문, 당신들이 내 아내를 공격하겠다면, 좋다. 그 공격의 근거가 되는 트위터 글에 대해서 그 글의 내용인 문준용 특혜 채용 의혹부터 따지는 게 법리적 순서가 아니겠는가.' 다시 말해서 '내 아내를 건드리면 나 역시 대통령 아들을 물고 들어갈 수밖에 없다.'는 것으로 해석됐다.

어제 저녁 자리의 얘기는 이런 일을 기억하고 있는 민주당 친문 주류가 이재명 지사에게 2년 뒤 자신들의 정치적 운명을 맡길 수 있겠는가, 하는 쪽으로 흘러갔다. 여당 쪽 대선 후보 방정식은 매우 복잡하다. 그럼에도 불구하고, 이재명 지사의 부동산 발언, 그리고 서울·부산 시장 후보 무공천 발언은 '소신 발언'이요 '사이다 발언'이었다는 점만은 인정하지 않을 수 없었다.

※ 이 글을 토대로 방송을 했던 때가 2020년 7월이다. 그때 이미 정치부 기자들은 장담하고 있었다. 두고 봐라, 민주당은 반드시 서울·부산 시장 선거 후보를 낼 것이다. 결과는 그 장담대로 됐다. 전 당원 투표라는 형식을 빌렸다.

똥 묻은 개가 겨 묻은 개를 나무란다

첫 여성 법무부 장관

강금실 씨는 2003년 참여 정부에서 우리나라 최초의 여성 법무부 장관이며 제55대 법무부 장관으로 임명됐고, 이듬해인 2004년 7월 28일까지 재임했다. 당시 노무현 대통령에게 강금실 장관을 천거한 사람이 문재인 비서실장이다. 문재인 실장은 노 대통령에게 강금실 씨를 환경부장관 혹은 보건복지부 장관으로 임명할 것을 제안했다고 한다. 그러나 노 대통령은 여성이 그런 부처 장관에만 임명되는 것은 고정 관념이라며 노동부나 법무부 장관에 기용하는 게 낫다는 뜻을 밝혔다. 강금실 씨는 문재인 실장이 이런 내용을 전달하자 자신이 잘 모르는 노동부 업무보다는 법무부에서 일하는 것이 의미 있을 것 같다고 대답했다. 이로 인해 강금실 법무부 장관은 이전까지의 조직 순혈주의, 남성 중심주의, 기수 중심주의, 관료 이기주의를 깼다는 평가를 받게 된다. 그때의 강금실은 지금의 추미애에게 무슨 얘기를 들려줄 수 있을까?

정치인들에게는 비판보다 무서운 것이 무관심이라고 한다. 칭찬하는 댓글이냐 욕하는 댓글이냐가 중요한 게 아니라 댓글이 많은가 적은가 이게 더 중요하다. 잊히는 것은 곧 죽음이라는 생각까지 갖고 있다. 그런 의미에서 추미애 법무부 장관은 정치인으로서 제2의 전성기를 맞았다는 말이 나오고 있다. 그만큼 사람들의 입에 추미애 세 글자가 오르내리고 있기 때문이다.

법무부 장관 추미애, 당 대표까지 지낸 정치인 추미애, 판사 출신 추미애, 이 사람의 언행을 더 잘 이해하기 위해, 그리고 그것이 지금 정권에 끼칠 영향, 그리고 임명권자인 문재인 대통령에게 끼칠 영향까지 살펴보기 위해 강금실·추미애 두 사람을 비교해봤다. 같은 점은 뭐고, 다른 점은 뭘까. 강금실 전 법무부 장관도 여성이며, 판사 출신이다. 두 사람은 진보 정권에서 장관이 됐다. 그런 점에서 닮은 점이 무척 많은 것 같다.

일단 나이가 비슷하고, 사법시험 합격, 판사 임관 등이 모두 비슷하다. 강금실 전 장관은 1957년 생 닭띠, 추미애 장관은 1958년생 개띠다. 강금실이 한 살 많은 언니다. 강 장관은 1981년 사시 합격, 1983년 판사에 임관됐다. 서울 남부지원에서 시작했다. 추 장관은 1982년 사시 합격, 1985년 춘천에서 판사가 됐다. 강 장관이 모두 한두 해 앞서서 나갔지만 엇비슷하다고 보면 된다. 두 사람은 처음부터 개혁 성향을 보였다. 강 장관은 진보보 성향 법조인 모임인 우리법연구회 창립멤버다. 추미애 판사는 전두환 정부 시절 불온서적 압수수색 영장을 기각했을 정도로 개혁 소신을 지킨 적도 있다고 한다.

그리고 두 사람은 1995년 나란히 법복을 벗었다는 점까지 같은데, 진보 정권에서 첫 여성 법무부 장관이 됐다는 점이 가장 큰 공통점이라고 할 수 있을 것이다. 두 사람 모두 사법 개혁, 검찰 개혁을 가장 큰 미션으로 삼고 장관에 취임했다. 강금실 전 장관도 취임 직후 대대적인 서열 파괴 인사를 단행해서 검찰 조직을 충격에 빠뜨렸다. 추미애 장관 역시 '인사 학살'을 두 차례나 단행하면서 노골적인 길들이기 코드 인사로 윤석열 총장의 손발 자르기와 검찰 흔들기를 계속하고 있다.

지금부터는 강금실·추미애 두 사람의 다른 점을 짚어보겠다. 1995년 법복을 벗은 다음, 강금실 씨는 변호사의 길로 나섰고, 추미애 씨는 정계에 발을 들여놓았다. 2003년 노무현 정부에서 법무부 장관을 낙점할 때 추미애 씨도 후보로 거론됐었다. 그러나 결과는 '강금실 언니'가 첫 여성 법무부 장관이 됐고, '동생 추미애'는 국회에 남아 서울 광진구 을에서 5선에 성공하는 여성의원으로 나가게 된다.

또 강금실 씨는 국정 장악력이 가장 강력한 정권 출범 초기에 법무부 장관이 됐으나 추미애 씨는 정권이 임기 반환점을 돈 뒤에 세 번째 법무부 장관이 됐다. 더구나 추미애 씨는 선임인 조국 전 법무무 장관이 온갖 비리 혐의로 재판을 받으면서 남겨놓은 오물을 치워야 하고, 그와 동시에 조국 씨가 시작한 검경 수사권 조정과 공수처 출범을 완수해야 하는, 기묘하게 맞물린 임무를 짊어져야 했다. 최근에 터져 나오고 있는 '추미애 발언', 즉 '막말에 가까운 상스럽고 험악한 말들'은 이런 압박과 부담감에서 비롯됐을 수도 있다.

노무현 정부 때 강금실 장관도 중수부 폐지, 검경수사권 조정, 공수처 설치 같은 사법 개혁이 핵심 임무였다. 그러나 강 장관은 전체적인 상황을 판단해서 공수처 설치를 접었다. 강금실 전 장관의 공적은 무리하게 공수처 설치를 밀어붙이지 않은 점이라고도 할 수 있다. 그때도 강금실 법무부 장관과 송광수 검찰총장의 갈등설이 터져 나와 있었다. 당시 검찰은 대선자금 수사를 이끌면서 노무현 캠프의 대선 참모였던 안희정 전 충남지사를 구속했다. 이에 청와대와 정치권의 압박이 들어오자 송광수 총장은 "차라리 내 목을 치라."는 유명한 말을 남기며 중수부 폐지에 공개적으로 반발했다.

당시에 검찰과 법무부 사이 갈등설이 최고조에 달하자 강금실 장관은 송광수 총장과 저녁 자리를 가진 뒤 송 총장의 팔짱을 끼고 나와 기자들의 질문에 답했다. 물론 송광수 총장은 강금실 장관보다 나이로는 일곱 살, 기수로는 11기 선배이니 마치 큰오빠의 팔짱을 끼는 것 같은 분위기를 연출할 수도 있었다. 강금실 장관은 일선 검사 1400여 명에게 e메일을 보내면서 검사를 낭만적으로 묘사한 것도 이목을 끌었다. '깨끗하고 아름답고 햇빛 속에서 순식간에 제 몸을 흔적 없이 다 녹여낼 수 있는 눈사람들이 영혼을 다치지 않고 살고 있었다.' 또 강 장관은 톡톡 튀는 발언과 패션 감각으로 '강효리(강금실+이효리)'라는 별명을 얻기도 했다.

이런 점에서 추미애 장관은 '강금실 언니'와는 확실히 다르다. 밀어붙이는 투사 이미지가 강해서 별명부터 '추다르크(추미애+잔다르크)'다. 추 장관은 윤석열 총장의 손발을 잘라내는 검찰 인사를 2차에 걸쳐 거의 무자비한 수준으로 밀어붙였다. 윤 총장에 대해 "명을 거역했다. 있을 수 없는 일이다."고 했고, 최근엔 "제 지시를 잘라먹었다. 장관 지휘를 겸허히 받으면 좋게 지나갈 일을, 지휘랍시고 일을 꼬이게 만들었다."고 했다. 아무리 추미애 씨가 윤석열 씨보다 사시 9기수 선배라고 해도, 그리고 자기가 당 대표를 역임한 5선 의원 정치인이라고 해도, 이것은 너무 오버한 것이고, 또한 법률적으로, 관례적으로 전혀 맞지 않는 언행을 일삼고 있는 것이다.

우선 추미애 장관이 잊고 있는 모양인데, 검찰은 법무부 외청이다. 우리나라 행정조직은 정부조직법 제2조 제2항에 따라 부·

처·청으로 나누는데, 이처럼 정부조직법, 즉 법률에 따른 중앙 행정기관을 '외청'이라고 하고, 단순히 대통령령에 따른 청을 '내청'이라고 한다. 예를 들어 법률에 따른 검찰청은 외청, 대통령령에 따른 국토관리청은 내청이다. 엄연한 차이가 있다. 더군다나 검찰총장과 검사는 헌법에 임기와 역할이 명시된 헌법기관이다. 추미애 장관은 윤석열 총장에게 "명을 거역했다. 지시를 잘라먹었다."며 마치 일방적으로 아랫사람 다루는 듯했는데, 이것은 명백히 법령과 검찰의 정치적 중립을 훼손하는 중대한 월권행위이자 직권남용이 아닐 수 없다. 마치 정당의 당 대표가 사무처 직원 다루는 듯하는 느낌마저 준다.

추 장관은 다시 포문을 열었다. 페이스북에 이렇게 말했다. '통제되지 않는 권력은 폭주기관차와 같다. 그 폭주는 반드시 국민의 피해로 귀결된다. 문민정부가 민주적 통제, 검찰개혁을 강조하는 이유가 이것에 있다.' 윤석열 검찰을 폭주기관차에 비유한 것이다. 추 장관은 또 '저의 역할은 검찰개혁을 대한민국 역사의 되돌릴 수 없는 강 너머로 지고 가는 것이며, 다시는 검찰과 법이 약자가 아닌 권력을 보호했던 과거로 돌아가지 못할 것이다. 그 선봉에 서겠다.'고 했다. 정말 추장관의 현실 인식이 아연실색할 뿐이다. 지금 문 정권이 윤석열 총장을 찍어내려는 것은 약자가 아닌 권력을 보호했기 때문이 아니라 거꾸로 살아있는 권력에 칼끝을 들이댔기 때문 아닌가. 어떻게 이토록 손바닥으로 하늘 가리는 말을 천연스럽게 할 수 있는가.

또 추 장관은 검·언 유착 의혹에 연루된 한동훈 검사장에게 법무부 감찰을 지시했는데, '법무부가 수사나 재판 등에 관여할 목적으로 검사에 대한 감찰을 진행할 수 없다.'는 법무부령을 스스로 어겼다는 지적도 나온다. 또 추장관은 SNS에 '유착 의혹이 수면 위로 드러났다.'고 했는데, 이것은 현재 수사 중인 사안에 대해 법무부 장관이 그 결론을 예단했다는 비판을 피할 수 없다. 문 대통령도 마치 수사 결과를 미리 정해놓은 듯, 적폐 수사를 사정 당국에게 지시할 때가 있었는데, 추미애 장관도 똑같은 어리석음을 범하고 있는 셈이다.

그래서 같은 당 소속인 조응천 민주당 의원도 "30년 가까이 법조 부근에 머무르면서 한 번도 경험해보지 못한 낯선 광경으로 당혹스럽기까지 해 말문을 잃을 정도."라고 했다. 추 장관 앞에 선배 법무부 장관이 66명이 있었지만, 추 장관 같은 사람은 처음 본다는 뜻이다. 진중권 전 동양대 교수는 "도대체 추 장관은 왜 자꾸 오버액션을 할까요?"라고 물은 뒤 "친문세력에게 충성함으로써 대통령이나 서울시장의 꿈을 실현하는 데 있기 때문에 노무현 탄핵의 주역이라는 주홍글씨를 지우려면 그들에게 과잉 충성을 할 수밖에 없다."고 했다.

단기필마單騎匹馬로 싸우는 윤석열 총장

'단기필마' 윤석열

단기필마單技匹馬란 혼자 말 한 필을 탔다는 뜻이다. 가장 먼저 떠오르는 인물은 '삼국지'의 영웅인 조자룡이다. 그는 장판파長坂坡 전투에서 주군인 유비의 아들 아두를 구하려고 적군인 조조의 진영으로 뛰어들었다. 그리고 글자 그대로 말 한 필에 몸을 싣고 싸웠다. 조자룡은 아두를 구하고 무사히 살아 돌아왔다. 2019년~2020년 윤석열 검찰총장은 청와대, 법무부 장관, 여당, 집권 실세를 상대로 힘겨운 싸움을 벌였다. 그에게서 단기필마의 상징 같은 조자룡을 떠올리는 국민도 적지 않았을 것이다.

지금까지 법무부와 검찰, 양쪽 수장들끼리 치사한 권력투쟁을 진행 중이라고 보는 사람들은 없을 것이다. 본질을 봐야 한다. 추미애 장관은 엑스트라로 대리전을 치를 뿐이다. 지금 윤석열 총장이 단기필마單騎匹馬로 문재인 정권과 한판 승부 중이다.   초기에 이른바 '채널A 검언 유착 의혹'이라고 알려진 사건은 관련

기사가 매우 복잡하게 얽혀 있지만 얼개는 아주 간단하다. 검사와 기자가 짜고 유시민 노무현재단 이사장을 찍어내리려고 했다는 것이다. 여기서 검사는 한동훈 검사, 기자는 채널A 이동재 기자다. 그런데 한동훈 검사는 윤석열 총장의 오른팔이다. 문 정권으로서는 잘됐다, 일석삼조一石三鳥, 돌팔매 한 번으로 새를 세마리나 잡을 수 있다 싶었을 것이다. 우선 작년 하반기 조국 수사, 울산 선거공작 수사에 눈치코치 없이 달려들었던 한동훈 반부패 부장을 잡고, 이들을 지휘하면서 감히 살아있는 권력에 칼끝을 들이댄 윤석열 총장을 잡고, 그리고 정권에 고분고분하지 않는 채널A도 잡고, 얼마나 좋은가. 한동훈 검사에 대해서는 서울 대검에서 부산으로, 다시 연수원으로 쫓아내고 감찰을 시작한 것이며, 채널A 이동재 기자는 해고됐고, 그를 지휘한 법조팀장·사회부장은 6개월~3개월 정직, 보도본부장·부본부장은 각각 감봉, 동료 기자는 견책 같은 초강경 징계 조치가 내려졌다. 우리는 지금 살아있는 권력이 얼마나 무서운지 실감할 수 있는 무시무시한 세상에 살고 있다.

그런데도 추미애 법무부 장관이 윤석열의 '법 기술'에 걸려 꼼짝 못 하고 있는 게 아닌가. 그래서 문 대통령, 청와대, 여권 실세들이 답답했던 것이며, 이러한 기류를 감지한 추 장관이 갑자기 사나운 발톱을 드러낸 것이다. 북한 김여정 노동당 제1부부장이 문 대통령에게 퍼부었던 말본새에 힌트를 얻었는지 추미애 장

장관도 거의 막말 수준에 가까운 험한 말들을 쏟아냈다. "검찰 총장이 제 지시를 절반 잘라먹었다. 윤 총장이 새삼 지휘랍시고 일을 더 꼬이게 만들었다. 이런 총장과 일해본 적이 없다. 해방이 돼 전부 태극기를 들고 나와서 '대한민국 만세!' 하는데 검찰이 그것도 모르고 일제 경찰 불러서 신고해야 한다고 하는 건……." '잘라먹었다. 지휘랍시고' 하다가 발동이 걸리면 자신이 무슨 말을 하는지도 모르고 '태극기', '일제 경찰' 같은 반일 감정 부추기기 표현으로까지 달려가 버린다.

추미애 장관이 쏟아낸 험한 말 중에 압권은 '법의 날'을 맞아 정부포상 전수식 축사에서 나왔다. "국민으로부터 권한을 위임받은 자가 각종 예규 또는 규칙을 통해 위임의 취지에 반하도록 자기 편의적으로 조직을 이끌어가기 위해 법 기술을 부리고 있는 일이 벌어지고 있다." 추 장관이 이런 자 저런 자, '놈 자者' '자字'를 썼으니 우리도 써보자. 한 나라의 법무부 장관이라는 자가 다른 날도 아닌 법의 날에 법 기술이란 말을 썼다. 윤석열 총장이 한명숙 전 총리와 관련된 '거짓 증언 강요 진정 사건'을 감찰부가 아닌 인권부에 배당한 문제, 그리고 앞서 말한 검사·기자 유착 의혹 사건과 관련해서 수사 자문단을 소집한 것 등을 두고 추 장관은 법 기술이라고 비난한 것이다.

먼저 '법 기술', 이 말은 지난 반세기 '기술 입국'이란 슬로건 아래 대한민국을 세계 10위권 경제 대국으로 일으켜 세운 이 나라 기술자, 기술 장인들을 욕보이는 표현이다. 국민 대다수가 처음 들어보는 법 기술이란 이 말을 어떻게 일개 장관이라는 자가 그토록 경멸적으로 사용할 수 있단 말인가. 건축 기술, 운전 기술, 옷 수선 기술, 전기 기술, 자동차 정비 기술, 유도선수에겐 밭다리 걸기 기술, 이런 것들은 괜찮고 오로지 법 기술은 안 되는가. 법은 당신에게 그토록 성스러운 것인가. 아니면 성스럽지 않아서 '기술'이란 말을 못 붙인다는 것인가. 기술의 반대말이 무엇일까. 아무리 생각해봐도 반대말이 없다. 그래서 내가 만들었다. 기술의 반대말은 '꼼수'다. 그래 추 장관 말대로 윤석열 총장이 '법 기술'을 부렸다면, 추 장관은 지금 '인사 꼼수'와 '인사 칼질'을 하고 있는 중이냐고 묻지 않을 수 없는 것이다.

저 사람들은 알량한 인사권을 갖고 치졸한 복수전을 펴고 있는 중이다. 추미애 장관이 알량하다는 뜻이 아니라 문재인 정권이 알량하다는 뜻이다. 추 장관은 엑스트라다. 청와대와 문재인 정권이 그 알량한 인사권으로 대한민국 검사 한동훈에게 두 번씩이나 치졸한 인사 복수전을 벌이고 있다. 2020년 1월 서울 대검찰청 반부패강력부장에서 부산고검 차장검사로, 6월 25일 다시 법무연수원 연구위원으로 발령을 냈다. 부끄러움을 모르면 남의 눈을 신경 쓰지 않는다. 1980년 사법시험에 합격한 문 대통령은 법무부 장관의 손을 빌려서 무려 스무 살 후배인 한동훈 검사에게 오로지 보복과 좌천이라는 인사의 칼을 두 번씩이나 휘두르고 있다.

추 장관은 아마 대통령과 청와대, 그리고 여당 실세들로부터 강한 압박을 받고 있음에 틀림없다. 청와대에서 대통령이 주재한 반부패 회의에 참석하고 돌아온 뒤, 추 장관이 완전히 달라졌다. 그녀가 하는 행동과 말본새가 더 사나워졌다. 문 대통령은 추 장관에게 절대 고마워하고 있지 않을 것이다. 문 대통령은 추 장관이 야속하고 오히려 무능하다고 생각할지 모른다. 그래서 추 장관은 따가운 눈총을 의식하고 윤 총장에게 직격탄을 쏘고 있다.

진중권 전 동양대 교수는 말했다. "문재인의 업적이라곤 이제 달랑 하나, 윤석열을 검찰총장에 임명한 것만 남았다." 정말 촌철살인이다. 그리고 추 장관의 험한 말에 대해 이렇게 말했다. "일진(학교폭력 가해자)이냐. 이분 껌 좀 씹으시네." 그리고 근본적으로는 이렇게 봤다. "윤석열을 내치면 정권 붕괴의 서막이 열린다."고 했다. 집권 세력 내 강경파 목소리들은 자신들도 모르는 사이에 '윤석열 귀신'을 어깨에 업고 나이아가라 폭포 쪽으로 배를 운행하고 있는 중이라는 뜻이다.

개인적으로는 '추미애 콤플렉스'가 무엇일까, 그게 궁금하다. 예순두 살 추 장관, 한양대 출신, 1982년 사법시험 합격, 판사 출신. 윤석열, 서울대 출신 91년 사법시험 합격. 한동훈, 서울대 출신 1995년 사법시험 합격이다. 추 장관은 사법연수원으로 봤을 때 10년 이상 차이 나는 후배들에게 무슨 콤플렉스가 있을까. 청와대와 여권의 압력이 그만큼 견디기 힘든 것인가. 아니면 운동권 집권 세력의 대모代母인 한명숙 구하기, 그리고 문 대통령이 '마음의 빚'을 지고 있다는 조국 구하기. 이 두 가지에 목을 걸어야 자신의 입지가 보장될 만큼 절박한 궁지에 몰려 있는가. 추 장관은 당 대표까지 지낸 정치인이다. 누구나 여유가 있을 때는 절대 칼을 뽑지 않는다. 궁지에 몰리면 발톱을 드러낸다. 인간의 속성이다. 지금 추미애 장관이 그렇다. 궁지에 몰린 것처럼 보인다. 그러나 정권도 느끼고 있을 것이다. 추 장관이 쓰러지면 정권이 위태로워진다는 느낌 말이다.

김종인 통합당 비대위원장이 이런 얘기를 했다. "윤석열을 전혀 모른다. 그런데 처신하는 걸 보니 든든한 데가 있는 것 같다." 이런 말에 공감하는 국민이 많아지면 많아질수록 문재인 정권은 더 불안할 것이다. 총선을 압도적으로 이겨놓고도 해소되지 않는 불안감, 코로나 사태와 돈 풀기로 승리한 정권이 뒤가 구릴 때 그런 불안감이 가시지 않는 것이다. 문 대통령이 추미애 장관에게 원하는 것은 딱 세 가지다. 하나는 '한명숙 구하라. 둘째 조국 구하라. 셋째 울산 사건 덮어라.' 추 장관이 이것들을 안 하면 문 정권은 윤 총장을 계속 몰아붙일 것이고, 그렇게 하면 할수록 자신들이 타고 있는 배는 낭떠러지로 다가가게 될 것이다. 그것을 자승자박이라고 한다.

서릿발 같은 남매의 한恨

겁먹은 개

북한이 대한민국 문재인 정부를 향해 흔히 내뱉는 욕설 중에 '겁먹은 개'
라는 표현이 있다. 북한 외무성의 일개 국장을 내세워 한국 대통령에게
이런 욕도 한다. "겁먹은 개가 더 요란스럽게 짖어댄다. 새벽잠까지 설쳐
대며 허우적거리는 꼴이다." 그런데도 청와대는 눌러 참고 감내하는 게
몸에 뺐다. 이런 식이다. "북쪽에서 내는 담화문은 통상 우리 정부가 내
는 담화문과 결이 다르고 쓰는 언어가 다르다." 또는 "겉으로 드러난 표
현보다는 진의가 중요하다."는 말도 한다. 문제는 우리 국민이다. 민간
인이나 개인끼리 관계라면 어떻게든 참을 수 있다. 그러나 국가와 국민
은 지존이나 같다. '겁먹은 개'라는 욕을 먹는 대통령을 직접 뽑은 국민은
어쩌라는 말인가. 국민이 감당해야 하는 굴욕감과 참담함은 씻어낼 길이
없다는 것을 대통령과 청와대는 알고 있는지 묻고 싶다.

갑자기 이런 궁금증이 든다. 김정은 국무위원장, 김여정 노동
당 제1부부장, 이 30대 남매는 도대체 왜, 문재인 대통령에게 이

토록 화가 나 있을까. 한때는 서로 같은 헤드 테이블에 앉아 밥 먹고, 술잔 부딪치고, 같이 쇼도 보고 노래도 듣고, 위아래 이가 다 드러나도록 환하게 웃으면서 사진도 찍고 했던 사이가 아닌가. 그런데 어떻게 철천지원수처럼 변했는가. 정확하게 말하면 김정은·김여정 남매는 왜 이토록 분개하고 있을까. 거꾸로 말하면 문 대통령은 왜 김정은·김여정 남매에게 죄지은 사람마냥 절절매고 있는 것일까. 김여정의 상스러운 욕설, 개성 연락사무소 폭파, 군사행동 협박, 그러다 김정은의 보류 결정, 이것이 6·25전쟁 70주년을 맞은 6월 한 달 벌어진 일들의 요약이다.

북한 김씨 왕조와 그 조종을 받는 매체들의 말본새가 워낙 거칠고 상스럽다고 해도, 또 그것이 그들 나름대로 북한 주민을 간접적으로 윽박지르는 수사법이라고 해도, 2020년 6월 17일 김여정이 보인 말투는 이상했다. 본인도 '말 폭탄'이라고 스스로 규정했는데, 분량이 A4용지 7쪽에 이르는 소위 담화문이라는 것은 저주와 비방이 필요 이상으로 가득하다. 김여정은 문 대통령을 향해 "채신머리 역겹게 하고 돌아가니 그 꼴불견 혼자 보기 아깝다."고 했다. 없어도 있는 척, 몰라도 아는 척, 하는 사람을 '척 병病' 걸렸다고 한다. 김여정은 문 대통령을 아예 '척 병 환자' 취급했다. 문 대통령을 이렇게 표현했다. "마이크 앞에만 서면 온갖 잘난 척, 정의로운 척, 원칙적인 척한다."고 했다. 한 고위급 탈북자는 이렇게 말했다고 한다. "남매의 한恨이 서린 듯하다."

2019년 2월 하노이 미·북 정상회담을 하러 가는 도중에 김정은 위원장은 서울로 세 차례나 전화를 걸어서 묻고 또 물었다고 이영종 통일문화연구소장은 밝히고 있다. 그가 인용한 문장을 옮겨보면 이렇다. '하노이로 향하는 전용 열차 안에서 김정은 위원장은 서울로 세 차례 전화를 걸었다. 영변만 내놓으면 틀림없는 거냐며, 북·미 정상회담에 임하는 워싱턴의 전략과 분위기를 문재인 대통령과 청와대에 캐물은 것이다.' 이 대목에는 약간의 설명이 필요하다. 여기서 말하는 '영변'이란 평안북도 남동쪽에 있는 영변 우라늄 농축시설, 그리고 영변 핵연료봉 제조 공장 등을 말한다. '영변만 내놓으면'이란 뜻은, 다른 핵 제조 의심 지역 말고, 오로지 영변 핵시설만 사찰을 받은 뒤 파괴하겠다는 약속을 하면 되는 거냐, 그런 의미다. 그 당시 미국 NYT·WP 같은 신문은 평양에서 가까운 '강선' 지역, 그리고 '산음동' 지역을 핵시설로 지목하고 있었고, 전략국제문제연구소는 '삭간몰'이란 곳을 핵시설로 짚어내고 있었다. 김정은은 강선·산음동·삭간몰 이 3곳 말고 영변만 내놓으면 된다는 거냐, 라고 문 대통령에게 물었던 것이다. 그리고 김정은이 다짐을 받으려고 했던 '틀림없는 거냐?' 이 대목은 제재 해제가 틀림없이 이뤄진다는 거냐? 이런 뜻이다.

이때 김정은·김여정 남매는 들떠 있었다고 한다. 왜냐하면 그로부터 8개월 전에 있었던 싱가포르 미·북 회담에서부터 뭔가 돌파구가 마련됐다고 봤기 때문이다. 이렇게 하노이로 향하는 열차에서 김정은이 문 대통령과 청와대에 세 차례나 전화를 했다는 것인데, 그때 문 대통령이 뭐라고 대답했는지 구체적으로 우리는 알 수 없다. 다만, 매우 낙관적으로 대답했을 가능성은 높다. 왜냐하면 나이로 봤을 때 아저씨뻘인 문 대통령은 조카뻘인 김정은을 이미 세 차례나 만난 상황이어서 개인적인 신뢰도·친밀도가 성숙했다고 생각했을 것이고, 그것을 바탕으로 확실한 중재자 역할을 '책임질 만큼' 강조했을 가능성이 있다.

그런데 김정은이 막상 하노이에 도착해서 트럼프를 만나보니 딴소리를 하고 있는 게 아닌가. 미국은 '영변+α'를 내놓으라고 요구한 것이다. 더군다나 트럼프는 "김정은이 협상에 임할 준비가 안 돼 있는 것 같다."면서 판을 깨버렸다. 김정은에게 미 대통령 전용기 '에어포스 원'으로 평양까지 태워다 주겠다는 굴욕적인 제안을 하기도 했다. 그때 김정은은 멋쩍게 웃으며 사양했다고 하지만, 속으로는 이를 빠드득 갈았을 것이다. 그런 심정으로 김정은은 다시 열차를 타고 하노이에서 평양까지 3,800km, 60시간 거리를 되돌아가야 했던 것이다. 전 세계적 이목이 집중됐던 하노이 여행이었던 만큼 김정은·김여정 백두혈통 남매는 돌아가는 길이 국제적 굴욕이요 망신이었다는 기억을 뼈에 새겼을 것이다. '최고 존엄'으로서는 꿈에도 상상할 수 없는 일을 겪은 것이다.

그 뒤에 벌어진 일들은 다 아시는 것처럼, 김정은이 문 대통령을 향해 '오지랖 넓은 중재자'라고 원색적으로 비난했고, 2019년 6월 판문점에서 잠깐 조우했을 때도 사실은 안 보려고 했던 것이다. 2019년 8월 문 대통령이 공동올림픽·평화경제 등을 말하자 '삶은 소대가리도 앙천대소할 노릇.'이라며 사상 최악의 욕지거리를 내뱉었던 것이며, "남조선 당국과 마주 앉을 생각 없다."며 전화선을 끊어버린 것이다.

여기서 다시 김여정의 6월 담화문들을 되돌아 볼 필요가 있다. 김여정은 문 대통령과 청와대, 그리고 관련 당국자를 배신자로 지칭하고 있다. 6월 13일 담화문을 보면 이렇게 돼 있다. '배신자들과 쓰레기들이 저지른 죗값을 깨깨(하나도 남김없이 몽땅) 받아내야 한다.' 여기서 쓰레기들은 대북전단을 날려 보내는 탈북단체를 가리킨다. 그리고 배신자는 바로 '하노이 굴욕', '하노이 노딜'을 안긴 문재인 정부를 지칭한다고 봐야 하는 것이다. 왜냐하면 저들은 하노이 노딜에 대한 책임을 트럼프 미국 정부에게 돌리기에 앞서 문재인 대통령과 참모들이 먼저 책임져야 한다고 보는 것이다. 그래서 김여정은 문 대통령을 향해 "못된 짓 하는 놈보다 못 본 척하는 놈이 더 밉더라."는 말까지 하고 있는 것이며, 북한 매체가 남한 당국자를 비난할 때마다 저지른 잘못에 대한 반성과 사죄를 줄기차게 요구하고 있다. 이영종 통일문화연구소장은 이런 말도 인용했다. '베이징의 북한 통전부 관계자로부터 탁현민 청와대 의전비서관을 만나면 가만두지 않을 것이란 말을 들었다.' 즉 북한은 하노이 협상 타결을 믿고 남측 당국과 탁현민 씨의 조언에 따라 이벤트까지 준비했는데 허사가 되고 말았다는 뜻이다.

이에 대해 한 신문 칼럼은 이렇게 썼다. '심지어 청와대가 희망적 사고에 사로잡혀 국민과 북미 지도자를 북핵 해결의 환상으로 몰고 갔다면 문제의 차원이 달라진다. ……문재인 정부가 어떤 죄를 지었는지는 알 수 없다. 그러나 6·25 전쟁에서 자유민주주의를 지킨 대한민국은 무슨 죄를 지었다고 김정은 정권한테 겁먹은 개 소리나 들어야 한다는 말인가.' 그렇다. 문제는 문재인 정부가 김정은·김여정 남매에게 닦달을 당하고 있는 상황이 분한 것이 아니라, 대한민국 국민이 당하고 있는 치욕이 분한 것이다.

눈치코치도 없는 중매쟁이

'낄끼빠빠'의 정석定石

'낄끼빠빠'는 점잖은 사람이 입에 올리기 민망한 유행어다. 그러나 뜻만은 알고 있어야 할 것 같다. '낄' 때 '끼'고 '빠'질 때 '빠'져라. 이 말에서 한 글자씩 뽑아서 만들었다. 주로 은퇴한 초로의 남성들에게 들려주는 충고의 의미를 담았다. 가족 모임, 학교 동창 모임, 옛 직장 동료들의 모임, 취미를 함께 하는 동호인들의 모임, 애경사 등등에서 얼굴을 보여야 할 때와 그러지 말아야 할 때를 잘 가려서 처신하라는 것이다. 한마디로 눈치껏 행동하라는 뜻이다. 중장년들에게는 서글픈 메시지라고도 할 수 있다. 그런데 이 말이 남·북·미 3국 정상들의 회동 때 문재인 대통령의 처신을 두고 회자하면서 다른 측면에서 서글픈 추억을 남기게 됐다.

몇 년 전부터 유행하는 신조어가 있다. '낄끼빠빠'다. 여러분도 많이 들어보셨을 것이다. 낄끼빠빠, 낄 때 끼고 빠질 때 빠지라는 것이다. 남자가 중장년이 되어 나이 들어갈수록 이것을 잘 해야 한다. 가족 모임, 동창 모임, 친구 모임, 어디서든 낄끼빠빠를

78

잘해야 한다. 운전할 때도 이것을 잘해야 한다. 특히 차선 변경할 때 이것을 못하면 욕먹는다. 주식시장에서는 절대적인 원칙이다. 주식은 타이밍이다. 매수도 타이밍, 매도도 타이밍이다. 외국인이나 기관, 큰손이 살 때 같이 사고, 팔 때 같이 팔아야 이득을 볼 수 있다. 축구에서도 낄끼빠빠는 중요하다. 바로 오프사이드 규칙 때문이다. 공격수와 수비수가 서로 절묘한 타이밍을 노리면서 오프사이드 트랩을 노린다. 엄청난 눈치싸움이다. 이것을 못하면 '젬병인 공격수'가 된다. 가수들 장수비결도 이걸 잘해야 한다. 주철환 서울문화재단 대표는 가왕歌王 조용필의 장수비결도 낄끼빠빠에 있다고 했다. '노래는 자주 나와도 당사자는 가요무대나 열린음악회에 좀체 등장하지 않는다. 7080세대의 우상인데 콘서트 7080에는 정작 모습을 드러내지 않는다.'는 것이다.

트럼프·김정은 판문점 회담 때 문재인 대통령이 낄끼빠빠를 못해서 미·북 양측의 눈총을 받으며 국제적 망신을 당했다는 내용이다. 존 볼턴 전 백악관 국가안보좌관 회고록『그 일이 일어났던 방』이라는 책 내용 중 한반도 관련 부분을 조선일보가 공개했다. 볼턴 회고록 중 중요한 대목 몇 가지를 간추려 본다.

2019년 6월 30일 오후 판문점 자유의 집 앞에서 남·북·미 3국 정상, 문재인·김정은·트럼프가 만났다. 여기서는 '오후' 그리고 자유의 집 '앞'이란 말이 중요하다. 같이 밥을 먹지도 않았고, 실내에서 만난 것도 아니란 뜻이다. 세 사람은 밖에서 약 4분 쯤 만났다. 당시 청와대는 '세 정상의 만남은 또 하나의 역사가 됐다.'고 자랑했다. 한 여당 의원은 이렇게 말했다. "남녀가 진정 맺어지길 원하는 중매쟁이는 딱 빠질 때 빠지는 법입니다. 낄 때 끼고 빠질 때 빠졌던 문재인 대통령! 이번 역사적인 만남에 중재 자로서 미팅의 정석을 보여줬습니다!"

그런데 볼턴의 회고록을 보니, 트럼프도 김정은도 모두 문 대 통령이 참여하는 것을 원치 않았다고 돼 있다. 아까 '오후'라는 표현이 중요하다고 말했는데, 그날 오전엔 청와대에서 문재인·트럼프 정상회담이 열렸기 때문이다. 미국 측은 여러 차례 문 대 통령이 판문점에 오는 것을 거절했지만 문 대통령은 "일단 판문 점 내 관측 초소까지 같이 가자."고 우겼다는 것이다.

판문점에서 트럼프·김정은 만남은 사실은 트럼프가 트위터로 깜짝 제안을 하고 김정은이 응답해서 이뤄졌다. 그 와중에 믹 멀 베이니 비서실장 직무대행은 "김정은과 트럼프의 만남에 끼어들 려는 문 대통령의 시도도 상대해야 했다."고 털어놨다는 것이다. "트럼프는 문 대통령이 근처에 없기를 바랐지만, 문 대통령은 완 강하게 참석하려고 했고, 가능하면 3자 회담으로 만들려고 했 다."고 했다. 볼턴은 또 "김정은도 문 대통령이 근처에 오기를 원 하지 않았음이 분명했다."고 썼다.

사실 그날 오전 청와대에서 열린 한미 정상회담 때 미국 측은 여러 번에 걸쳐 문 대통령의 참석을 거절했다고 한다. 그런데도 문 대통령은 "김정은이 한국 땅에 들어섰을 때 내가 없으면 적절하지 않아 보일 것이다. 김정은에게 인사를 하고 그를 트럼프에게 넘겨준 뒤 떠나겠다."는 식으로 고집했다는 것이다. 폼페이오 미 국무장관은 "문 대통령 생각을 전날 밤에 타진했지만 북측이 거절했다."고 했다. 트럼프는 "나는 문 대통령이 참석하길 바라지만 북한의 요청대로 할 수밖에 없다."고 둘러대기까지 했다는 것이다. 심지어 트럼프는 "김정은에게 할 말이 있고 경호처가 일정을 조율하고 있어 그들의 말에 따를 수밖에 없다."는 식으로 경호 문제까지 들먹이며 재차 문 대통령 참석을 거절했다.

정말 기가 막힌 일이 아닐 수 없다. 우리 땅에서 벌어지는 일이니 트럼프도 어쩔 수 없었던 모양이다. 결국 문 대통령은 판문점에 모습을 보였고, 자유의 집 밖에서 4분 동안 트럼프·김정은과 함께 사진을 찍는 모습을 연출할 수 있었다. 그때 청와대와 여당은 역사적인 장면이라면서 '중매쟁이 문 대통령의 낄끼빠빠 센스'를 추켜세웠지만, 백악관 참모의 회고록에 의해서 그것이 얼마나 눈치코치 없는, 미·북의 눈총을 무시하는 우격다짐 삼자회동에 막무가내 사진 찍기 연출이었는지 드러나고 있는 것이다. '역사적 장면'이었는지, '우격다짐 왕따 연출 쇼'였는지는 지금 벌어지고 있는 남북 관계의 악화일로를 보면 알 수 있다.

볼턴 회고록은 또 문 대통령이 정신 분열적 생각을 갖고 있다고 했다. 문 대통령은 북한의 '행동 대 행동' 제안, 즉 핵 프로그램 중 일부를 포기하면 그때마다 그에 상응하는 보상을 해주는 단계별 비핵화 전략을 거절했으면서도, 영변 해체를 김정은의 비핵화 의지로 생각했다는 것이다. 즉 김정은의 행동 대 행동 제안은 거절하면서도, 빈 깡통에 불과한 영변 해체를 김정은의 비핵화 의지로 평가한 문 대통령은 앞뒤가 맞지 않고 크게 엇갈리는 정신 분열적이라는 것이다.

볼턴 회고록은 남북 정상간 핫라인에 대해 '한국이 김 위원장과 핫라인을 개설했지만 남측은 청와대에 전화가 있는데 북측은 조선노동당 본부에 있고 그(김정은)는 전혀 그곳에 간 적이 없다.'고 했다. 또 2018년 6월 싱가포르에 있었던 트럼프·김정은 정상회담은 정의용 청와대 안보실장이 주선하고 제안해서 이뤄진 것이라고 볼턴 회고록은 밝혔다. 또 당시 한반도 종전선언 추진은 미국도 북한도 전혀 고려하지 않고 있었는데, 오로지 문재인 대통령의 통일 어젠다에서 온 것, 다시 말해 한국의 아이디어였다고 볼턴 회고록은 말했다. 그래서 결국 실패로 끝난 미·북 외교는 '한국의 창조물'이었다는 것이다.

한 번도 경험해보지 못한 제왕적 대통령 시대

제왕적 대통령

로마 시대의 황제, 그리고 미국 대통령, 누가 더 큰 권한을 갖고 있다고 봐야 할까. 조선시대의 임금, 대한민국 대통령, 누가 더 큰 권한을 갖고 있다고 봐야 할까. 제2차 세계 대전이 끝난 뒤 더욱 강력해진 대통령 중심제의 대통령, 그리고 이원집정부제의 대통령, 이러한 국가원수들은 사실상 봉건시대 군왕을 능가하는 무소불위의 권한을 갖고 있다. 극도로 권위주의적인 대통령은 중앙 수도는 물론이고 지방 구석구석까지 국민들의 삶에 그 권한이 미치고 있다. 특히 대통령이 소속된 정당이 큰 의석수 차이로 의회를 장악하게 되면, 민주주의의 근간인 삼권분립조차 유명무실해지고 대통령궁이 행정부는 물론이고 입법부와 사법부까지 장악하는 상황이 벌어질 수 있다. 우리나라 헌법재판소는 결정문에서 '대한민국 헌법상의 대통령은 제왕적 권한을 갖고 있다.'고 지적한 바 있다.

우리는 오늘도 어제와 똑같은 공기를 마시며 숨을 쉬고 있다. 그러나 이제 세상은 어제와 달라질 것이다. 지금까지 좌파 집권 세력은 사법부, 행정부, 지방자치 의회, 지방자치 단체장, 지방자치 교육감을 거의 90% 가까이 장악하고 있었다. 이제 집권 세력은 4·15 총선에서 기록적 압승으로 범여권 190석을 차지함으로써 '슈퍼 공룡 제1당'이 됐다. 지금부터 야당은 없는 것이나 같다. 견제 능력을 상실한 야당은 있으나 마나 한 존재다. 저절로 '1당 독재 시대'가 열린 것이다.

대통령은 친문 핵심 그룹으로 집권당 지도부를 재편해서 자신의 밑에 두게 될 것이다. 대통령은 '제왕적 대통령'으로서 무소불위의 권한을 갖게 됐다. 1948년 제헌 국회가 출범한 이래 우리는 세계 어느 나라에도 견줄 수 없는 가장 강력한 권한을 가진 대통령 시대를 맞게 됐다. 러시아 대통령을 '차르'라고 빗댔는데, 2020년 한국에도 '문 차르'가 탄생한 셈이다. 총선 후 민주당 이낙연 당선자는 '무겁고 무서운 책임감'을 느낀다고 했고, 이해찬 대표는 '정신 바짝 차릴 때'라고 했다. 그러나 비공개 회의에서는 '100년에 한 번 있을까 말까 한 수준의 승리'라고 말했다고 한다. 그들 말처럼 100년 만에 한 번도 경험해보지 못한 제왕적 대통령 독주 시대를 맞게 된 것이다.

윤영찬 전 청와대 국민소통수석, 한병도 전 청와대 정무수석, 윤건영 전 청와대 국정상황실장 같은 청와대 출신 인사 20명이 이번에 당선돼 국회에 입성했다. 전에 없던 일이다. 이들은 '광흥창팀'이라고 부르는 집권 세력 그룹에 속한 사람들이다. 광흥창팀은 2017년 문 대통령의 측근 인사들로 구성된 대선 조직이었다. 사무실이 서울 마포구 지하철 6호선 광흥창역 부근에 있어서 광흥창이란 이름이 붙었다. 광흥창廣興倉, 넓을 광廣, 일어날 흥興, 곳집 창倉, 광흥창은 고려시대와 조선시대 때 관리들에게 녹봉을 지급하던 관청이었는데, 지금의 6호선 광흥창역 자리에 그 관청이 있었다.

문 대통령의 광흥창팀은 임종석 전 청와대비서실장, 양정철 민주연구원 원장이 팀장 역할을 했다. 4·15 총선이 끝났지만 두 사람은 의원도 아니고 집권당에서 공식 직함이 없다. 그러나 이들은 차기 대권주자를 만들고, 정권 재창출을 담당하는 역할을 맡게 될 것으로 보인다. 양정철 민주연구원장은 사임 의사를 밝히면서 "이제 다시 뒤안길로 가서 저녁을 기다리는 마음으로 조용히 지내려 한다."고 했다. 이번 총선이 점심 때였다면, 그가 기다린다는 저녁은 2022년 대통령 선거가 아닐까 한다.

이번에 당선돼 국회에 입성한 광흥창팀 멤버들이 문 대통령의 뜻을 국회에서 그대로 실현하는 전위대前衛隊 역할을 할 것이다. 여기에 덧붙여 친문 핵심 의원이 50명쯤 된다. 이재정, 전해철, 김태년, 홍영표 같은 의원들이다. 이들은 문 대통령을 중심에 둔 친위 세력으로서 앞으로 하고 싶은 일은 무엇이든 할 수 있는, 입법·행정·사법의 '삼각 권한'까지 거머쥐고 흔들 것이다.

몇몇 중요 기관이 무력화될 것이다. 국가적 중립기관, 감독기관들이 무력화되거나 집권 세력의 손발처럼 움직일지 모른다. 선관위, 방통위, 금감원, 공정거래위 이런 곳이 살아있는 권력에 대해서도 중립적인 감시·감독·중재의 능력을 갖기란 사실상 어렵게 됐다. 그렇지 않아도 문 대통령에게 임명장을 받은 친문 인사들이 그곳을 지휘하고 있었는데, 이제 야당마저 유명무실하게 됐으니, 그 사람들은 그 누구의 눈치를 보거나 견제를 받을 필요 없이 정권에 부역할 수도 있다. 국민들 입장에서는 그들이 헌법적 가치를 기억하고 양심에 따라 그러지 않기를 바랄 뿐이다.

검찰도 무력화 될 위험에 처해 있다. 검경 수사권 조정은 탄력을 받아 마무리될 것이고, 공수처가 출범하면 지금의 검찰 조직과 기능과 역할은 크게 뒷걸음치게 될 것이다. 저들은 윤석열 검찰총장을 무력화시키려 안간힘을 쓸 것이다. 말하자면 마지막 하나 남은 '목에 가시'를 뽑아내려고 할 것이다. 집권당의 비례당인 더불어시민당의 우희종 공동대표는 총선 다음날 "윤석열, 당신의 거취를 묻는다."고 했다. 윤 총장 사퇴를 요구한 것이다. '문차르' 대통령의 귀에 듣기 좋은 말을 누가 먼저 하나 경쟁이라도 붙은 것 같다.

대검 공공수사부는 4·15 총선의 당선인 300명 가운데 무려 90명을 선거법 위반 혐의로 수사 중이라고 밝혔다. 당선인 94명을 입건했는데, 그중 4명을 불기소 처분하고, 나머지 90명을 수사하고 있다고 했다. 흑색선전 혐의가 62명, 금품수수가 5명, 여론조작이 3명, 기타 24명이라고 했다. 더불어민주당 서울 광진을 당선인 고민정, 서울 성북갑 당선인 김영배, 인천 남동갑 당선인 맹성규, 인천 연수갑 당선인 박찬대, 안양 동안갑 당선인 민병덕 씨, 그리고 미래통합당 서울 강남을 당선인 박진 씨 등이 고발돼 있다. 더불어민주당 전주을 당선인 이상직 씨의 선거사무실에는 압수수색도 있었다.

　　검찰은 또 4·15 총선 때문에 잠시 멈췄던 권력형 비리 사건도 수사에 다시 발동을 걸었다. '청와대의 울산시장 개입 사건', 그리고 대형 경제 범죄로 많은 피해자를 양산한 '라임 사태'와 '신라젠' 수사에도 박차를 가하고 있다. 윤석열 총장은 '갈 길을 간다'는 초지일관 정신으로 수사를 독려하고 있는 것으로 알려졌다. 윤 총장은 대검 검사들에게 "정치적 논란이 컸던 사건에는 흔들리지 말고 수사를 해달라."는 주문을 했다고 한다. 그러자 여권에서는 "윤 총장의 발언이 언론 등을 통해 새나오는 것은 다분히 의도적인 것으로 보인다. 자신의 정치적인 이득을 챙기기 위해 공권력을 휘두르려는 것 자체가 검찰 개혁의 대상이다."라고 했다. 앞서 유시민 씨는 "윤 총장은 사실상 식물총장"이라고 했다. 그러나 검찰이 선거 사범 수사에 나서자 여권은 '식물총장이 누구를 수사하나.'라며 현직 검찰 총장을 압박하고 있는 것이다.

크게 보면 4·15 총선을 통해 우리나라도 이제 그리스나 아르헨티나로 가는 길에 접어들었다는 걱정을 하지 않을 수 없다. 본질적으로는 선출직 고위 공무원 제도를 유지하는 한, 이 길이 피할 수 없어 보이기도 한다. 여당이 잘해서도 아니고, 야당이 못해서도 아니고, 다만 대중의 박탈감과 공포와 분노를 조종해 국민 심리를 쥐고 흔드는 기술을 가진 쪽이 집권 세력으로 유지될 것이다. 선거 때마다 집권 세력들은 정권 유지를 위해 현금 살포, 복지 확대, 연금 확대를 약속할 것이다. 눈덩이처럼 불어나는 재정 적자에도 아랑곳하지 않고 유권자들은 제 발등을 찍는, 아니 미래를 감당해야 할 제 자식의 발등을 찍는 포퓰리즘 투표를 하게 될 것이다.

여당 압승이라고 하지만, 득표율은 49% 대 41%였다. 수도권에서만 600만 명이 넘는 유권자가 문 정권을 심판하는 표를 던졌다. 문재인 대통령은 총선이 끝난 뒤 "큰 목소리에 가려져 있었던 진정한 민심을 보여주셨다."고 했다. 문 대통령이 말하는 민심은 여당을 찍은 민심을 말한 것이다. 야당을 찍은 40%가 넘는 민심은 포함돼 있지 않다고 봐야 한다. 앞으로는 문 대통령의 뜻, 집권당이 하려고 하는 속셈, 이것이 곧 '민심'이라는 이름으로 포장돼 발표될 것이다. 프랑스의 태양왕 루이 14세는 "짐이 곧 국가다."라고 했는데, 앞으로 한국에서는 '대통령이 곧 민심이다.'라고 보면 될 것이다. 그렇게 민심 독재 시대가 열릴 것이다.

적폐청산인가, 민생파탄이냐?

4·15 총선 후일담

지난 2020년 4·15 총선에서 여당인 더불어민주당이 압승했다. 야당 쪽에 낙관적 희망을 불어넣었던 대부분 예측은 얼토당토않게 빗나가고 말았다. 문재인 정부의 경제 실정失政, '비리 백화점'이라던 조국 사태, 대유행병 확산 등으로 야당이 질래야 질 수 없는 선거라는 말까지 돌았다. 그러나 결과는 정반대로 나왔다. 아직까지 완전히 불이 꺼지지 않은 '부정선거 시비'가 남아 있기는 하지만 정치판 대세는 그와 거의 무관하게 굴러가고 있다. 왜 문재인 정부는 4·15 총선을 크게 이길 수 있었을까. 후일담처럼 원인을 곱씹어본다면 역시 '돈'과 '코로나' 두 가지를 들지 않을 수 없다. 선거와 더불어 천문학적 규모로 풀려나간 재난지원금, 일자리 확대를 핑계 삼은 현금살포가 표를 끌어 모았다고 했다. 그리고 코로나 유행병 같은 세계적 위기가 닥쳤을 때 국민들이 무조건 집권당을 중심으로 뭉치는 경향이 있고, 국제적으로 비교했을 때도 문재인 정부가 비교적 선방善防했다는 후한 평가가 뒤따른 덕분이라는 것이다.

4·15 총선처럼 선명한 선거는 처음 본다. 이미 결판났다. 전국 사전투표율이 26.69%를 기록했고, 그중에서도 정치 1번지 서울 종로구 사전 투표율이 34.56%였다. 수도권에서 1위다. 이곳은 여당 대표 이낙연, 야당 대표 황교안, 두 장수가 맞붙은 곳이다. 유권자들이 만사 제쳐놓고 투표장에 달려갔다. 왜 그랬을까. 왜 종로구 유권자들은 사전투표일이 금·토 주말이었는데도 불구하고 성난 얼굴을 하고 투표장으로 달려갔을까. 이런 선거는 처음 본다. 고뇌할 필요 없다. 그냥 가슴에 대고 물어보면 답이 나온다. 수도권에서 중소기업을 경영하는 한 지인은 이렇게 말했다. "지난 3년 문재인 정권이 낙원이었으면 여당 찍고, 지난 3년 문재인 정권이 악몽이었으면 야당을 찍으면 된다."

조국 전 법무부 장관이 지고지순한 학자 출신으로 진정한 사법 개혁자라고 생각되면 여당 찍으면 된다. 조국을 다시 불러내어 복권시키고, 나중에 대통령 후보까지 시켜야 된다고 생각하면 여당 찍으면 된다. 그러나 조국을 희대의 파렴치범으로 보고, 그와 그의 일가족이 웅동학원 비리, 자녀 입시비리, 사모펀드 비리 같은 온갖 비리 백화점의 운영자였다고 본다면 야당 찍으면 된다.

윤석열 검찰총장이 사실은 가족 비리를 숨기고 있는 사람이며, 임명권자에게 항명을 하고 있는 사람이며, 사법 개혁의 걸림돌이라고 생각한다면 여당 찍으면 된다. 그러나 윤석열 검찰총장이 우리 역사에서 거의 유일하게 살아있는 권력에게도 칼을 들이 댔던 헌법주의자라고 생각한다면 야당을 찍어야 한다. 이번 선거는 너무 간단하고 선명하다. 선거 끝나고 윤석열 총장을 거리로 쫓아내려면 여당 찍으면 된다. 반대로 윤석열 총장이 권력의 고름덩이를 솎아낼 수 있는 소금과 같은 존재라고 생각한다면 야당에게 표를 주면 된다.

한국은 이미 마지막까지 중립을 지켜야 할 국가기관이 허물어진 나라다. 어떤 경우에도 당파적 진영 논리에 휩쓸리지 않고 헌법적 가치와 국민적 양심을 지켜야 할 최후의 보루 같은 곳이 몇 곳 있다. 대법원, 헌법재판소, 방송통신위원회, 중앙선거관리위원회 같은 곳이다. 그런데 이런 곳들이 이미 문재인 정권 사람들로 점령당해 버렸다. 대표적인 사례가 최근 나왔다. 중앙선관위는 야당의 선거 피켓인 '민생 파탄, 투표로 막아주세요.'와 '거짓말 OUT, 투표가 답이다.' 이 두 문구를 사용 못 한다고 막아버렸다. 대신 여권이 들고 나온 '100년 친일 청산 투표로 심판'과 '투표로 70년 적폐 청산'은 괜찮다며 허용했다. 그 이유를 들어보니 '민생 파탄이 현 정권을 연상시키기 때문에 안 된다.'는 것이다.

오히려 잘됐다. 중앙선관위 덕분에 유권자들은 오히려 더 선명한 판단을 할 수 있게 됐다. 한강의 기적을 일군 자랑스러운 대한민국의 지난 70년을 적폐 청산의 대상이라고 본다면 문재인 당을 찍으면 된다. 그것이 문재인 당의 피켓이요, 선관위가 괜찮다고 한 피켓이기 때문이다. 반대로 지난 3년 민생이 파탄 났다고 생각한다면, 그래서 민생 파탄을 심판해야 한다고 생각한다면 반 문재인 당을 찍어야 한다.

지금까지 여당·야당의 선대위 본부는 겸손한 모습, 낮은 자세를 끝까지 유지하려고 애썼다. 어느 선거든 유권자가 보기에 오만하다고 판단되는 순간, 막판 선거를 망쳤기 때문이다. 우리 유권자들은 다소 무능해 보이는 것은 참아줘도 오만한 것은 절대 참지 못하고 응징해버린다. 그런데 여당은 어느 순간 겸손이라는 용수철이 끊겨버린 것 같다.

범여권에서 나온 180석 압승론이 끊어진 용수철이다. 이해찬 대표는 "1당은 확보했고, 150석이 넘는 과반수 정당을 만들어야 개혁 과제를 원활하게 추진할 수 있다."고 했다. 유시민 노무현 재단 이사장은 "선거 판세가 민주당의 압승 분위기로 흐르고 있어 180석은 불가능한 것이 아니다."고 했다. 지난 대선 때도 봤지만 우리 선거에서 180석은 축복의 숫자가 아니라 저주의 숫자다. 그 숫자를 입에 올렸던 정당은 국민들에게 참담한 버림을 받아 몰락하고 말았다.

요즘 몇몇 여론조사에서 문재인 대통령의 지지율이 50% 넘게 나오자 그것을 근거로 해서 여당 우세를 말하는 사람이 있다.

그렇다면 대표적인 방역 실패로 사망자가 2만 명에 달하는 이탈리아의 주세페 콘테 총리 지지율이 3월말 71%였다는 것은 어떻게 설명하겠는가. 총리 본인이 감염돼 중환자실 신세를 졌고, 사망자가 1만1천 명에 달하는 영국의 보리스 존슨 총리 지지율이 72%를 기록했다는 사실은 또 어떻게 설명할 것인가. 이러한 지지율은 감염 공포에 질린 국민들이 어쩔 수 없이 현직 정부 수반에게 심리적으로 기대고 있다는 반증일 뿐이다.

언론사들도 지난 20대 총선 때 여론조사에 그렇게 속았으면서도 벌써 다 잊은 듯 또다시 여론조사를 기계적으로 따라가는 보도를 하고 있다. 언론은 유권자보다 과거를 빨리 잊어버린다. 선거 직전 조사는 물론이고 출구조사까지 엉터리였던 불과 4년 전 실수를 잊어버리고 이번에도 여론조사 결과를 앵무새처럼 되뇐다. 그래서 내놓은 기사들이 '여당 우세'다. 때로는 '압도적 우세'라는 말도 쓴다.

언론이 여당 우세라고 규정해버리면 막판에 자유·보수 쪽으로 기울었던 중도파와 부동층이 투표를 포기해버릴 수가 있다. 판세는 절대 그렇지 않다. 빅데이터가 가리키는 지표는 박빙이거나 오히려 야당 우세인 곳도 많다. 수도권에서도 그렇다. 국민일보가 경기대 빅데이터 센터 김택환 교수팀과 공동으로 3월 20일부터 4월 9일까지 주요 격전지 6곳에서 게시글 52만 건을 텍스트 마이닝text mining 기법으로 분석했다. '디지털 빅데이터 민심은 여론조사 결과와 차이가 크다.'는 것이다.

　　서울 종로에서 이낙연 후보에게는 '지난 2일부터 부정 감성어가 증가하고, 긍정 감성은 다소 감소하는 추세를 나타냈다.'고 한다. 황교안 후보는 'n번방 호기심, 키 작은 사람 투표용지 등 발언과 막말 후보 제명 논란이 다시 부정 평가를 증가시켰다.'고 했다. 마지막 표심은 어느 쪽으로 기울고 있을까. 서울 강남갑에서는 여론 주목을 받는 통합당 태영호 후보의 인지도가 4선 의원인 민주당의 김성곤 후보를 압도하고 있다고 한다. 대구 수성갑에서는 주호영에 쏠렸던 민심이 후반엔 혼전 양상을 보이고 있다고 한다. 서울 동작을에서는 민주당 이수진 후보의 부정 평가가 증가하면서 통합당 나경원 후보와 초박빙세를 이루고 있다고 한다. 서울 광진을에서는 민주당 고민정 후보가 우세했으나 빅데이터는 낙관하지 못하고 있다고 한다. 고민정 후보에 대한 부정 감성이 증가하고 있기 때문이다. 서울 송파을에서도 뒤지던 통합당 배현진 후보가 총 언급량에 있어서 민주당 최재성 후보를 앞서고 있다고 한다. 추세는 격전지에서 통합당이 뒤집기를 하고 있다는 쪽이 많다.

　　외부로 알려지면 오만하다고 할까 봐 쉬쉬하면서 갖고 있는 내부 판단에 따르면 미래통합당이 제1당이 될 것이라는 분석도 나와 있다. 그래서 통합당은 유권자들에게 '지금 투표를 포기하면 절대 안 된다.'고 강조하고 있다. 앞으로 우리나라 7년이 송두리째 걸려 있는 선거가 공중으로 날아가버린다.

세계적 경기 침체가 코앞에 닥쳐 있는 상황에서 해외 수출 의존도가 70%에 이르는 대한민국 경제를 다시 한 번 '인권변호사 출신 문재인'에게 맡길 것인가, 아니면 '독일 경제학 박사 김종인'에게 맡길 것인가, 그 갈림길이기도 하다. 지난 3년 문재인 정권의 '소득주도성장, 최저임금, 52시간제, 탈원전, 부동산정책'으로 국민이 살 만했다고 생각하면 문재인 당을 찍으면 된다. 그러나 청와대 여민관의 문 대통령 집무실에 마련됐던 일자리 상황판은 3년 전 딱 한 번 공개됐을 뿐 그 뒤로 지금껏 단 한 번도 공개된 적이 없을 만큼 일자리는 망했고, 소득 주도성장 역시 실패였다고 생각한다면 반反 문재인 당에게 표를 주어야 한다.

※ 지금 돌이켜보면 부끄럽기 짝이 없는 글이 되고 말았다. 야당은 참패하고 여당은 압승했다. 그래도 이 글을 책으로 묶는 것은 나의 부끄러움을 두고두고 비춰볼 거울로 삼기 위함이다.

윤석열 검찰에 재갈 물리기

검언유착, 권언유착, 정경유착

'유착癒着'이란 의학 용어로 원래 서로 떨어져 있어야 하는 피부나 막膜 등에 염증이 생겨서 서로 들러붙는 것을 말한다. 여기서 핵심은 두 가지 인데, 원래 떨어져 있어야 하는 것, 그것이 반대로 들러붙어 버렸다는 것이다. 당연히 좋지 않은 현상이다. 정치적으로는 '정경政經유착'이란 말이 있는데, 오래전부터 쓰다가 대략 1980년대에 이르러 널리 퍼진 것으로 추정된다. 기업가는 정치인에게 정치 자금을 제공하고 정치인은 반대급부로 기업가에게 여러 가지 특혜를 베푸는 것과 같은, 정치인과 기업가 사이의 부도덕한 밀착 관계를 말한다. 그 뒤로 파생되어 나온 말들이 있는데, 권력과 언론이 짬짜미를 했다는 의혹을 사면 '권언勸言유착'이라고 비난했고, 이번 글에서 보듯 검사와 기자가 협잡을 했다는 의혹이 생기면 '검언檢言유착'이라고 불렀다. 그러나 '검찰과 채널A의 유착'이라는 의혹 제기는 근거가 없었던 것으로 드러났다.

일부 공중파 방송과 범여권과 법무부, 이 세 곳은 마치 누가 100미터 달리기의 출발 신호탄이라도 쏜 듯 윤석열 검찰 때리기에 올인하며 달려 나가고 있다. 저들은 느닷없이 왜 이러는 것일까. 저들은 갑자기 왜 이러는 것일까. 이번 사태는 이미 전부터 문 정권에게 미운털이 박혔고, 그리고 여전히 눈엣가시 같은 윤석열 검찰에 대한 '예봉 꺾기, 흔들기, 입에 재갈 물리기'가 시작된 것이라고 볼 수 있다. 왜냐하면 울산시장 선거공작 사건, 유재수 감찰무마 사건은 물론이고, 신라젠 사건, 라임 사태, 우리들 병원 부당 대출 의혹 등등 권력형 비리의 냄새가 물씬 풍기는 여러 시한폭탄의 시계바늘이 째깍째깍 돌아가고 있기 때문이다.

거기에 덧붙여 윤석열 검찰은 4·15 총선의 선거 사범을 엄단하겠다는 의지를 여러 차례 천명한 바 있는데, 범여권은 자신들에게 유리한 판세를 뿌리부터 흔들 수도 있는 선거법 위반 수사를 사전에 저지하려는 속셈도 있어 보인다. 예를 들어 오세훈·나경원·심재철 같은 미래통합당 유력 후보들이 친북 대학생 단체에 의해 명백한 선거 운동 방해를 당했는데도 경찰이 손 놓고 있을 때 검찰이 본격 수사에 나설까 봐 겁났기 때문이다.

먼저 MBC의 녹취록 보도로 증폭된 '검언 유착 의혹'이라는 이번 사건을 간단히 요약해본다. 부산에 본사를 둔 항암제 개발업체 신라젠은 3년 전 코스닥에 상장된 뒤 시가총액이 10조 원에 이를 만큼 폭등했다. 그런데 항암제 임상이 중단되면서 주가가 급락했다. 그 사이에 미공개 정보로 경영진이 수백억 원대 부당 차익을 거뒀다는 혐의를 받았다. 대주주였던 이철은 14년 형을 받고 복역 중이다. 이철 씨는 유시민 이사장이 만든 국민참여당 지역위원장 출신이다. 유시민 씨는 신라젠 행사에서 축사를 한 적도 있다. 그래서 많은 국민들이 오래 전부터 '유시민과 여권 주요 인사들과 이철과 신라젠의 유착 의혹'을 파헤쳐달라고 목소리를 내던 참이었다.

그런데 2020년 3월 31일 MBC가 갑자기 이런 보도를 했다. 채널A 법조팀 기자가 이철 씨의 대리인을 만났는데, 그 자리에서 채널A 기자가 말하기를 '만약 이철 씨가 유시민의 비리를 털어놓으면 이철 씨의 가족은 선처를 받도록 해주겠다.'며 회유와 압박을 했다는 것이다. MBC는 이런 보도의 증거물로 녹취록을 제시했다. 채널A 기자가 이철 씨의 대리인에게 가족 선처를 믿게 하려고 자신이 윤석열 검찰총장의 최측근인 모 검사장과 나눈 녹취록을 들려줬다는 것이다. 녹취록에는 모 검사장이 채널A 기자에게 말했다는 이런 내용이 들어있다. '(이철 씨의) 이야기 들어봐. 그리고 다시 나한테 알려줘. 수사팀에 그런 입장을 전달해줄 수 있어.'

MBC가 보도한 이 녹취록은 진짜일까. 한겨레신문은 이렇게 보도했다. '추미애 법무부 장관의 지시에 따라 대검은 이날 채널

A 기자와 ㄱ검사장을 통해 사실 관계를 파악한 뒤 법무부에 보고서를 제출했다. 대검 보고서에는 기자가 이 전 대표(이철 씨) 쪽에 통화 음성을 들려준 것은 맞으나, 해당 음성은 ㄱ검사장의 목소리가 아니다라는 내용인 것으로 알려졌다.'

한마디로 MBC가 보도한 녹취록이 가짜라는 얘기다. 다른 엉뚱한 사람의 목소리라는 뜻이다. 지난 검찰 인사 학살 때 지방으로 쫓겨난 해당 검사장은 "채널A 기자와 그런 대화 자체를 한 적이 없다."고 했고, 채널A 쪽도 같은 입장이다. 물론 채널A 기자가 취재원에게 입을 열도록 설득하는 과정에서 넘어서는 안 될 선을 넘었다면 그것은 그것대로 비판받아야 마땅하다. 그러나 MBC가 신호탄을 쏘고, 범여권이 벌떼처럼 달려들어 주장하고 있는 '검찰과 채널A의 유착', 다시 말해 '검언檢言 유착'이 여전히 사실로서 유효하려면 그러한 보도의 유일한 근거였던 녹취록이 진짜여야 한다. 그런데 해당 검사장이 "내 목소리가 아니다."라고 했다. 채널A도 부인하고, 대검이 추미애 법무부 장관에게 올린 보고서에도 그 검사장의 목소리가 아니라고 했다. 한겨레신문도 그런 내용을 보도했다면, MBC 보도는 중요한 근거가 되는 기둥 하나가 무너지는 것이다.

그런데도 불구하고 범여권은 윤석열 검찰총장에게 십자포화를 쏟아붓고 있다. 민주당과 위성정당인 시민당은 성명을 내고 '정치검찰이 보수 종편과 유착하여 아직도 정치공작을 벌인다.'고 했다. 최강욱 열린당 후보는 "검언유착의 빨대는 한 곳으로, 누군지 아는 그놈이다."라면서 그놈이라는 표현까지 썼다. 조국 아들에게 허위 인턴 증명서를 발급해준 혐의로 궁지에 몰려 있기에 최강욱 전 청와대 비서관은 표현 수위의 조절 능력을 상실하고 있는 것 같다. 황희석 전 법무부 인권국장은 "이제 윤 총장이 대답해야 한다, 안 그런가?"라고 했다. 열린당 후보인 황희석 씨는 조국 씨와 호형호제 한다는 조국 인사 1호 인물이고 얼마 전 윤석열 사단을 검찰 쿠데타 명단이라며 공개했던 장본인이다. 이 사람은 "윤석열 총장 부부가 공수처 수사 대상 1호가 될 수 있다."고도 했다. 추미애 장관도 "감찰 등 여러 가지 방식으로 조사를 할 필요가 있다."면서 감찰 카드를 꺼내들고 있다.

검찰총장까지 지낸 한 변호사는 이렇게 말했다. "윤 총장 관련 의혹은 일부 언론이 먼저 보도하면 여권 인사들이 달려들어 융단 폭격을 가하는 식으로 진행된다. 총선을 친親조국과 반反윤석열 프레임으로 몰고가 이기고, 총선 이후 수사 동력을 떨어뜨리려는 계획인 것 같다." 진중권 전 동양대 교수는 "MBC 뉴스도 세팅된 것 같다. 왠지 프레임을 걸고 있다는 느낌이다."라고 했다. 이런 분들이 걱정하듯이 이제 윤석열 제거 작전이 시작된 것으로 봐야 한다. 첫째, 총선 전부터 윤석열과 측근들을 무력화시켜 놓고. 둘째, 총선 수사에 재갈을 물린 다음. 셋째, 선거가 끝나면 국회에 입성한 조국맨들이 윤석열을 제거한다는 작전이다. 역시 이런 일들을 막아내려면 한 사람도 빠짐없이 투표장에 가는 길밖에 없다.

믿는 도끼에 발등 찍힌다

공천 파동公薦波動
국회의원 선거의 승패는 결정적으로 어디서 갈릴까. 무엇보다 전국적 스타덤에 오른 대권 후보자가 선거 사령탑에 앉아 지휘를 해야 승기를 잡을 수 있다. 옳은 얘기다. 유권자들의 가슴을 시원하게 해줄 선거공약을 철저하게 만들어서 준비해야 한다. 옳은 얘기다. 그러나 그 무엇보다 먼저 '후보 공천을 잘해야 선거에서 이긴다.'는 것은 불문율에 가깝다. 신선한 이미지의 인재를 끌어들이는 영입 파티를 잘하면 그대로 최대의 선거운동이 될 수 있다. 그러나 반대로 공천에 실패하면 잡음이 일어나고 파동이 되는 것이다. 지금 야당이 연거푸 선거에서 지는 이유를 딱 하나만 꼽으라면 그것은 공천 실패에서 비롯됐다고 하지 않을 수 없다. 도무지 국민 감동이 없는, 잡음만 무성한 공천이 반복되고 있는 것이다.

　주변에서 심심찮게 들리는 소리다. "차라리 국민의당이나 찍을까……." 최근에 집권 여당과 제1야당이 보여주고 있는 비례 공천 모습을 보고 실망한 사람들이 한숨을 쉰다. 중도적 입장을 가지고 관망을 하던 사람들까지도 "에이, 차라리 안철수 당에게 표를 주자. 안철수의 국민의당이나 찍자." 이렇게 말하고 있다는 것이다. 땀에 젖은 초록색 의사 가운을 입고 대구에서 봉사했던 의사 안철수 씨의 사진에 호감을 느낀 분도 있을 것이다.

지금 대한민국 원내 1당, 2당인 더불어민주당과 미래통합당이 보여주고 있는 총선 공천은 한마디로 '뒤죽박죽', '갈팡질팡'이다. 도대체 태어나지 말았어야 할 준연동형 비례대표제라는 개정 선거법이 4월 총선을 혼탁과 미망 속으로 빠뜨리고 있다. 민주당도 통합당도 편법便法이란 편법을 총동원하고 있는 양상이고, 그러면서 유권자들께 단 한마디 사과도 없이 뻔뻔스러운 얼굴을 하고 있다. 정공법이 아닌 편법은 반드시 내부 분열을 촉발한다.

먼저 민주당은 비례당을 만든 야당을 비판하다가 발등에 불이 떨어지자 언제 그랬냐는 듯이 180도 돌아섰다. 어영부영 하다가는 '아이쿠, 큰일나겠네, 의석 도둑맞겠네, 대통령 탄핵되겠네, 다음 대통령 선거도 통째로 넘어가겠네.' 이런 절박한 위기의식에 맞닥뜨린 것이다. 그렇게 해서 위성정당인 '비례연합정당'에 참여하겠다고 뛰어든 민주당이 이런저런 군소 정당을 간도 보고 저울질도 하더니 결국 '친문 세력, 그리고 조국 전 법무부 장관을 지지하는 세력을 중심으로 한 비례정당' 창당을 주도할 것으로 보이는 것이다.

민주당은 조국 지지 세력이 주축이 된 이른바 '시민을 위하여'

란 모임을 플랫폼으로 삼고, 여기에 원외정당 네 곳, 즉 기본소득당, 시대전환, 가자환경당, 가자평화인권당, 등을 참여시킨 다섯 당이 비례대표 전담 연합정당을 만들겠다며 협약 사항에 서명도 하고 공식 발표했다. 그런데 민주당을 제외한 나머지 네 당은 현역 의원이 단 한 명도 없다. 또 넷 중 셋은 올해 창당한 급조 정당이다. 민주당이 자신들 입맛대로 마음껏 요리할 수 있는 위성정당이자 꼭두각시정당을 만들려고 꼼수에 꼼수를 더하고 있다는 비난까지 사고 있다.

민주당은 처음에는 정치개혁연합과 손을 잡을 것처럼 보였다. 그러니까 문성근(영화배우), 함세웅(신부), 한완상(전 교육부 장관), 이부영(전 의원), 하승수(변호사), 김경민(전 YMCA 사무총장), 김삼렬(독립유공자 유족회 회장), 황교익(맛칼럼니스트) 등 원로들이 참여한 정치개혁연합, 그리고 민중당, 녹색당, 미래당 등을 보태서 비례연합정당의 진영을 짜는 것 아니냐는 관측이 있었다. 그러나 민주당과 정치개혁연합은 결국 여권의 비례대표 후보 명단을 작성할 때의 지분 싸움, 주도권 다툼 등으로 갈라서게 됐다. 또 정치개혁연합의 원로들이 감 놓아라, 배 놓아라, 시시콜콜 간섭하려 들자 친문 세력들이 크게 반발했다고도 한다. 결론은, '조국 수호'를 외쳤던 강성 친문 지지 세력인 '개싸움 국민운동본부' 이른바 '개국본'이 주축이 될 전망이다. 다시 말해 여당이 돌고 돌아서, 마지막에 돌아온 곳은 '조국'이다. 4·15 총선을 문 대통령의 복심을 받들어 '조국 선거'로 치르겠다는 것이다.

통합당과 자매정당인 미래한국당은 비례대표 명단을 놓고 치졸한 집안싸움을 이어가고 있다. 절대 보이지 말았어야 할 모습이다. 통합당 내부에서는 '한선교가 황교안의 뒤통수를 쳤다'며 사실상 공천 쿠데타란 말까지 나왔다. 황교안 대표는 비례대표용 위성정당인 미래한국당을 만들면서 한선교 의원에게 대표를 맡겼고, 한선교 대표는 다시 공천관리의 전권을 공병호 위원장에게 일임했었다.

공병호 공천관리위는 모두 530명이나 몰려든 비례대표 지원자 중에서 46명을 골라내 명단을 공개했다. 이 과정에서 볼썽사나운 불협화음이 터져나온 것이다. 첫째 본가本家라고 할 수 있는 미래통합당의 황교안 대표가 영입한 인재들이 대부분 당선권 밖에 배치돼 있다는 것이다. 공병호 위원장 입장에서는 '일단 전권을 맡겼으면 그 결과를 믿고 받아들여야 하는 것 아니냐.'는 입장인 것이고, 황교안 대표 측은 '그래도 해도 해도 너무 한 것 아니냐.'며 크게 화를 내며 반발하고 있는 양상이다. 물론 이번 주에 일부 비례대표 후보 명단의 순위를 조정하면서 어떻게든 봉합될 것이다.

그러나 이 과정에서 지저분한 얘기들이 쏟아지고 있다. 급기야 기자들이 "통합당이 자체 비례대표를 내도 되지 않느냐."고 슬쩍 찔러 들어가자, 황교안 대표는 "가능하다. 불가능하지 않다."고 말했다. 경우에 따라서 미래한국당이란 존재 자체를 없었던 일로 돌려버리거나 아예 빈껍데기 정당으로 만들어버리겠다는 으름장으로 들렸다. 미래한국당으로 이적한 다섯 명 현역 의원들을 본가인 통합당으로 복귀시킬 수도 있다는 말도 나왔다. 갈 데까지 가보자는 것이다. 그리고 '셀프 제명'을 통해 미래한국당에 현역 의원 두 명을 추가로 내보내려던 계획도 중단해버렸다.

물론, 공천과정에서 내부 진통은 언제나 있는 것이고, 비례대표 후보 명단을 정할 때 이런저런 인사들이 당선권 경계선의 안쪽이냐 바깥쪽이냐 하는 문제는 으레 불거지기 마련인 것이다. 그러한 아픔과 희생을 겪은 뒤 제2의 통합을 이뤄내면서 진짜로 전열을 가다듬게 되는 것 아니겠느냐고 볼 수도 있다. 그러나 황교안, 한선교, 공병호, 이 세 사람은 정말로 사태의 엄중함을 깊이 깨달아야 한다. 문재인 정권을 더 이상 견딜 수 없다면서 야당을 찍겠다고 벼르던 유권자들이 최근 뒤죽박죽 갈팡질팡하는 야당의 모습을 보면서 마음이 떠나고 있다는 사실을 알아야 한다. 투표소에 가서 정권을 심판하겠다던 유권자가 4월 15일 차라리 등산이나 가겠다고 한다든지, 차라리 국민의당이나 찍겠다고 하는 말을, 지금은 농담처럼 들어서는 절대 안 된다. 나라의 미래와 관련된, 정말 심각한 얘기인 것이다.

최근 나온 여론 조사를 보면 황교안, 나경원, 오세훈 같은 야당의 스타 주자들이 지역구의 상대방에게 밀리고 있는 양상이다. 수도권의 다른 격전지도 사정은 비슷하다. 물론 흐름은 얼마든지 뒤집힐 수도 있다. 코로나 비상사태 속에서 문재인 정부가 방역 대책을 그런대로 잘 하고 있다는 여론이 커지고 있다는 사실을 야당은 알고 있을 것이다. 미국과 유럽이 코로나 사태로 워낙 죽을 쑤는 바람에 상대적으로 문재인 정부가 반사 이익을 얻고 있는 것이다. 이런 마당에 야당이 집안싸움이나 벌이고 있다면 하루에 유권자가 수십만 명씩 떨어져 나가고 있다고 생각해야 할 것이다.

야합 정치의 끝판왕

총선 상황과 대통령 탄핵

어떤 일이 있고 난 뒤 어느 정도 시간이 흘러야만 앞선 과거에 실제 무슨 일이 있었는지 얼개가 보일 때가 많다. 2020년 4월 15일에 치러진 국회의원 총선, 그때 도대체 무슨 일이 벌어지고 있었던 것일까. 그때는 잘 몰랐는데 지금 와서 돌이켜보니 아하, 그랬구나, 하는 일이 있다. 여야 정당들은 비례 투표의 득표율을 최대로 끌어올리기 위해 위성 정당을 만드는 문제로 치열하게 국민 여론의 눈치를 살피고 있었다. 그때 집권 여당은 국민과의 약속을 어기는 한이 있더라도 위성 정당을 만들어 원내 제1당이 되지 못한다면 문재인 대통령이 탄핵 위기에 내몰릴 수도 있다는 절박함에 사로잡혀 있었던 것 같다. 그 당시 문 대통령에 대한 탄핵 청원에 서명한 사람이 150만 명을 넘고 있었고, 정의당의 심상정 대표조차 "정말 탄핵 위기가 온다면 민주당이 과반을 가진다 해도 막을 수 없을 것."이란 말을 하고 있었다. 그래서 민주당 실세들의 입에서 "문 대통령의 탄핵을 막기 위해서라도 우리가 위성 정당 만드는 일을 어쩔 수 없이 해야 하지 않겠나."라는 말이 나왔던 것이다. 아니면 그것조차 사특한 핑계였을까.

저 사람들이 아무리 그럴 듯한 명분을 내세운다 해도 추악한 밀실 야합은 다 드러나게 돼 있다. 2019년 한 해 동안 민주당과 정의당 사이에는 어떤 일이 벌어졌을까. 아니 2019년 한 해 문재인 대통령과 심상정 정의당 대표 사이에 무슨 일이 벌어졌을까. 2019년 8월 22일 심상정 대표는 이렇게 말했었다. "(조국 법무부 장관 후보자에 대해) 20·30대는 상실감과 분노를, 40·50대는 상대적 박탈감을, 60·70대는 진보진영에 대한 혐오를 표출하고 있다."고 했다. 그러나 상실, 분노, 박탈, 혐오의 대상이었던 조국 씨에 대해 심상정 대표는 180도 바뀌게 된다. 불과 한 달 만에 심상정 대표는 "정의당은 고심 끝에 조국 후보자에 대해 대통령 임명권을 존중하기로 결정했다."면서 "국민들께 매우 송구스럽다."고 했다. 무슨 일이 있었을까.

저들은 아닌 척하지만 어떤 정파들보다 비열하게 주고받는다. 밀실에서 야합을 한다. 심상정 대표가 조국 후보 지지를 주었다면, 문재인 정권은 심상정 정의당에게 무엇을 주었을까. 그렇다. 바로 선거법 개정이다. 문 대통령과 민주당은 왜 선거법 개정이라는 떡을 정의당에게 던져주지 않을 수 없었을까. 지난번 폭로된 민주당 실세 5인방의 대화를 보면 "그때는 공수처가 걸려 있는데 어떻게 할 수 없었다."는 대목이 나온다. 그렇다. 윤석열 검찰의 칼끝이 문 대통령의 턱밑까지 파고들 기세를 보이고 있는데, 검찰의 청와대 수사를 막으려면 공수처법은 통과되어야만 했고, 공수처법이 통과되려면 정의당의 협조가 절대적으로 필요했고, 정의당의 협조를 얻어내려면 선거법 개정이라는 반대급부를 주어야만 했던 것이다.

그런데 지금 와서 정의당이 과도하게 제 몫을 주장하고 있으니 이인영 민주당 원내대표 입에서 "정의당과 함께 하면 똥물에서 같이 뒹구는 것."이라는 실토가 쏟아져나온 것이다. 민주당 실세 5인방 인사들이 위성정당과 관련해서 나눈 대화에는 요즘 정치 흐름을 읽을 수 있는 모든 것이 드러나 있다. 그들은 "문 대통령의 탄핵을 막기 위해서라도 우리가 어쩔 수 없이 해야 하지 않겠나."라고 말했다. 비례민주당이란 문 대통령 보위용이라는 것을 자백하고 있는 것이다. 저들은 "명분이야 만들면 된다. 겁먹을 필요 없다."는 말까지 하고 있다. 유권자의 기억은 길어야 1~2주일 정도이니 언제든 명분을 쥐어짜내면 그만이라는 식의 오만이 배어 있다. 저쪽 운동권 사람들은 '법, 상식, 국민' 이 세 가지를 우습게 아는 문화가 퍼져 있다.

그런데 똥물이라는 소리까지 들은 심상정 대표가 가만히 있겠는가. 심 대표는 "민주당이 원내 1당을 뺏기면 대통령이 탄핵당할 수 있다는 생각은 민주당의 초조함과 불안감의 반영일 뿐."이라면서 "정말 탄핵 위기가 온다면 민주당이 과반을 가진다 해도 막을 수 없다."고 했다. 심 대표가 정말 하고 싶은 말은, 만약 민주당이 비례정당을 만들 경우 정의당은 울산 선거공작, 코로나 사태에 관한 대통령의 책임을 물어서 탄핵을 추진하는 데 범보수 야당과 힘을 합칠 수도 있다는 간접 협박이다. 민주당이 '똥물!' 이라는 욕을 하자, 정의당은, 그래 그렇다면 '탄핵!'이다, 라고 맞받아친 것이다.

민주당과 정의당은 그만큼 4월 총선이 절실하다. 민주당이 비례당을 만들면 비례의석 20석, 안 만들면 7석이라는 분석도 나와 있다. 그래서 비례용 위성정당이 '총선 블랙홀'이 돼가고 있는 것이다. 한국갤럽의 조사에 따라 정당 득표율이 민주당 40%, 한국당 38%, 정의당 13%, 민생당 4%, 국민의당 4%라고 가정하고 미리 예측을 해보면 다음 결과가 나온다. 민주당이 비례대표용 위성정당 없이 4월 총선을 치르면 예상되는 비례대표 의석 분포가 민주당 7석, 미래한국당 27석, 정의당 9석, 민생당 1석, 국민의당 3석이 된다. 그러나 민주당이 위성정당을 만들면 비례민주당 20석, 미래한국당 19석, 정의당 5석, 민생당 1석, 국민의당 2석이라는 예측 결과가 나온다.

물론 코로나 바이러스 사태에 따라 정당 지지율도 요동치고 있을 것이다. 이번 총선은 코로나 바이러스 사태에 대한 정권의 책임을 묻는 선거다. 여당 쪽은 급격한 하향 곡선을 그리고, 야당 쪽은 반사적으로 상승 곡선을 그릴 것이다. 정의당 입장에서는 셈법이 간단하다. 민주당이 비례 위성당을 만들면 '절반 이하로

쪽박', 안 만들면 '원내 교섭단체의 희망', 이렇게 두 갈래 길이다. 심상정 대표는 지역구 지지율에서도 위험하다. 이번에는 경쟁자에게 밀리고 있다. 그런데 심 대표가 "이해찬 대표에게 속았다."는 식으로 알려지면 정의당 당원들의 지지율조차 급락할 것이다. 안팎으로 위기에 몰려 있다.

문 대통령 탄핵 청원은 140만에서 150만으로 가고 있다. 대통령 탄핵 청원인 중에는 두 갈래가 있다. 두 번 연거푸 대통령을 탄핵하는 게 고민스럽다는 사람들도 많다. 아직까지는 문 대통령을 진짜 쫓아내기보다는 정신을 번쩍 들게 해줘야 한다는 쪽이다. 또 노무현 대통령 때처럼 탄핵은 아주 뜨거운 시한폭탄과 같아서 시간을 잘못 맞추면 거대한 역풍으로 돌아올 수도 있다. 야당이 실제적으로 탄핵을 추진하기 시작하면 문 대통령 지지 세력들이 엄청난 결집력을 보이면서 4월 총선이 여당 압승으로 결판날 수도 있다. 그러나 울산 선거공작 사건과 코로나 사태는 대통령의 책임이 절대 그냥 넘어갈 수 없을 만큼 막중하다는 전제 하에, 대통령 탄핵, 한 번 해봤는데, 두 번이라고 못 할 것이냐, 이런 의견도 있다.

문 대통령은 사과 없이 코로나 극복만 강조하면서 호소력 없는 3·1절 기념사를 했다. 문 대통령은 "오늘 위기는 국민과 함께 이겨낼 것. 3·1 운동 때처럼 코로나 이기자." 이런 얘기를 했다.

국민들은 정치적, 선동적 구호를 듣고 싶지 않다. 제발 과학적인 얘기를 해달라, 합리적인 방책을 말해달라고 호소하고 싶다. 대통령은 이상한 귀를 가졌다. 대구 시민들의, 국민들의 절규를 듣지 못한다. 전희경 통합당 대변인은 "잘못을 인정하는 것에서 올바른 대책이 시작된다."고 했다.

문 대통령이 취임사에서 '한 번도 경험해보지 못한 나라'에서 살게 해주겠다더니 '지금 이게 그 나라냐?' 하고 묻는 사람들이 많다. 80개 넘는 나라에서 한국인 입국이 거절당하거나 제한되고 있다. 조선시대를 포함해서 일제강점기, 그리고 해방 이후 지금까지 한국인이 처음 겪는 일이다. 세계 10위권 경제대국, 삼성전자 반도체와 휴대폰, 그리고 세계를 누비는 현대자동차, 아카데미 작품상, 방탄소년단, 골프의 박세리와 박인비, 빙상여제 김연아를 배출한, 한강의 기적을 일군 주인공들이 세계만방에서 입국 거절을 당하고 있는 상황, 정말 한국 국민들이 한 번도 경험해보지 못한 나라가 이것이 아니고 무엇이겠는가. 우리나라는 GDP 대비 수출입 비중이 70%다. 한마디로 수출로 먹고사는 나라다. 그런 나라가 세계 81개국에서 입국을 거절당하고 있다면 장차 우리 경제에 어떤 먹구름이 몰려오고 있는 것일까. 한마디로 '이게 나라냐?' 하고 묻고 있는 것이다.

신에게는 아직도 열두 척의 배가 있습니다

난세영웅亂世英雄

난세에 영웅이 난다는 말이 있다. 임진왜란 때 이순신이 나라를 구했고, 독일 폭격기가 런던 상공을 날았던 2차 대전 때 처칠이라는 영웅이 출현했다. 해방 정국의 민족적 누란累卵 위기에서 자유민주주의 체제를 선택한 이승만 대통령, 온갖 반대를 물리치고 꿋꿋한 신념으로 경부고속도로를 깔았던 박정희 대통령. 이런 지도자를 떠올리는 독자도 적지 않을 것이다. 지금 나라 안팎에 여러 도전과 급변하는 국제정세로 난세亂世의 고비를 넘고 있다면 우리는 어떤 영웅을 기다리고 있는 것인가, 묻지 않을 수 없다. 나는, 우리는, 우리 후손을 위해 어떤 영웅을 기다리고 있는가? 이 질문에 어떤 대답을 갖느냐에 따라 다음 선거에서 우리의 선택도 달라질 것이다.

한 언론사가 윤석열 검찰총장을 포함해서 차기 대통령 적합도를 조사한 뒤로 여론이 들끓고 있다. 댓글 창에 가장 많이 등장하는 표현이 '난세영웅亂世英雄'이었다. 평화로울 때는 그 진가를 알아보기 어렵지만 전쟁에 비견되는 위기 상황으로 나라가 수렁에 빠지면 그 진가를 드러내어 나라를 위기에서 구해내는 사람을 일컫는다. 이런 여론은 문재인 정권 3년차에 대한민국이 위기 상황에 빠진 것으로 보고 있다는 뜻이다. 경제, 외교, 수출무역, 안보, 복지, 일자리, 원전정책, 방역대책, 그 어떤 것을 둘러봐도 모든 것이 '부국강병'에 거꾸로 역행하는 정책으로 일관돼 있다는 것이다. 이런 상황을 타파할 수 있는 유일한 인물을 발견했는데, 그 사람이 바로 윤석열 현직 검찰총장이라고 여론은 열광하고 있다.

윤 총장이 전임 박근혜 정권 때 국정원 댓글사건을 수사하다 징계위에 회부되고 지방으로 좌천되어 핍박을 받았다는 과거 사실이 오히려 그에게는 원칙론자의 이미지를 강하게 해주고 있다. 그러다 문재인 정권에서 검찰총장에 임명되었으나 오히려 '사람'에게 충성하지 않고 '헌법'에 충실하겠다는 자세로 검사 본연의 임무에 충실하고 있다는 사실에 여론은 그를 차기 대통령 후보로 떠받들기 시작하고 있는 것이다. 어떤 정권하에서도 헌법주의자, 꼿꼿 검사였던 윤석열을 차기 지도자의 모습이라고 보는 것이다.

세계일보가 차기 대통령 적합도 조사에 자신의 이름을 포함한 것에 대해 윤석열 총장은 "정치에 관심 없다. 대선 후보 여론조사에서 내 이름을 빼달라."고 했다. 윤 총장을 대선 후보로 지지하는 사람들은 이 말에도 열광하고 있다. '역시 윤 총장!'이란 반응이다. 인기가 좀 올랐다고 가볍게 처신하지 않는 윤 총장의 모습이 오히려 상승세를 부추기고 있다. 이들 중 어떤 댓글은 '이순신 장군=박정희 장군=윤석열 장군은 동급이다.'라고 하고 있다. 물론 너무 나갔다. 그러나 윤 총장을 이순신 장군, 그리고 박정희 대통령과 똑같은 반열에 올랐다고 주장한다기보다는 그 영웅들에게 견주고 싶을 정도로 윤 총장에게 기대를 건다는 뜻이다. 도탄에 빠진 나라를 구해야 한다는 측면에서 이런 여론은 이순신 장군이 바람 앞의 촛불 같은 상황에서도 "신에게는 열두 척의 배가 남아 있사옵니다."라고 했고, 마지막 순간에는 "내 죽음을 적에게 알리지 말라."고 했던 것과 같이 윤석열 총장도 기록에 남을 명언을 했는데 그것은 "내 이름을 빼달라."였다는 것이다. '내 이름을 빼달라.' 이 말도 자꾸 인구에 회자될 것 같다.

앞으로 어떻게 될까. 윤 총장의 바람대로 모든 여론조사 기관이 윤 총장의 이름을 빼게 될까. 윤 총장의 뜻이 아무리 순수하다고 해도, 그것은 윤 총장의 바람대로 될지 미지수다. 대검은 여론조사에서 윤 총장을 빼달고 요청했지만, 한국갤럽은 자유 응답 방식이라 대검의 요청이 반영되지 않았다고 한다. 10여 명의 후보군을 만들어놓고 그중 한두 명을 고르라는 객관식이 아니라, 당신이 대통령 감이라고 생각하는 사람을 말해보라는 주관식이기 때문에 조사 대상에서 인위적으로 윤석열이라는 이름을 제외할 수 없다는 것이다. 사실 세계일보 여론조사에 2위로 발표되기 이전에도 '앞으로 우리나라를 이끌어갈 정치 지도자로 누가 좋은 가?'라는 설문에 윤석열 총장의 이름은 꾸준하게 등장하고 있었다. 7위에 오르기도 하고, 4위에 오르기도 했다. 분명한 것은 윤 총장이 무서운 상승세라는 점이다.

검찰의 생명은 정치적 중립에 있다는 자세, 내 이름을 빼달라는 자세에 대해 '역쉬 멋져요'라는 반응, 이런 비슷한 반응이 많았다. 윤 총장이 섣불리 정치에 발을 담그려 하지 않고, 오로지 꼿꼿 검사로서 자세를 잃지 않고 있는 발언에 박수를 보내고 있는 것이다. 그러면서 '본인이 정치에 관심이 없다고 빼달라고 해서 빠질 수 있는 게 아니다. 여론은 각 개인의 생각을 표출하는 자연 현상이다. 본인 생각과 관계없이 계속 해라.'라는 의견도 상당수 있었다.

이런 상황에서 문재인 대통령과 더불어민주당의 지지율이 급속하게 떨어지고 있다. 문 대통령은 갤럽 조사에서 지지율 41%로 뒷걸음쳤고, 민주당은 34%에 머물렀다. 문 대통령 지지율이 30%대로 떨어지고, 민주당이 20%로 물러선다면 집권 세력들에 대한 지지도는 사태를 걷잡을 수 없이 추락할 수도 있다. 중국 폐렴의 여파, 그리고 영입한 인재의 성폭력 의혹 등이 겹치면서 콘크리트 지지층이었다는 20대 여성들이 대거 이탈하고 있기 때문이라는 분석도 나오고 있다.

그럼, 윤석열 총장에게는 어떤 일이 전개될 것인가. 언론계의 선배 한 분은 '윤 총장을 차기 대통령 적합도에 포함해서 여론조사를 했다는 것이 매우 부적절한 일이었다.'고 비판했다. 현직 검찰총장을 정치라는 진흙탕 속으로 휩쓸리게 해서는 안 된다는 논리였다. 그 선배는 검사의 일과 정치인의 일은 전혀 다를 수 있다는 생각도 갖고 있을 것이다. 그러나 윤석열 총장을 지지하는 여론은 그런 것에 아랑곳하지 않는다. 예나 지금이나 '민심은 천심'이다. 민심의 파도를 거스르는 어떤 정치 원칙도 있을 수 없다. 1992년 이탈리아에서도 안토니오 디 피에트로 검사가 이끄는 '하얀 손 운동', 즉 '마니 풀리테 운동'이라는 검찰의 부패추방 운동이 전개되어 정치인과 고위 공직자 등 2,993명을 체포하는 성과를 낸 적이 있다. 이탈리아 정치권에 상전벽해와 같은 엄청난 변화를 몰고 왔으며 '마니 풀리테'를 이끌었던 디 피에트로 검사는 국민적 영웅으로 칭송 받았다. 당시 이탈리아 국민들은 19세기 이탈리아 통일의 아버지로 추앙받는 가리발디 장군과 디 피에트로 검사를 같은 반열에 올려놓고 칭송했었다.

지난 여론조사에서 윤석열 총장은 차기 대통령 적합도에서 10.8% 지지를 얻었다. 앞으로 실시되는 여론조사에서도 본인이 원하든 원하지 않든 윤석열 총장의 이름은 계속 호명될 가능성이 높다. 그는 무서운 상승세다. 이낙연 전 총리가 지지율 30% 선에 머물러 있는 상황에서 윤석열 총장이 20%를 돌파하게 된다면 상황이 어떻게 전개될지 누구도 장담 못한다. 윤 총장은 어차피 문 대통령과 추미애 장관에 의해 손발이 다 잘리고 팔다리가 묶이고 말았다. 그는 혈혈단신이나 같다. 비유적으로 말했을 때 '윤석열 총장에게 남아 있는 열두 척의 배'는 전국으로 흩어진 수사팀에게 다시 출장 명령을 내어 '울산사건, 유재수사건, 조국사태'에 대한 재판과 공소를 유지하는 일이다. 이순신 장군이 "신에게는 열두 척의 배가 남아 있습니다."고 말했다면 윤 총장은 "저에게는 공소 유지가 남아 있습니다."라고 말할 수 있는 것이다. 그런 상황에서 4월 총선 이전에 윤 총장에 대한 지지가 이낙연 전 총리에 근접하고 역전하는 상황까지 전개된다면 무슨 일이 벌어질지 누구도 장담 못한다.

왕따 장관 강경화의 반격?

문재인 정부의 여성 장관들

2017년 출범한 문재인 정부는 19개 장관급 부처 중 모두 6명의 여성 장관을 임명했다. 비율로 여성 장관이 31.6%가 된 것이다. 문 대통령은 대선 기간 동안 '남녀 동수 내각 구성을 위한 지속적인 노력을 하겠다.'고 공약한 바 있다. 그 출발점으로 초기 내각의 여성 장관 비율을 OECD 평균인 29.3%에 맞춰 30% 선으로 하겠다고 다짐하기도 했다. 그러나 문 정권의 임기 후반부에 살펴본 국민 여론을 감안할 때 문 대통령이 '남녀 동수 내각'이라는 약속을 지키려고 할 것 같지는 않다.

대한민국 외교부장관 강경화. 올해 예순다섯 살로, 이화여고와 연세대 정외과를 나왔다. 미국 대학에서 박사 학위도 받았다. 부친이 평양방송국에서 시작해 KBS 아나운서를 지낸 강찬선 씨다. 아버지의 영향이 있었는지 강경화 장관도 사회생활은 KBS 영어방송 PD 겸 아나운서로 시작했다. 나중에 홍순영 외교부 장관의 보좌관으로 특채됐고, 김대중 대통령의 통역사로 3년 활동했다. 2006년부터 유엔에서 근무했다. 문재인 정부 국무위원 중 원년 멤버다. '한국 최초 여성 외교부 장관'이란 타이틀도 갖고 있다.

강경화 외교부 장관은 최근 여러 비판에 직면해 있다. 우리 해 수부 공무원이 총격 피살됐던 날 밤 새벽 1시에, 그리고 다시 오 전 8시에 두 차례에 걸쳐 청와대에서 긴급 관계 장관 회의가 열 렸는데, 강 장관은 소집 연락 자체를 못 받았다는 것이다. 보이지 않는다고 해서 '인비저블invisible 장관', 모두들 그냥 지나친다고 해서 '패싱passing 장관', '왕따 장관' 소리까지 나왔다.

무저항 상태에 있었던 우리 국민이 적국인 북한군에 의해 총 살당한 사건은 대한민국 안보에 적색 경광등이 왱왱거리며 울리 고 있는 상황이라고 해야 한다. 지정학적으로 주변 강대국에 둘 러싸인 채 분단돼 있는 우리나라는 외교와 안보가 떼려야 뗄 수 없는 불가분의 관계에 있다. 외교가 곧 안보요, 안보가 곧 외교 다. 청와대 국가안전보장회의(NSC)에서 외교부 장관은 전체회의 와 상임위에서 당연직 고정 멤버다. 그런데 외교·안보 핵심 인 사들이 모이면서 강경화 외교부 장관을 일부러 빼놓았다고 밖에 할 수 없는 상황이 벌어진 것이다.

그날 새벽과 아침에 청와대에 모인 사람들은 서훈 청와대 안 보실장, 노영민 대통령 비서실장, 박지원 국정원장, 서욱 국방부 장관, 이인영 통일부 장관이었다. 그런데 그 자리에 당연히 있어야 했던 강경화 장관만 모습이 보이지 않았던 것이다. 서훈, 노영민, 박지원, 서욱, 이인영, 다섯 남자가 모이면서 여성 장관을 빼놓은 것이다. 국가 안보는 남자들이 책임진다? 아니면 실수로 빠뜨렸던 것일까? 아니, 6십 명, 6백 명이 모이는 회의도 아니고 고작 6명 모이는 회의에서 실수로 빠뜨렸다는 게 말이 되는가. 청와대 안보실이나 비서실에서 연락을 맡았을 가능성이 높은데 정황으로 볼 때 일부러 강경화 장관을 부르지 않은 것이라고 추정할 수밖에 없다.

외교부 장관 공관은 서울 한남동에 있다. 새벽 1시라면, 한남동에서 청와대까지 10분쯤 걸릴 것이다. 그런데도 청와대는 강경화 외교부 장관을 부르지 않았다. 청와대뿐만 아니라 그날 어떤 참석자도 왜 외교부 장관은 모습이 보이지 않는지 물어보지 않은 것 같다. 하긴 이인영 통일부 장관도 1시간이나 늦게 회의에 참석했다는 게 밝혀졌다. 그만큼 그날 회의 분위기가 헐렁했다는 의혹도 드는 것이다.

그런데 국회 국정감사장에서 강경화 외교부 장관이 결연한 모습으로 발언을 했다. 해수부 공무원 총살 사건 당시 소집 연락을 받지 못한 것에 대해서 강 장관은 "있을 수 없는 일이었다."고 말했다. 강 장관은 또 이렇게 말했다. "그 부분은 분명 문제가 있다고 생각해 NSC 상임위원회에서 문제 제기를 하고 시정을 요구했고, 시정됐다. 그런 중요한 회의가 있었다는 사실을 외교부가 언론 보도를 보고 나서야 알았다는 것은 있을 수 없는 일이었다."

고분고분할 것만 같았던 강 장관이 감히 청와대를 향해 있을 수 없는 일이라고 반격을 한 것이다. 마치 야당 의원에게 그런 질문을 해주기를 기다렸다는 듯이 내놓은 대답이었다.

그러나 하나를 보면 열을 알 수 있다. 뜨거운 국물 한 솥을 끓였을 때 한 숟가락만 떠먹어봐도 국물 전체의 맛을 알 수 있는 법이다. 비단 이번 경우만 두고 강경화 장관에게 '투명 장관', '패싱 장관'이라고 하는 것은 아니다. 최근 서훈·이인영 등 외교·안보 관련 장관급 네다섯 명이 오찬 회동을 했을 때도 역시 강경화 장관의 모습은 보이지 않았다.

이번 해수부 공무원 피살 사건과 그 후폭풍이 계속 되는 상황에서 정상적인 외교부 장관이라면 북한의 국제법 위반에 대한 철저한 조사와 대응 전략 마련, 관련 책임자의 처벌을 요구하고 추궁하기 위한 국제 공조 체제 가동, 그리고 미국 등 동맹국들과의 공동 대책을 위해 숨 가쁘게 움직이고 있어야 했다. 그런 내용과 결과물들을 국정감사장에서 국회와 국민들께 보고하고 있어야 했다. 그런데 강경화 장관은 "국민들께서 코로나19로 해외여행과 외부 활동을 자제하는 가운데 제 남편이 해외 출국을 했다. 경위를 떠나 매우 송구스럽다."고 머리를 조아리고 있는 판국이다. 게다가 야당 의원이 강 장관을 향해 "남편에게 미국 여행을 자제해 달라고 왜 만류하지 않았느냐?"고 다그쳐 묻자 강 장관은 "남편은 제가 말린다고 해서 말려질 사람이 아니고요."라고 대답했다.

엄숙한 국감장에서 외교부 장관이 '우리 남편은 말린다고 말들을 사람이 아니다.'라고 한 것이다. 여야 의원들도 어처구니가 없었는지, 아니면 이런 장관을 상대로 국정에 대한 질의를 계속해야 하나 싶었는지 그냥 웃고 말았다고 한다. 현 정권 들어 부동산 문제, 위장전입, 불법 투기 등등에서 '아내 탓'을 하는 남성 후보자만 봐오다가 '남편 탓'을 하는 여성 장관을 보니 거꾸로 신선하기까지 했다는 반응도 있었다. 그러나 이런 블랙 코미디를 보는 국민은 웃어야 할지 울어야 할지 앞이 캄캄한 심정이다. 정권의 친문 실세들이 봤을 때 강경화 장관의 강점이 있을 것이다. 어쩌면 그것은 말 잘 듣는 장관, 청와대에서 시키면 시키는 대로 하는 장관, 이런 이미지일 수도 있다.

　일본 도쿄에서는 미국·일본·호주·인도 등 네 나라 외교부 장관이 모여 회의를 열었다. 아시아·태평양 지역에서의 미국 동맹국 넷이 모인 '쿼드' 회의가 열린 것이다. 한국의 안보와 관련 가장 중요한 안건이 다뤄지는 이 자리에도 역시 강경화 장관의 모습은 보이지 않았다. 미국에게 거리를 두고 중국의 비위를 거스르지 않으려는 문재인 정권의 뜻을 따른 것이다. 사실 청와대 입장에서는 강경화 장관이 대한민국 외교부 장관도 그 자리에 빠질 수 없다고 자기주장을 내세우면 곤혹스러울 수도 있었을 것이다.

　강경화 장관은 개인적으로 사고를 치지 않는다. 자타가 공인하듯 영어를 매우 잘한다는 평을 받고 있다. 다만 말 자체가 유창

할 뿐인 것인지 아니면 현안에 대한 해박한 지식과 초점을 찌르는 내용을 담은 말을 할 줄 아는 것인지는 가려서 지적해야 한다. 작년 6월 헝가리 다뉴브 강에 유람선이 침몰해서 우리 국민이 여럿 희생됐을 때는 맨 먼저 현장으로 달려갔던 강경화 장관이다. 그때도 말들이 많았다. 유람선이 강에 빠졌는데 수상안전 전문가가 맨 먼저 가야지 외교부 장관이 왜 갔느냐는 지적도 있었다. 최근 강 장관은 '다주택 논란', 그리고 외교부 내부의 '조직 기강 해이 논란', 남편의 '요트 구입 해외여행 논란' 때문에 궁지에 몰려 있다. 국정감사가 끝나면 외교부 장관 교체가 유력하다는 말도 나오고는 있다. 이런 분이 요즘처럼 절체절명의 시기에 우리나라 외교 사령탑 자리를 책임지고 있다. 국민들은 답답할 뿐이다.

추미애 앞날, 봄날일까 먹구름일까

추다르크, 토사구팽?

토사구팽兔死狗烹. 토끼 사냥이 끝나자 사냥개를 삶아 먹었다는 뜻이다. 어떤 인물을 필요할 땐 요긴하게 써먹고 쓸모가 없어지면 가혹하게 내버린다는 비유로 쓰인다. 중국 춘추시대 월越나라 재상 범려范蠡로부터 유래된 고사 성어다. 범려는 월나라 왕 구천勾踐이 오吳나라를 쳐서 패권을 차지할 수 있도록 보좌한 충신이었다. 그러나 범려는 구천이 목표를 이룰 때까지 고난을 함께 할 수 있지만 그 일이 성사된 뒤 영화를 같이 누릴 수는 없다고 보고 월나라를 탈출하여 제齊나라에 은거했다. 추미애 법무부 장관에 대해서도 정치권 호사가들이 그런 말을 많이 했다. '추다르크'란 별명처럼 추 장관은 문 정권 인사들이 연루된 비리 의혹에 대한 '윤석열 검찰'의 수사를 막아내는 데까지는 좌고우면 하지 않고 막무가내로 밀어붙이는 소임을 다하겠지만, 그 뒤엔 버림을 받을지 모른다는 것이다. 정치인의 운명은 아무도 예단할 수 없다. 추 장관도 마찬가지다. 문 대통령은 추 장관의 앞날에 무엇을 예비하고 있을까.

야구 경기에는 '희생 번트'라는 게 있다. 타석에 서 있는 나를 죽여서 1루에 나가 있는 동료를 2루로 살려내는 것이다. 바둑에도 '사석 작전'이라는 게 있다. 내 돌을 일부러 죽음의 길로 몰아넣고, 상대가 그것을 탐하는 사이에 반대로 더 큰 것을 취하는 전략이다. 희생 번트 혹은 사석 작전이란 말을 떠올린 것은 추미애 법무부 장관과 아들에 대해 검찰이 무혐의 불기소 처리를 했기 때문이다. 왜냐하면, 검찰은 조직의 명예를 죽이는 대신 추 장관을 살리는 것 같은 전략을 펼쳤기 때문이다. 그동안 서울동부지검은 추 장관의 아들에 대해서는 군무이탈 혐의를, 그리고 엄마에 대해서는 군무이탈 방조 및 불법 청탁 혐의를, 그리고 추장관의 보좌관에 대해서는 부정 청탁 혐의를 수사해왔다. 그런데 서울동부지검이 전격적이고 기습적으로 추 장관 모자와 보좌관에 대해 무혐의를 밝혔다. 국민들과 언론이 온통 북한군 총격에 의한 어업지도선 해수부 공무원 사살 사건에 신경이 쏠려 있는 사이에 서울동부지검은 아무런 예고도 없이 그리고 기자회견도 없이 추 장관 아들 사건에 대해 무혐의 처리를 하고 사건을 종결지었다.

이 일에 관해 모든 신문사는 '면죄부'라는 주먹만 한 활자를 새겨넣었다. 2020년 1월, 추 장관에 대한 고발장이 접수됐는데도 불구하고 완전 손을 놓고 있던 검찰이 9월 초에야 본격 수사에 나서는 척하더니 불과 한 달 만에 추 장관 측 모두에게 면죄부를 주었기 때문이다. 국민들의 관심과 분노가 다른 곳에 쏠려 있는 사이에 서울동부지검이 '기습 번트'를 댄 것이다. 법조 출입기자들은 대부분 예상하고 있었던 일이다. 추 장관 본인이 발탁하여 진용을 짜놓은 서울동부지검 간부들이 추 장관을 유죄의 취지로 재판에 넘길 리 없다고 봤기 때문이다.

그런데 한 가지 유심히 살펴봐야 하는 일이 있다. 예를 들어 추 장관에 의해 발탁된 김관정 서울동부지검장이든, 이종근 대검 형사부장이든, 이런 검사들이 이번 군무이탈 의혹 사건을 수사하면서 추 장관과 공동운명체라는 생각을 하고 있을까. 추 장관의 미래에 자신들의 운명까지 걸면서 이런 면죄부를 주고 있을까. 그렇지 않다고 본다. 검사들의 기본 속성은 추 장관이 어떻게 되든, 차기 정권이 어떻게 바뀌든, 검사 자신들이 살아날 궁도宮圖를 마련해놓는다.

서울동부지검은 추미애 장관과 최모 보좌관이 주고받은 카카오톡 메시지를 전격 공개했다. 추 장관 아들이 무려 23일 동안이라는 황제 휴가를 사용하고 있었던 2017년 6월에 주고받은 메시지다. 이 보좌관은 추 장관에게 계속 보고를 했다. '아들 건은 처리했습니다. 소견서는 확보되는 대로 추후 제출토록 조치했습니다.' 이것은 추 장관의 보좌관이 장관 가족의 아주 사적인 업무에 깊숙이 관여하고 있었다는 명백한 증거다. 추 장관을 거짓말쟁이로 드러낸 결정적인 증거는 그 다음에 있는 카카오톡 메시지다. 추 장관은 보좌관에게 '김ㅇㅇ대위(지원장교님) 010-0000-0000'하고 전화번호를 보내준 것이다. 그러자 보좌관은 '네^^'라고 대답한다. 추 장관은 불과 보름 전 국회 대정부 질문 때 야당 의원이 다그쳐 묻자 "제가 (전화하라고) 시킨 사실이 없다."고 했다. 그런데 서울동부지검 발표에 따르면 추 장관은 보좌관에게 상급부대 장교의 전화번호를 직접 전달했다. 당 대표가 보좌관에게 전화번호를 주었는데도 전화하라고 지시한 것은 아니라는 억지를 부리는 것이다.

그런데 여기서 주목해야 할 측면이 있다. 서울동부지검은 왜, 왜, 추 장관 모자에게 면죄부를 주는 척하면서 추 장관을 거짓말쟁이로 만들었을까. 추 장관의 거짓말은 야당도 아닌 바로 서울동부지검에 의해, 그리고 카톡 메시지라는 빼도 박도 못할 증거에 의해 드러나고 말았다. 한겨레신문마저도 1면에는 '추미애 거짓 해명…… 검찰은 아들 의혹 모두 불기소.'라고 제목을 뽑았고, 사설에서는 바로 그 거짓 해명에 대해 '추 장관의 추가 해명이 있어야 할 것이다.'라고 추궁하고 있다. 그렇다면 서울동부지검은 왜 굳이 공개하지 않아도 될 이 카톡 메시지를 공개했을까.

야구에는 희생 번트도 있지만 기습 번트도 있다. 주자가 없는데도 기습적으로 번트를 대서 자신부터 살고 보는 것이 기습 번트다. 검찰은 바보가 아니다. 자신들을 죽이고 대신 추미애 장관을 살리는 척했지만 사실은 자신들이 살아날 궁리를 하고 있다.

서울동부지검은 추 장관이 아들의 직속상관도 아닌 상급부대 대위의 전화번호를 어떻게 알게 됐는지, 그리고 자신의 보좌관에게 이 전화번호를 보낸 이유가 무엇인지 밝히지 않았다. 서울동부지검은 모르기 때문에 밝히지 않은 것일까. 그렇지 않을 것이다. 알고 있으면서도 밝히지 않는 것, 그러면서도 추 장관을 거짓말쟁이로 만드는 증거를 내놓은 것, 이것은 거꾸로 서울동부지검이 추 장관에게 모종의 메시지를 전하고 있는 것이다. 이번에는 우리가 추 장관을 방패 쳤으니, 앞으로는 추 장관이 우리를 방패 쳐야 한다는 메시지인 것이다. 이른바 '쌍피 방탄' 전략이다.

서울동부지검 입장에서는 추 장관이 거짓말을 했다는 카톡 메시지가 확보됐고, 내부적으로 이것을 알고 있는 검사와 수사관들이 상당한 숫자가 된다면, 이것을 완전히 덮을 수는 없었을 것이다. 그러나 동부지검은 추 장관이 거짓말쟁이인 것은 맞으나 그것이 군무이탈 방조 혐의 및 부정 청탁의 직접적인 증거는 아니라는 식으로 빠져나간 것이다. 여기까지 해놓아야 설령 정권이 바뀐 뒤 국정조사나 특검이 이뤄진다고 해도 지금 추미애 사건을 담당했던 검사들이 화를 모면할 수 있다고 판단했을 것이다. 그렇다면 문재인 대통령 입장에서는 추미애 장관이 어떤 상황에 놓여 있다고 봐야 할까. 자칫 정권을 흔들 만큼 국민여론을 악화시켰던 황제 휴가 스캔들의 장본인 추미애 장관을 대장 계급장 떼어내고 이등병 불명예 제대시킬 것인가, 아니면 대장 계급장을 붙인 채 명예 퇴역을 시킬 것인가, 둘 중에 후자를 일단 택한 것으로 보인다. 이와 관련하여 한국일보는 이런 1면 기사를 내보냈다. '청靑, 가을 광폭 개각 인선 착수…… 추秋 법무 교체 검토.' 기사 내용은 이렇다. '올해 1월 임명된 추미애 법무부 장관도 개각과 함께 자연스럽게 교체하는 방안이 비중 있게 검토되고 있다. 이번 정기국회에서 입법을 마무리하면 검찰 개혁이 사실상 완성되는 만큼 추 장관이 공과 과를 안고 퇴장하는 모양새를 취한다는 시나리오다.'

검찰 기소를 모면한 정치인 추미애, 추석이 지난 뒤 10월 중순 문재인 정부 제3기 개각이 대폭적으로 이뤄질 때 그녀의 앞날은 봄날일까 먹구름일까. 많은 정치부 기자들은 정치인 추미애가 그때쯤 본격화되는 여권의 서울시장 후보군에 들기는 어렵다고 봤다. 그러나 문재인 정권을 위해 이른바 검찰 개혁에 동원됐던 '추다르크', 그 이후에 '토사구팽'이 기다리고 있다면 그녀 또한 가만히 있을까.

윤석열은 억울한 게 아니라 분한 것이다

검찰의 '정치적 중립'에 대하여

우리나라 헌법과 법률에 공무원의 정치적 중립을 규정한 조항은 수십 곳이 넘는다. 대표적으로 헌법 제7조 2항은 이렇게 돼 있다. '공무원의 신분과 정치적 중립성은 법률이 정하는 바에 의하여 보장된다.' 다른 말 필요 없다. 검사는 공무원이다. 검사가 정치적 중립을 잃으면 정부와 사법부도 덩달아 중립을 잃을 위험이 높아진다. 검찰의 정치적 중립을 보장할 수 있는 사람은 대통령이다.

지난 국정감사장에서 윤석열 검찰총장의 답변, 답변 내용, 답변하는 태도와 모습, 어떻게 국민들의 눈에 비쳤는지 궁금하다. 거칠고, 세련미 없고, 건방진, 그런 모습이었을까? 아니면 솔직한 사내의 모습, 다듬어지진 않았지만, 미리 준비한 원고는 없어 보였지만, 마음속에 담아둔 얘기를 거침없이 쏟아내는 모습이었을까? 아주 많은 말들이 오갔지만, 그중 진액에 해당하는 핵심 부분만 몇 곳 짚어 보고 싶다.

첫째는 검찰의 정치적 중립 문제다. 우리나라의 2천 명 넘는 검사들이 제일 듣기 싫어하는 말이 정권의 충견이라는 말이다. 최근에는 애완견이라는 말까지 나왔다. 주인이 지목하는 사람만 물어뜯는 개, 그것이 충견이다. 오로지 주인에게 아부하는 것으로 밥벌이를 하면 그것이 바로 애완견이다. 그래서 검사들은 충견과 애완견 소리를 제일 싫어한다. 이러한 검사들을 대변해서 윤석열 총장이 한마디로 일갈했다. "검찰총장은 법리적으로 법무부 장관의 부하가 아니다."라고 한 부분이다.

윤석열 총장은 근거를 댔다. "장관은 기본적으로 정치인이고, 정무직 공무원이다. 검찰총장이 장관의 부하라면 수사와 형사 소추라고 하는 것을 정치인의 지휘로 하게 된다. 이는 검찰의 정치적 중립, 사법의 독립과는 거리가 먼 얘기다." 여러분의 생각은 어떤가? 윤 총장이 뭔가 오해하고 있는 것인가? 아니면 한 신문의 사설 제목처럼 '구구절절 옳은 얘기'인가? 윤 총장의 말은 한마디로 '추 장관, 당신은 정치인, 그리고 나는 검사일 뿐이요. 내가 하는 수사에 간섭하지 마시오.' 이런 뜻이다. 그러나 추미애 장관은 그동안 윤 총장에게 '내 명을 거역했다'며 '말 안 듣는 총장'이라는 말을 해왔고, 이날도 비슷하게 '너는 내 부하'라는 취지의 글을 올렸다.

또 이 문제와 관련 민주당 김종민 의원이 '검찰총장이 국어에 실패한 것'이라며 '장관과 총장은 지휘 감독 관계'라고 했고, 김용민 의원은 '부하가 아니라는 것은 공무원으로서 잘못된 생각을 갖고 있는 것'이라고 했다. 지금 누가 누구한테 국어실력을 따지고 있는 것인지는 어이가 없긴 하지만 윤석열 총장은 이렇게 말했다. "저희가 초임 검사 때부터 배워온 것이다. 검사가 경찰을 지휘한다고 경찰이 검사 부하입니까."

둘째는 1조6천억 원의 피해를 입힌 '라임 자산운용 사태'는 현재 살아있는 권력의 핵심 인사들이 연루돼 있다는 의심을 받고 있는데, 그것에 대해서도 윤석열 총장은 입장을 밝혔다. 추 장관은 라임 사건 수사에서 윤 총장의 지휘권을 박탈했는데, 이것에 대해 윤 총장은 이렇게 말했다. "장관이 특정 사건에 대해 총장을 배제할 권한이 있느냐. 그것이 위법하고, 근거와 목적이 보여지는 면에서 부당하다." 이것은 윤 총장이 추 장관을 향해 '당신은 위법한 행동을 하고 있는 중이고, 당신은 정치적 목적을 갖고 부당한 조치를 했소.' 라고 꾸짖고 있는 것이다. 윤 총장은 이어서 라임의 몸통 김봉현 씨에 대해 이렇게 말했다. "사기꾼이라고는 말을 안 하겠지만 중범죄를 저질러 장기형을 받고 수감 중인 사람들의 얘기, 중형의 선고가 예상되는 사람들의 얘기 하나를 가지고 검찰총장의 지휘권을 박탈하고 검찰을 공박하는 것은 비상식적이다." 이것은 무슨 뜻인가. '추 장관, 당신과 사기꾼이 한 몸통이라니, 정말 어이가 없고 비참한 심정이오.' 이런 뜻이다. 진중권 전 동양대 교수가 말한 것처럼 "사기꾼과 법무부 장관이

'원팀'인 나라는 한국이 유일하다."는 탄식을 하고 있는 것이다.

  셋째는 거취 문제다. 여당 쪽 인사들은 윤 총장에게 차라리 물러나라는 말을 거침없이 내뱉었다. 윤 총장은 이렇게 답변했다. "거취 문제는 임명권자의 말씀이 없다. 임기라는 건 국민과 한 약속이기 때문에 압력이 있더라도 제가 할 소임은 다할 생각이다." 이것은 무슨 뜻인가. '내 발로 스스로 걸어 나가는 일은 없을 것이다. 자르고 싶다면 법률이 정한 바에 따라 나를 탄핵하라. 법률에 정해진 2년이라는 나의 임기는 대통령이나 추 장관이나 집권세력과의 약속이 아니다. 그것은 국민과의 약속이다. 나는 못 나간다.' 이런 뜻이다. 한마디로 '국민만 보고 가겠다, 차라리 나를 탄핵하라.' 이런 뜻이다.

  그런데 윤 총장이 한마디 덧붙였다. "임명권자인 대통령께서 총선 이후 민주당에서 사퇴하라는 얘기가 나왔을 때도 적절한 메신저를 통해 '흔들리지 말고 임기를 지키면서 소임을 다하라.'고 말씀을 전해주셨다." 여기서 문 대통령이 소임을 다하라고 전했다는 '적절한 메신저'란 무슨 뜻일까. 짐작컨대 윤 총장이 청와대 쪽에, 민정이나 정무 쪽에, 임명권자의 의중을 물어봤을 가능성은 있고, 그것에 대한 답변을 들었을 수는 있다. 그러나 대통령이 물러나라고 한다고 해서 그대로 따를 것인가 하는 문제는 차후의 판단이 또 필요했을 것이다.

추미애 장관 아들 수사 건에 대해서도 발언이 나왔다. 윤 총장은 "법무부 장관이 관련된 사건이라 직접 관여하지 않았다."면서 대신 조남관 대검 차장이 답변하게 했다. 조남관 차장은 이렇게 말했다. "대검의 보완 수사 지시가 있었다. 그러나 동부지검 측은 보완 조사를 해봐야 무혐의 결과가 달라지지 않는다고 했다." 다시 말하면, 대검의 보완 수사 지시를 동부지검이 거부했고, 최종적으로 무혐의 처리됐다는 것이다. 동부지검장인 김관정 검사장은 대표적인 추미애 라인 검사로 꼽힌다.

윤 총장은 자신이 야권을 철저히 수사 지휘하지 않았다고 한 법무부 발표에 대해 '중상모략'이라고 논평한 적이 있는데, 이것에 대해 '그 표현은 제가 쓸 수 있는 가장 점잖은 단어'라고 했다. 그렇다면 점잖지 않은 노골적인 표현으로 바꾸면 어떻게 됐다는 뜻일까. 가령 '이런 나쁜 놈들, 아무리 장관과 정권에게 아부하고 아양을 떨어도 그렇지 이렇게 얼토당토않은 말을 꾸며낼 수 있단 말이냐, 이런 천하에 나쁜 놈들 같으니!' 이런 정도가 아니었을까.

조국 전 법무부 장관 사태에 대해서도 윤 총장은 발언을 했다. 애초에 윤 총장은 조국 장관 임명에 반대했던 것으로 알려졌다. 윤 총장은 이렇게 말했다. "대통령에게 독대를 요청한 사실이 없다. 박상기 전 장관이 압수수색 당일 날 보자고 해서 청와대 가까운 데서 뵀는데 '어떻게 하면 선처가 될 수 있겠느냐?'고 해서 사퇴한다면 저희가 일 처리하는 데 재량과 룸이 생기지 않겠느냐, 의견을 드린 것뿐이다." 이것은 무슨 뜻인가. '조국 장관 임명에 반대했지만 대통령에게 만나달라는 요청을 하지는 않았다. 그리고 박상기 전 장관이 선처를 부탁했다. 그래서 조국 씨가 사퇴하면 참작할 수 있는 폭이 넓어지지 않겠느냐는 취지로 답변했다.'는 뜻이다. 앞으로 논란이 될 수 있는 부분이다. 윤 총장은 이런 말도 덧붙였다. "조국 전 장관을 수사해야 하는지에 대해 저도 인간인 만큼 개인적으로 굉장히 번민했다." 총장이 장관을 수사한다는 게 결코 쉬운 일은 아니었다는 뜻이다.

흔히 검찰에 대한 인사 학살이라는 말이 나올 만큼 무자비하게 진행된 추미애 장관의 검찰 인사에 대해 이런 질문이 나왔다. "살아있는 권력을 수사하면 좌천 아니냐. 어떻게 생각하느냐?" 그러자 윤 총장은 "다 아는 이야기 아니겠느냐."고 했다. 어떤 검사든 살아있는 권력을 수사하면 어디론가 흔적도 없이 쫓겨난다는 것은 온 국민이 다 아는 얘기가 아니겠느냐, 이런 뜻이다. 윤 총장은 이와 관련 자신의 심중을 내비치기도 했다. "정치와 사법이라는 게 크게 바뀌는 게 없구나. 내가 왜 편하게 살지 이렇게 살아왔는지에 대한 그런 생각도 많이 든다."고 했다. 살아있는 권력에 맞서고 있는 검사로서, 국민과 헌법만 바라보고 수사하려는 한 검사로서 깊은 회한이 묻어나오는 발언이다.

한 신문은 '윤석열의 야성이 돌아왔다.'는 제목의 기사를 실었다. 어떤 독자는 검찰의 정치적 중립을 보장해 달라는 아우성과 비명소리를 듣는 듯했다고 했다. 서울남부지검의 박순철 지검장은 사표를 던지면서 "정치가 검찰을 덮어버렸다."고 했다. 왕조 시대에 비유하자면 목숨을 걸고 추 장관의 수사지휘권 행사를 비판한 것이다.

검찰 개혁, 사법 독립, 이것의 핵심 요체는 무엇인가. 그것은 한마디로 정치적 중립을 보장하는 것이다. 검사가 그 어떤 정치권 눈치도 보지 않고 엄정한 수사를 할 수 있게 되는 것, 그것이 검찰 개혁이다. 무엇이 정치적 중립인가. 그것은 살아있는 권력을 수사할 수 있으면 정치적 중립이다. 대통령과 대통령 주변, 집권 여당을 수사할 수 있으면 정치적 중립으로 볼 수 있다는 것이다. 윤석열 총장의 답변은 이런 외침이었다. 민주당 김종민 의원이 윤 총장에게 "억울하면 옷 벗고 정치판에 들어와 싸우라."는 발언을 했는데, 윤 총장은 지금 억울한 것이 아니라 분한 것이다. 선배들이 어떻게 만들어온 나라인데, 어떻게 만들어온 대한민국이고, 어떻게 지켜온 헌법 정신인데, 그것을 일부 집권 세력과 그 추종자들이 충견으로 만들려고 하는 것이 분한 것이다. 억울한 게 아니라 분한 것이다.

2장
나라가 니꺼냐

우리는 언제까지나 '미제, 일제, 독일제'의 벽을 넘을 수 없을 것 같았다. 그런데 어느 날 보니 우리는 그 벽을 넘어서 있었고, 몇몇 분야에서 세계 1등이 되어 있었다. 이건희 회장은 한반도에 주민이 살기 시작한 지난 70만 년 이래 한반도의 주민과 그 주민이 만든 제품을 세계 1등으로 만든 주인공이라고 평가하고 싶다. 긍정적인 의미에서 우리국민들에게 한 번도 경험해보지 못한 나라에서 살게 해준 주인공이 바로 이건희 회장인 것이다.

혁신의 거인 이건희 회장 영면하다

마누라 빼고 다 바꿔봐

삼성전자 이건희 회장은 이렇게 말했다. "극단적으로 얘기해. 농담이 아니야. 마누라, 자식 빼놓고 다 바꿔봐." 1993년 6월 독일 프랑크푸르트 회의에서 신新경영을 선언하면서 임원들에게 했던 얘기다. 이 세상에서 제일 어려운 일을 꼽으라면 그것은 뼈를 깎는 '자기혁신'이라고 할 수 있다. 국가도, 정당도, 기업도, 가정도, 개인도, 이것을 하지 못해서 2류, 3류에 머물고 만다. 지금부터 27년 전 이건희가 삼성과 대한민국 구성원에게 제안했던 "마누라 빼고 다 바꾸자."는 말 한마디가 지금의 삼성과 한국이 누리는 자리를 만든 것이다.

우리가 발을 딛고 있고, 저녁에는 등을 뉘여 잠이 드는 이 한반도에 맨 처음 인간이 언제부터 살기 시작했을까? 종교적인 관점은 일단 배제하고 인류고고학을 하는 학자들이 말하는 관점만 말씀드리겠다. 한반도에서는 대략 100만 년 전에서 70만 년 전쯤에 사람이 살기 시작했다고 본다. 어떻게 그걸 알까. 당시를 알 수 있는 유적, 바로 동굴에서 여러 동물의 화석과 돌로 만든 도구, 즉 석기들을 고고학자들이 발굴한 덕분이다.

그렇다면 한반도에 주민이 살기 시작한 이래 그 70만 년 동안 한반도 주민이 세계에서 1등을 한 적은 몇 번이나 있을까. 조상들이 동굴에서 살았던 구석기 시대를 포함해서 기록이 남아 있기 시작한 고조선, 삼국시대, 통일신라시대, 고려시대, 조선시대, 대한민국에 이르기까지 한반도 주민이 세계에서 1등을 한 때가 언제 있었을까. 고려 사람들은 12세기에서 14세기 사이에 세계 최초 금속활자를 발명하고 만들어 썼다. 구텐베르크보다 수백 년 앞선 것이다. 프랑스 국립도서관에 보관돼 있는 『직지심체요절』이 그 증거물이고, 유네스코 세계기록유산에도 등재돼 있다. 그러나 이것을 인정하고, 본격적인 인쇄술로 평가해주고, 이러한 사실을 알고 있는 세계 사람들은 얼마나 될까.

외국인 친구를 만나면 한국을 대표하는 것으로 무엇을 알려주고 싶은가? 한글, 태권도, 김치, 불고기, 한국의 여성들, 박세리, 김연아, 그리고 지금의 손흥민 선수 이런 이름들과 〈강남스타일〉을 부른 말춤의 사나이 싸이, 그리고 빌보드 차트를 석권한 방탄소년단 같은 이름도 말해주고 싶을 것이다. 몇 년 전 한 언론사가 외국인들에게 코리아 하면 떠오르는 것은? 하고 물었던 적이 있다. 그때 대답은 1위 40.7%가 대기업이었고, 둘째 21.8%가 음식이었고, 셋째 8.9%가 분단국이었다. 여기서 대기업이란 물론 삼성, 현대, LG 순이었다. 그 당시 우리나라 외교부도 전 세계 17개국 외국인 6천 명에게 물어본 적이 있다. '한국 하면 떠오르는 것은?' 하고 말이다. 답변 1위가 기술, 2위가 삼성, 3위가 전쟁, 4위가 싸이 강남스타일이었다.

이건희 삼성전자 회장이 향년 78세로 타계했다. 이건희 회장에 대한 여러 평가가 나와 있지만, 이건희 회장은 한국 하면 '삼성'과 '기술'을 떠올리게 만든 주인공이라고 말하고 싶다. 그는 1등 품질을 기치로 내세워 삼성전자를 세계 1위 삼성전자로 이끌었다. 1992년 D램 반도체가 처음으로 점유율 세계 1위를 기록했고, 2006년 평판TV 세계 1위, 2011년 스마트폰 세계 1위의 위업을 일궈냈다. 현재 삼성의 글로벌 1위 제품은 모두 20개에 달한다. 우리는 이건희 회장을, 한반도에 주민이 살기 시작한 지난 70만 년 이래 한반도의 주민과 그 주민이 만든 제품을 세계 1등으로 만든 주인공이라고 평가하고 싶다. 긍정적인 의미에서 우리 국민들에게 한 번도 경험해보지 못한 나라에서 살게 해준 주인공이 바로 이건희 회장인 것이다.

제19대 대통령 취임식에서 문재인 대통령의 취임사 제목이 '한 번도 경험해보지 못한 나라를 만들겠습니다.'였다. 그러나 문 대통령이 처음에 약속하고 욕심을 냈던 것과는 정 반대로 많은 국민들에게 '문재인식(式) 한 번도 경험해보지 못한 나라'는 고통스러운 경험이었는지도 모른다. 왜 그것이 고통스러웠는지는 정말 많은 사례로, 그리고 많은 통계 숫자로 제시할 수 있지만, 최근에 나온 책 제목으로 간단하게 정리할 수 있다. 조국 전 법무장관을 지지하는 책『검찰개혁과 촛불 시민』에 대항하여 진중권, 권경애, 김경율, 서민, 강양구, 다섯 사람이 책을 냈는데, 그 책 제목이『한 번도 경험해보지 못한 나라』(민주주의는 어떻게 끝장나는가)이다. 진보 논객 강준만 교수가 책을 냈는데 책 제목이『권력은 사람의 뇌를 바꾼다』이며, 이렇게 말했다. "문재인 정권의 '내로남불' 사례를 일일이 정리하다가 중도에 그만 두고 말았다. 거의 모든 게 '내로남불'이었기 때문이다." 한 번도 경험해보지 못했던 위선과 이중성으로 범벅이 돼 있는 정권이란 뜻이다.

신문들이 이건희 회장의 타계 소식을 알린 1면 톱 제목들은 다음과 같았다. 조선일보, '변방 한국을 세계 일류로 만든 승부사.' 중앙일보, '대한민국 초일류 시대 연 개척자.' 동아일보, '초일류 남기다.' 매일경제, '마누라, 자식 빼고 다 바꿔라. 혁신의 거인 잠들다.' 한국경제, '이건희 세계 1등 자신감 남겨주고 떠나다.' 등등이다. 한마디로 정리하면 이건희 회장의 업적은 '초일류', 그리고 '혁신'이다. 초일류와 혁신의 성공 스토리를 만들어냈다는 것은 대한민국 국민들에게 우리도 노력하면 세계 1등이 될 수 있다는 자신감을 가장 커다란 유산으로 남겨주었다는 뜻이다.

우리가 어렸을 때 많이 듣고 자란 어른들 얘기가 '엽전은 안 된다.'였고, '조선 백성은 공짜라면 양잿물도 마신다.'였고, '미제 美製라면 똥도 먹을 사람들'이라는 자조적인 탄식들이었다. 조금 산다 하는 집에서는 일본제 소니 텔레비전 있는 게 자랑이었다. 우리는 언제까지나 '미제, 일제, 독일제'의 벽을 넘을 수 없을 것 같았다. 그런데 어느 날 보니 우리는 그 벽을 넘어서 있었고, 몇몇 분야에서 세계 1등이 되어 있었다. 그 벽을 넘어서서 한 번도 경험해보지 못했던 자랑스러운 한국을 만들어낸 주인공에는 위대한 대통령도 있었고, 위대한 기업인도 있었던 것이다.

물론 어떤 성인군자에게도 공과 과를 함께 들춰낼 수는 있다. 이건희 회장도 마찬가지다. 한 신문은 이건희 회장에 대해 '불법, 무노조, 정경유착 그림자'가 있었다는 식으로 말했다. 그러나 우리가 볼 때 이건희 회장은 '과가 한 되라면 공이 서 말인' 기업인이었다. 다만 그에게 한 가지 아쉬움이 있다면 몸져눕기 전에 경영 후계 구도를 확실하게 정리해놓지 못한 점이라고 할 수 있겠다. 그러나 6년 전 본인도 예상치 못하고 갑자기 닥친 심근경색으로 쓰러졌기 때문에 이 말마저 아껴야 할 것 같다.

외국에 나가면 듣게 되는 약간 별난 발음들, '삼숭, 삼승, 샘숭' 그 나라 철자의 발음법에 따라 부르는 이름들. 그러나 그곳에 있는 한국인의 어깨를 으쓱하게 만드는 이름들이다. 국내에서는 이런 저런 이유로 삼성을 비판하던 사람도 밖에 나가서 듣게 되는 '삼숭'이라는 소리에 어깨를 펴고 자랑스러운 표정을 지을 것이다. 이제 우리는 '이건희'라고 하는 '혁신의 거목'을 보내면서 진정으로 한 번도 경험해보지 못한 나라란 어떤 나라를 말하는 것인가 생각해보지 않을 수 없는 것이다. 삼가 고인의 명복을 빈다.

월성1호기 중단과 산업부의 증거 인멸

월성1호기 경제성 조작과 대통령의 책임

지금 대통령에게 가장 신경 쓰이는 3대 검찰 수사는 첫째, 울산 시장선
거 공작과 청와대 개입 의혹 사건. 둘째, 2012년 대선 때 '드루킹' 댓글
조작 사건. 그리고 셋째, 월성1호기 경제성 조작 의혹 사건이다. 이 중에
서도 원전 경제성 조작 의혹이 훗날 지금의 대통령에게 가장 치명적인
책임을 묻게 되는 사건일 수 있다. 취임 초부터 일관되게 밀어붙인 '탈원
전 정책'은 다른 두 사건과는 비교가 안 될 만큼 국가의 에너지 백년대계
와 국가 경제의 앞날과 국민의 삶에 직접적인 영향을 끼쳤기 때문이다.
게다가 세 번째 사건에는 대통령이 직접 "언제 가동 중단 되느냐?"고 물
었던 구체적인 발언 증거가 남아 있다. '대통령은 몰랐다. 관여한 바 없
다.' 이런 식으로 빠져나갈 수 없어 보인다.

말도 많고 탈도 많았던, 경북 경주의 월성1호기 원자력 발전
소의 조기 가동중단에 대한 감사원 감사가 결론 났다. 감사 결
론의 요점은 다음 두 가지다. 하나는 '월성 원전의 경제성을 불

합리하게 저평가했다.'는 것이다. 다른 하나는 '이번 감사 결과를 월성1호기 즉시 가동중단 결정의 타당성에 대한 종합적 판단으로 보는 데에는 한계가 있다.'고 했다. 말이 약간 꼬여 있는데, 다 이유가 있다. 첫 번째 결론은 경제성을 불합리하게 저평가했다. 이 부분을 다시 좀 쉽게 설명하면 이렇다. 즉 월성 원자력발전소를 너무 헐값으로 봤다는 것이다. 아직은 전기를 만들어서 내다 팔고 이익을 남길 수 있는 발전소인데, 그렇지 않은 곳으로 봤다는 것이다. 그렇다면 누가 그렇게 봤다는 것인가. 산업통상자원부, 그리고 한국수력원자력, 이 두 곳에서 그런 잘못을 저질렀다는 것이다.

그렇다면 경제성을 불합리하게 저평가했다고 했을 때, '불합리하게'라는 것은 무슨 뜻일까. '불합리'라는 이 글자에는 어쩌면 최재형 감사원장이 숨겨놓은 중대한 메시지가 있다고 봐야 한다. 경제성을 낮게 평가했다고 했을 때 평가에 관한 시스템 때문에 제도적으로 어쩔 수 없었던 것이냐, 아니면 누군가 의도적으로 그렇게 했다는 것이냐, 이 점이 매우 중요하기 때문이다. 의도적이라면, 그것은 범죄 행위다. 탈원전이라는 '대통령의 꿈'을 위해서 그렇게 했다면 그것은 나라의 에너지 백년대계를 그르치는 천벌 받을 짓을 한 것이다.

이번 감사의 다른 결론은 '월성1호기의 가동을 즉시 중단한 것이 타당한 것이었느냐, 그 점에 대해서는 판단하는 데 한계가 있다.'고 했다. 말이 더 심하게 꼬여 있다. 좀 쉽고 간략하게 설명해 보겠다. 감사원의 최고 의사결정 기구는 감사위원회이고 감사원장을 포함해서 모두 6명이었다. 이 감사위원들이 정치적으로 중립적인 사람들이냐, 이들이 문재인 정권의 눈치를 전혀 보지 않는 사람들이냐, 이 판단도 매우 중요하다. 또 3대3으로 위원들끼리 의견이 서로 맞지 않고 크게 맞설 경우 어느 중간 지점에서 타협을 보려고 했을 가능성도 있다. 원전 즉시 중단이 타당한 것이었느냐, 즉 옳은 것이었느냐, 이 점을 판단하는 데 한계가 있다고 했는데, 이것은 일부러 판단을 하지 않았다는 것인지, 아니면 판단을 하지 못하겠다는 것인지, 둘 중 어느 것인지 이제 우리들이 생각해볼 문제다. 여기에도 최재형 감사원장이 숨겨놓은 메시지가 있다고 본다.

월성 1호기 즉시 중단이 타당했느냐, 그걸 판단하는 데 한계가 있다. 이 말은 감사원 스스로 자가당착의 표현을 그대로 노출시켜놓은 것이다. 이 문제는 논리적으로 아주 간단하기 때문이다. 첫째 결론은 산업부와 한수원이 월성의 경제성을 낮게 평가했다는 것이다. 그렇다면 초등학생도 둘째 결론을 낼 수 있는데, 그것은 '원전 즉시 중단이 타당하지 않았다, 즉 부당不當했다.'고 해야만 한다. 그런데도 감사원은 판단에 한계가 있다는 식으로 어물쩍 빠져나가는 결론을 내놓았다. 여기에 최재형 감사원장의 고뇌가 숨어 있다고 봐야 하는 것이다. 우리 눈 밝은 독자들이 서로 상충하는 두 개의 모순 덩어리 결론이 나올 수밖에 없는 지금의 감사위원회 구조를 알아차리시라는 뜻이다. '스스로 모순을 드러낸 것', 그것은 이번 감사가 잘못됐다는 것을 스스로 공개한 것이고, 정권이 바뀌면 감사를 다시 해야 한다는 묵언의 메시지를 국민들에게 전달한 것이다.

그러나 감사위원회는 종합 판단을 유보하는 것 같은 두루뭉술한 결론으로 정권 사람들의 눈을 속여놓고, 대신 깨알 같은 각론에서 월성1호기 폐쇄가 얼마나 엉터리 결정이었으며 범법 행위였는지를 낱낱이 밝히고 있다. 즉 백운규 당시 산업부 장관에게 위법한 행동을 저지르도록 하는 문재인 대통령의 말 한마디가 있었다는 것을 밝혀낸 것이다. 조선일보 2면 톱은 '문재인 대통령이 언제 멈추나? 질문한 직후에 백운규가 중단을 지시했다.'고 했고, 중앙일보 1면 톱은 '백운규 원전 위법을 부른 것은 문재인 대통령의 말 한마디였다.'고 했다. 2018년 4월 문재인 대통령은 이렇게 말했다. "월성 원자력발전소 1호기의 영구 가동중단은 언제 결정됩니까?" 그 말을 청와대 행정관으로부터 전해들은 산업부 과장이 백운규 장관에게 보고했다고 한다. 그러자 백운규 장관은 "한수원 이사회의 조기 폐쇄 결정과 함께 즉시 가동 중단하는 것으로 재검토하라."고 지시했다는 것이다.

즉 이번 감사원 감사 결과에는 대통령의 눈치를 본 산업통상자원부가 월성 원전 1호기 폐쇄를 위해 한국수력원자력을 지속적으로 압박한 내용이 상세히 드러나 있다. '한국수력원자력'은 통상 한수원으로 줄여서 부르는데, 우리나라 원자력 발전과 수력 발전을 관할하는 공기업이고, 산업부의 산하 기관이다. 당시 산업부의 한 과장은 한수원 측에 이렇게 말했다고 한다. "문 대통령의 탈원전 선언 1주년 이전에 의사 결정을 해야 한다. 산업부에서도 관심이 많은데 한수원 직원들이 인사상 피해가 없기를 바란다." 인사상 피해가 없기를 바란다, 이건 무슨 말인가. 당신들은 목이 열 개나 되는 줄 아느냐, 까닥 잘못하면 다음 인사에서 목이 날아갈 줄 알아라, 이렇게 협박하는 것이다.

이번 감사의 성과는 또 있다. 감사 전날 밤, 원전 자료 444개 지워졌다는 사실을 밝혀낸 점이다. 산업통상자원부 공무원들이 감사원 감사가 착수되자 관련 증거 자료와 청와대에 보고한 자료 등 444개 파일을 조직적으로 삭제한 것으로 드러났다. 현장 감사 전날인 일요일 다른 직원의 눈을 피해 밤 11시쯤 야심한 한밤중에 사무실에 들어가 컴퓨터 파일 이름을 바꾼 뒤 삭제하는 등 복구 불능 상태로 증거를 인멸했다고 한다. 도망가는 놈이 범인이고, 증거를 지우는 놈이 범인이라는 것은 기본 상식 중에 상식이다. 감사원 감사 결과는 정황 증거가 아니다. 현장을 녹화한 것처럼 구체적이다. '2019년 12월 1일 일요일 오후 10시 산업부 직원 G씨가 청사 사무실에 들어갔다. 한때 자신이 썼으나 이젠 동료가 쓰는 컴퓨터를 켰다. 비밀번호는 미리 받았다. 월성 원자력 발전소 1호기 관련 자료를 삭제하기 위해서였다. 이미 담당 국장으로부터 컴퓨터는 물론 e메일과 휴대전화 등 모든 매체에 저장된 월성 1호기 조기 폐쇄 관련 자료를 삭제하도록 지시를 받은 상황이었다. 자정 가까운 밤 11시 24분 36초부터 지우기 시작했다…….'

야심한 한밤중, 사무실을 뒤져 파일을 지우는 직원들. 미 워터게이트 사건을 떠올리게 한다. 1972년 워싱턴DC 워터게이트 호텔에 있는 민주당 전국위원회 본부 사무실에 침입한 다섯 명의 남자들, 이들은 3주 전에도 같은 장소를 침입한 적이 있는데, 정상적으로 작동하지 않던 도청기를 다시 설치하러 들어갔던 것이다. 그때 일로 결국 미국 닉슨 대통령이 물러나고 말았는데, 범인들의 치명적인 실수는 백악관 연락처를 기록한 수첩을 몸에 지닌 채 경찰에 체포됐다는 점이다. 이번에 우리 감사원 감사로 밝혀진 산업부의 '증거 인멸' 중에는 대통령 보고 문건도 삭제했다고 한다. 워터게이트 사건에서 닉슨을 물러나게 한 결정적 증거가 범인의 몸에서 나온 백악관 연락처였는데, 우리나라 감사원은 산업부가 청와대 보고 문건을 지웠다는 것을 밝혀낸 것이다.

이번 월성 1호기 감사가 이대로 넘어갈 것이라고 보는 국민은 한 사람도 없을 것이다. 정권이 바뀌든 안 바뀌든 반드시 재감사가 이뤄질 것이다. 왜냐하면, 최재형 감사원장이 스스로의 '모순 덩어리 감사 결과'를 국민들에게 공개했기 때문이다. 그리고 산업부가 지워버린 파일 444개를 복원해서 청와대 관련 보고 내용을 다시 밝혀야만 하기 때문이다.

옵티머스 사태의 주범은 민정수석실

옵티머스 설계자에게 찬양을 보냅니다

옵티머스 자산운용 펀드 사기 사건이 터졌을 때 이 분야를 빠삭하게 잘 아는 지인 한 분이 이런 글을 보내주셨다. 그중 일부를 발췌해서 소개한다.

옵티머스 설계자에게 찬양을 보냅니다. 존경합니다. 금융실무, 법률실무, 당신은 종합예술이었습니다. 금융만 알아도 안 되고, 법률만 알아도 안 되고, 지식만 있어도 안 되고, 실무를 해봐야 아는 건데……. 당신은 무슨 일을 하시는 분인지 모르겠으나 너무 대단합니다. 단군 이래 머리가 제일 좋으신 분입니다.

21세기 금융 선진국 대한민국에서 어떻게 1·2위 증권회사의 돈을 마음껏 쓰겠습니까? 쌍팔년도 라면 모르지만……. 그래서 당신은 뭔 짓이든 다할 운용사 한 군데, 슬기로운 깜방 생활을 잘할 수 있는 조폭, 감옥을 제 집처럼 드나들던 연예계 양아치 등 이런 주범들을 미리 확보하셨습니다. 얘네들은 빨리 입대해야 하는데 그래야 제대도 빨리 하는데, 하고 있었을 것 같습니다.

지금 운용사 면면을 보니까 그러한 펀드 만들어낼 능력도 없던

데, 설계 잘해주셨습니다. 공기업채권으로 다들 착각할 만한 상품도 다 만들어내시고……. 공공기관 매출채권이요? 관급 공사하고 받을 돈이나 조달청 같은 데 납품하고 받는 돈요? 공공기관에서 어음을 발행하는 것도 아니고 대기업처럼 결제 대금 질질 끄는 것도 아니고 현금결제 탁탁해주는데 그런 채권을 들고 있는 사람이 왜 할인해서 팝니까? 그리고 그런 채권을 어떻게 2조 원씩 모읍니까? ㅎㅎ 이거 증권사 애들이 고객한테 어떻게 설명하고 팔았을까요? 어우 저도 혹 했습니다. 공기업채권인줄 알고 ㅎㅎ…….

우리나라 권력기관은 어디일까. 흔히 '5대 권력기관'이라고 하면 검찰, 경찰, 국정원, 국세청, 감사원을 일컫는다. 그런데 이 다섯 권력기관을 총괄하는 업무를 담당하는 곳이 바로 청와대 민정수석실이다. 물론 우리나라 최대 권력기관은 대통령 자신이다. 민정수석은 대통령과 5대 권력기관을 연결하는 역할도 한다. 형식적으로는 민정수석 위에 대통령 비서실장, 청와대 안보실장, 정책실장이 있다고는 하지만, 이들이 민정수석을 터치할 수는 없다. 사실상 민정수석 위에는 오로지 대통령만 있다고 보면 된다. 따라서 민정수석은 청와대에서 '넘버2'로 불릴 때가 많다. '날아가던 새도 떨어뜨리는 자리'가 바로 민정수석실이다.

문화일보는 이런 기획 기사를 실었다. '펀드 비리 의혹으로 엮인 이익공동체 정권…… 사냥개 검찰로 수사차단.' 과거에는 권력 비리라고 하면 으레 대기업에서 돈을 뜯어내거나, 아니면 토건 비리라고 해서 대규모 택지를 조성하면서 비자금을 조성하는 경우가 있었다. 그러나 이제는 금융자본 비리로 발전돼 왔고, 그 핵심이 사모펀드 비리라는 것이다. 문재인 정부의 청와대에서 초대 정책실장을 지낸 장하성 주중대사는 2006년부터 펀드 운용을 시작했고, 그의 친동생은 디스커버리라는 사모펀드를 직접 운영하다 환매 중단 사태를 빚었다.

청와대에서 가장 유명했던 '사모펀드 연루자'는 조국 전 민정수석이다. 문 정권의 첫 민정수석이 된 조국 씨는 사모펀드를 통한 주가조작, 무자본 M&A, 횡령 등의 의혹을 사던 끝에 자본시장법, 금융실명법, 공직자윤리법 위반 혐의를 받고 법무부 장관 자리에서 35일 만에 물러나고 말았다. 보통 국민들에겐 다소 생소했던 사모펀드라는 말이 초등학생도 다 아는 말이 된 것은 조국 씨와 청와대 민정수석실 때문이었다. 그러던 것이 2020년 '라임 사태'와 '옵티머스 사태'를 계기로 사모펀드는 대한민국 금융권의 암흑세계를 들여다보는 키워드가 됐으며, 사모펀드는 익명으로 하는 불투명 투자활동, 그리고 회사의 자금횡령을 돕는 가림막 역할을 한다는 게 드러났고, 이런 구린내 진동하는 사모펀드에는 청와대 민정수석실이 숱하게 연루돼 있다는 것이 밝혀지고 있다.

옵티머스 펀드 사기범 일당 중에 윤석호 이사가 있는데, 그의 아내인 이진아 변호사는 2019년 10월부터 2020년 6월까지 청와대 민정수석실 행정관으로 근무했다. 국민의힘 조해진 의원이 확보한 자료에 따르면 옵티머스 관련 1조 원 자금을 주무른 남녀세 쌍이 모두 부부인 것으로 밝혀졌는데, 옵티머스 사건과 관련한 법인 등기부등본 일체를 확인한 결과 김재현 대표의 아내, 그리고 윤석호 이사의 아내인 이진아 전 청와대 민정실 행정관 등이 무려 서른다섯 곳에 중복해서 이름을 올린 것으로 드러났다고 한다.

우리의 궁금증은 핵심적이고 간단하다. 이진아 행정관, 알고보니 옵티머스 사기 사건의 핵심 인물로 밝혀진 이 사람이 청와대 민정수석실에서 어떤 일을 했는가, 하는 점이다. 왜냐하면 옵티머스 일당이 사기 행각을 이어갈 때 가장 큰 걸림돌은 검찰 수사, 혹은 금감원 조사다. 그런데 검찰 수사와 금감원 조사를 가장잘 파악할 수 있고, 무마까지 할 수 있는 곳이 바로 청와대 민정수석실이다. 이 행정관은 도대체 무슨 일을 했는가.

이진아 행정관, 이 사람은 2012년 11월 당시 대선에 출마했던 문재인 후보를 공개 지지했던 장본인이다. 그것을 계기로 여권 인사들과 인연을 맺기 시작한 것으로 알려졌다. 강기정 전 청와대 정무수석, 이종걸 전 민주당 의원, 김현 전 의원 등이 기소된 국정원 댓글 관련 사건에는 이광철 청와대 민정비서관과 함께 변호인단으로 참여했다. 또 2015년 문재인 대통령이 당 대표였던 새정치민주연합(현재 더불어민주당)의 당무감사 위원을 지냈다. 당시 위원장이 김조원 전 민정수석이었다. 이런 인연으로 이진아 전 행정관은 청와대에서 김조원 민정수석, 이광철 민정비서관 밑에서 일하게 됐던 셈이다.

문 대통령은 이번 사태가 터졌을 때 김조원 민정수석을 시켜서 자체 조사를 했어야 했다. 그 후 교체된 후임 김종호 민정수석에게도 추후 조사 지시가 이어졌어야 했다. 자신을 지지했던 젊은 여성 변호사가 민정수석실에 들어와 남편과 함께 초대형 펀드 사기라고 하는 권력형 비리의 분탕질을 쳤다면, 그래서 대통령 자신까지도 엄청난 배신감을 느낀다면, 이제라도 철저하게 조사해서 국민들에게 밝혀야 옳다. 그게 정상적인 대통령이 해야 할 일이다.

이진아 전 행정관은 청와대에 들어가기 두 달 전인 2019년 8월 언론 인터뷰에서 '검증을 이유로 조국 후보자에 대한 사생활 침해가 이뤄지고 있다.'며 조 전 장관을 적극 옹호한 적도 있다. 한 법조인은 '이 전 행정관이 민정비서관실에 근무하면서 금감원 등 금융 당국의 동향을 실시간으로 옵티머스에 전달한 것 아니냐는 의심이 든다.'고 했다.

국민일보는 2019년 2월 25일부터 검찰 수사관 출신인 A 씨가 청와대 민정비서관실 행정요원으로 파견 근무했다가 2020년 7월 24일 검찰 복귀 직후 사퇴했다고 보도했다. 옵티머스 수사 개시 한 달 뒤인 시점이다. 이 사람은 이진아 전 행정관과 같은 사무실을 썼으며, 김재현 옵티머스 대표가 청와대 로비 창구로 A 씨를 활용하려고 했다고 한다. 청와대 민정수석실이 옵티머스 일당의 빨대 역할을 한 것처럼 보인다.

라임 펀드 사건에서도 청와대 민정수석실은 등장한다. 라임의 실소유주인 김봉현 씨가 지인과 문자를 주고받으며 이렇게 말했다고 한다. "내가 일 처리할 때 경비 아끼는 사람이던가. 금감원이고 민정실도 다 내 사람."이라고 했다는 것이다. 펀드 사기범이 과장했을 수 있다지만 전혀 근거 없이 이런 말을 하지는 않았을 것이다. 경비를 아끼지 않았다고 하니 내 사람으로 만들기 위해 상당한 뇌물을 줬다는 뜻으로도 들린다. 금감원 출신 청와대 행정관도 경제수석실에서 근무하면서 김봉현 씨에게 수천만 원 뇌물을 받은 혐의로 이미 구속됐다.

청와대 민정수석실, 이곳은 '날아가는 새도 떨어뜨릴 수 있는' 최고 권력기관이다. 그러나 단순하게 말하면 대통령의 비서관들이 있는 곳이다. 따라서 이곳에서 풍겨나오는 갖은 비리의 악취가 진동하고 있다면, 그 총체적 책임자는 대통령이다. 청와대 비서들의 범죄 행위가 드러나면 형사적 처벌은 본인이 받는다고 해도, 그 정치적·도의적 책임은 대통령에게 있는 것이다. 그런데 왜 대통령은 검찰을 향해 "성역 없이 수사하라."는 한마디를 툭 던져놓는 것으로 끝내려 하는가. 청와대 자체로도 조사 인력과 감찰 기능이 있다. 그것도 민정수석실에서 벌어진 일이다. 대통령이 책임지고 스스로 밝혀야 하는 부분이 있는 것이다.

총체적 권력형 비리, 옵티머스의 진실은?

진짜 범인은 뒤에 있습니다

옵티머스 자산운용 펀드 사기 사건이 터졌을 때 이 분야를 잘 아는 지인 한 분이 이런 글을 보내주셨다. 그중 일부를 발췌해서 소개한다.

이 건은 2020년 대한민국에서 도저히 벌어질 수 없는 일입니다. 피해자가 많은 것 같지만 대한민국 0.1% 부자들을 타겟으로 한 범죄입니다. 금감원을 동원해 얼마 안 되는 피해자들하고 대형 금융사들과 조속히 합의시켜서 피해자 불만을 잠재우면 결국 대형금융사 돈을 합법적으로 빼가는 스킴Scheme입니다. 김재현 사장 뭐 이런 놈들, 수천억 원 되는 돈을 사기 칠 수 있는 놈이 아닙니다. 사모펀드 업계에서 '듣보잡'이고요. 잡범들은 이미 몇 백억 원 돈 가져가기로 하고 사전에 바지로 내세운 거죠.

그리고 옵티머스도 사전에 한 탕 하고 버리기로 한 자산운용사입니다. 진짜 범인들은 뒤에 있습니다. 주범들은 대단한 사람들입니다. 이헌재와 채동욱을 옵티머스 고문으로 동원할 수 있는 그런 사람들입니다. 범인을 잡는 건 어렵지만 간단합니다.

이·채 두 고문이 누구 소개로 옵티머스와 인연을 맺었는가를 물어보면 됩니다.

어떤 사건이든 수사의 기본 중에 기본이 돈 줄기를 따라가는 것이다. 프랑스의 파리 경시청은 강력 범죄 수사 때 형사들에게 "여자를 찾아라." 이런 명령을 내린다고 하는데 아마 옛날 얘기일 것이다. 남자 범인의 배우자나 숨겨놓은 애인을 찾아내면 사건의 실마리가 풀린다는 뜻이다. 예나 지금이나 수사의 기본은 돈 줄기를 찾아내고 돈다발이 흘러다닌 곳을 밝혀내는 일이다. 왜냐하면 어떤 범행이든 돈다발 없이 입으로만 이뤄지는 경우는 거의 없다고 보면 되는 것이고, 그 돈다발을 찾아가면 그 돈다발을 들고 있는 사람의 얼굴이 나오기 때문이다. 돈다발은 절대로 자기 혼자 돌아다닐 수 없으며, 돈다발은 그것을 들고 있는 사람에 의해 옮겨 다니며, 반드시 흔적을 남긴다.

요즘 세상을 떠들썩하게 만들고 있는 '라임 사태', '옵티머스 사태'도 마찬가지다. 이헌재 전 경제부총리, 양호 전 나라은행장 같은 사람들 이름이 나오고 있고, 다른 여러 이름들이 거론되고 있다. 옵티머스 김재현 대표, 윤석호 감사 등이 만들었다는 대책 문건에 정계·관계·금융계 인사 20명의 이름이 나오며, 청와대 최고위급 인사들의 이름도 오르내리고 있다. 적당한 때가 오면

이 사람들의 이름도 전부 공개할 수 있게 될 것이다.

이와는 별도로 강기정 전 정무수석의 이름이 관련자들의 재판이 진행되고 있는 법정진술에서 터져나왔다. 라임 자산운용사의 실소유주인 김봉현 씨가 5천만 원을 건넸다고 법정 증언을 한 것이다. 물론 강기정 전 수석은 부인하고 있다. 또 옵티머스 윤석호 감사의 배우자인 서른여섯 살 이모 행정관, 이 여성은 옵티머스 사태의 구린내가 진동하고 있을 때 청와대 민정수석실에 근무했으며, 옵티머스의 지분 9.8%를 보유한 대주주이면서 나중에는 거짓으로 차명 전환까지 했다. 이 여성 행정관이 별도로 최대 주주였던 셉틸리언이란 곳이 있는데, 이곳은 옵티머스의 돈 세탁소 역할을 했다는 것이고, 무자본 인수합병이 복잡하게 이뤄지는 과정에 조폭이 살인사건을 벌이기도 했다고 한다.

수천억, 수조 원 돈이 갑자기 연기처럼 사라질 수는 없다. 아무리 고위험 자산에 투자했다고 하더라도 투자처가 상장폐지 되어 휴지조각이 되지 않는 한 몇십 퍼센트 손해를 볼 수는 있어도 갑자기 제로가 되지는 않는다. 라임 사태로 환매 중단된 돈이 1조6천억 원규모이고, 옵티머스 펀드 사기의 규모가 1조2천억 원대다. 둘을 합치면 자그마치 2조8천억 원이라는 거금이 된다. 여기서 수사의 핵심 중에 핵심은 이번 사건이 권력형 비리인지, 어떤 정치권의 실세가 개입돼 있는지를 밝혀내는 일이다. 그런데 이성윤 서울중앙지검장이 수사를 자청했다고 한다. 그래놓고 권력형 비리를 수사하는 반부패부가 아닌 일반 고발 사건을 수사하는 조사부에 사건을 배당해버렸다고 한다. 사실상 권력형 비리에는 손대지 말라고 지시한 것이나 같다. 조선일보 톱 사설은 '수사 대상 이성윤에게 펀드 게이트 수사 맡길 수 없다.'고 했다.

그렇다. 검찰에게 더 이상 기대할 게 없다. 방법은 두 가지밖에 없다. 지금 당장 특검을 실시하든지, 아니면 그에 앞서 청와대 민정수석실이 이 돈의 행방에 대해 알고 있는 것을 국민들에게 밝혀야 한다. 옵티머스의 대주주가 청와대 민정수석실 행정관으로 근무했다는 사실만으로도 청와대는 그것을 자체 조사해서 국민들에게 보고해야 하는 의무가 있다. '라임 사태'에서 강기정 전 수석에게 5천만 원을 건넸다고 주장한 김봉현 전 회장이 지인과 주고받은 문자 메시지도 공개됐다. 이런 대목이 나온다. "ㅇㅇ야. 형이 교회를 왜 다니게써. 인간에 힘으로 안 되는 일도 주님께 부탁드리고 기도드리면 들어주신다니 ㅋ. ㅇㅇ도 알자나 형이 일처리 할 때 경비 아끼는 사람이등가. 금감원이고 민정실에도 다 형 사람이여 ㅎ." 여기서 말한 청와대 민정실이 어떤 곳인가. 그곳은 사정기관을 총괄하고 금융업계와 당국을 감시하는 최고 권력기관이다. 그렇다면 '라임 사태'의 주범인 김봉현 씨가 금감원도 민정실도 다 내 사람이라고 했다면 이 문자에 대해 청와대는 해명해야 한다. 김봉현 씨는 또 금감원에서 청와대 경제수석실에 파견돼 있던 동향 친구인 김모 행정관에게 5천여만 원의 뇌물을 주고 금감원의 라임 검사 계획서를 사전에 빼돌렸다. 김모 행정관은 징역 4년을 선고받았다. 그래서 더더욱 청와대와 금감원은 해명해야 하는 것이다.

그런데 검찰이 김봉현의 돈 심부름을 했다는 이강세 전 광주 MBC 사장의 청와대 출입기록과 CCTV 화면 등을 요구했다고 한다. 하지만 청와대는 '국가의 중대한 이익을 현저히 해칠 수 있고 사생활의 비밀 또는 자유를 침해할 수 없다.'며 거부했다고 한다. 청와대가 아직 정신을 못 차린 것 같다. 무엇이 지금 국가의 중대한 이익인지 청와대는 사태 파악을 못하고 있는 것 같다. 김재현 옵티머스 대표와 공범 관계로 구속 기소된 윤석호 옵티머스 이사는 검찰 조사에서 '김 대표가 향후에 실형을 받게 되더라도 청와대 관계자를 통해 사면까지도 해줄 수 있다고 말했다.'고 진술했다. 물론 대통령의 고유 권한인 특별사면을 운운했더라도 가능성은 거의 없는 얘기로 들리지만, 그러나 윤석호 이사의 아내인 이모 행정관이 청와대의 민정수석실에 근무하고 있었다는 사실 하나만으로도 청와대는 입이 열 개라도 할 말이 없을 것이다.

옵티머스에는 한국방송통신전파진흥원이 748억 원을 투자했다. 농어촌공사는 30억 원을 투자했다. 전파진흥원, 한국전력, 농어촌공사 같은 최소 5곳의 공공기관이 828억 원을 옵티머스에 넣었다고 한다. 현재로서는 이 돈을 다시 받아낼 길이 없어 보인다. 옵티머스는 일반 투자자에게 모은 돈을 공공기관에 투자한다고 해놓고, 실제로는 거꾸로 공공기관으로부터 투자를 받아냈다. 이런 공공기관의 기금 운용을 책임진 간부들이 옵티머스 쪽으로부터 금품과 향응을 받았거나 아니면 정권 실세 같은 힘 있는 누군가로부터 압력을 받았거나, 혹은 양쪽 다이거나 할 것이란 의심을 하게 된다. 자기 개인 돈이라면 옵티머스처럼 수상한 자산운용사에 돈을 넣었겠는가. 그 돈은 국민 세금이 포함된 공금이었다. 공중으로 사라진 828억 원, 이 돈은 절대 혈세로 메꾸지 말고, 그 공공기관의 책임자들이 반드시 개인 돈으로 갚아야 한다.

국정감사장에서는 옵티머스의 고문이었던 양호 전 나라은행장의 통화 녹취록이 공개됐다. 자신의 비서와 통화하며 "김(재현) 전 옵티머스 대표의 차량번호를 보내 달라. 다음 주 금감원에 가는데, 거기서 VIP 대접을 해준다고 차번호를 알려 달라고 그랬다."고 말했다. 당시 자기자본 유지 요건을 충족하지 못해서 부실 운용사로 분류돼 있는 옵티머스 대표를 금감원이 VIP 대우를 해줬다는 것이다. 정말 어이없는 일이 버젓이 벌어지고 있었던 셈이다. 이 녹취록에는 양호 전 행장과 경기고 동문이자 함께 옵티머스 고문으로 활동했던 이헌재 전 경제부총리도 거론됐다. 이번에는 양호 전 행장이 김재현 전 대표와 통화한 녹취록이다. "이(헌재) 장관, 월요일 4시에 만나기로 했거든요. 괜히 부탁할 필요가 없잖아. 사정 봐가면서 하면 되겠네." 양호 전 행장은 다시 비서와 통화하면서 이렇게 말했다. "이헌재 장관실에 전화해서 찾아뵙고 싶다고 약속 좀 잡아놓아라." 최홍식 당시 금감원장도 언급됐다. 양 전 행장은 금감원의 한 조사역과 통화하면서 이렇게 말했다. "11월 2일 최 원장하고 만날 일이 있다." 최홍식 금감원장은 이헌재 부총리의 고교 후배로 '이헌재 사단'으로 불렸던 사람이다.

자, 무슨 일이 벌어졌을까. 당시는 문재인 정권 출범 첫 해인 2017년 가을이었다. 재무 건전성 미달 등으로 앞날이 불투명했던 옵티머스가 불사조처럼 살아났다는 것밖에는 드러난 사실이 없다. 그래서 이제부터 그 진실이 밝혀져야 한다. 우리는 사실 라임 사태, 옵티머스 사태라는 거대한 정·관계 펀드 로비 의혹 사건의 초입에 서성거리고 있는 수준에 불과한 것인지도 모른다. 검은 그림자가 어른거리고 냄새가 진동하고 있다.

돈을 '준 손'은 있는데, '받은 손'은 없다

양진楊震의 4지四知

기원 전 중국 후한 시대에 양진楊震이라는 인물이 살고 있었다. 공부도
많이 했고 인격도 높은 사람이었다. 양진이 태수라는 벼슬에 올랐다. 지
금 우리로 치면 군수쯤에 해당하는 관직이다. 그런데 어느 날 밤 아래 관
리인 왕밀王密이라는 사람이 찾아왔다. 그동안 신세를 많이 졌으니 사례
를 하겠다고 했다. 양진은 돈을 받을 이유가 전혀 없다면서 거절했다. 그
러자 왕밀이 은근한 표정을 지으면서 이렇게 말했다. "지금 밤도 깊었고
아무도 모르는 일이니 어서 받아 두십시오." 이 말을 들은 양진이 저 유
명한 답변을 하게 된다. "아무도 모른다니 그게 무슨 말이오. 하늘이 알
고 (天知), 땅이 알고 (地知), 그대가 알고 (子知), 내가 아는 것이요 (我知)."
양진은 돈을 가져온 자를 그대로 돌려보냈다. 훗날 양진은 요즘 국방장
관에 해당하는 태위라는 벼슬에까지 올랐다.

이 글의 제목을 「돈을 '준 손'은 있는데, '받은 손'은 없다」라고
붙였는데, 비단 우리나라만 그런 것은 아니다. 일본도 그렇고,

미국도 그렇고, 영국 프랑스 같은 유럽에서도 볼 수 있다. 뇌물 수수, 독직瀆職 사건이 터지면, 돈을 줬다는 사람은 있는데, 돈을 받았다는 사람은 없다. 흔히 노름판에서는 돈을 잃은 사람은 있어도 돈을 땄다는 사람은 없는 경우가 있다. 노름판을 벌인 조폭이나 큰손이 이미 상당한 돈을 뜯어가기 때문이라는 것이다. 그러나 뇌물 수수 사건은 노름판하고는 다르다. 분명 준 사람이 있으면 받은 사람도 있을 텐데, 받았다고 지목된 사람은 끝까지 안 받았다고 부인한다. 아무도 보는 사람이 없는 장소에서 두 사람 사이에 현찰로 돈이 오가기 때문이다.

'옵티머스'라는 자산 운용사가 있다. 옵티머스는 원래 라틴어인데, '가장 좋은' 그런 뜻이다. 이런 회사는 일반 투자자들에게 몇백, 몇천, 혹은 몇억 원 규모의 돈을 모아서, 그 돈이 수천억 원 규모로 커지면, 자산 운용사의 투자 전문가들이 수익률 좋고 안정적인 곳에 굵직굵직하게 투자를 한다. 그렇게 해서 6개월이든 1년이든 일정 기간이 지나면 일반 투자자에게 수익 배당금을 나눠주는 것이다. 이때 일반 투자자가 '나는 이제 당신네에게 내 돈을 그만 맡길 테니 내 돈을 돌려다오.' 하면 두말없이 그 돈은 돌려줘야 하는 것이다. 이렇게 투자 자금을 자산 운용사로부터 돌려받는 것을 '환매'라고 한다.

그렇다면 '옵티머스 사태'란 무엇인가. 바로 앞에서 말한 '환매', 즉 일반 투자자에게 원금을 돌려줘야 하는 환매가 불가능해진 상황, 회사에 있어야 할 수천억 원 투자 자금이 어디론가 사라져버려서 일반 투자자에게 원금을 돌려주지 못하는 사태가 발생한 것을 말한다. 옵티머스는 2020년 6월 17일 '환매 중단'을 선언했고, 회사는 사실상 공중분해 됐으며, 개인 투자자 928명을 포함해서 투자자 1166명이 투자 원금 5151억 원을 대부분 돌려받지 못하게 됐다. 그래서 언론에서 '5천억 원 규모의 환매 중단 사태'라고 하는 것이다.

왜 이런 일이 벌어졌을까. 자산운용사인 옵티머스를 책임진 사람들이 나쁜 놈들이었기 때문이다. 즉, 사기꾼이었기 때문이다. 처음엔 좋은 뜻을 갖고 운용했으나 인간의 힘으로 어쩔 수 없는 무슨 천재지변에 준하는 사태가 벌어져 큰돈을 날린 게 아니다. 이들은 처음 시작할 때부터 투자자를 속이고, 거짓투성이에, 서류조작에 온갖 사기행위를 벌였다고 봐야 한다. 예를 들어 '부산시 매출 채권'처럼 부산시가 망하지 않는 한 절대 돈을 떼일 일이 없는, 그런 공공기관에 투자한다고 해놓고, 실제로는 비상장 기업의 사모 사채, 부동산 프로젝트 파이낸싱, 코스닥 상장사 인수합병 같은 위험 자산에 돈을 넣었다는 게 드러났다.

한마디로 그러다 망한 것이다. 그 결과 2020년 6월 17일 환매 중단 선언이 있었고, 일주일 뒤인 6월 25일 검찰이 압수수색을 했으며, 다시 일주일 뒤인 6월 30일 옵티머스의 영업 정지가 결정됐고, 다시 일주일 뒤 7월 7일 김재현 대표, 이동열 대표이사, 윤석호 감사 같은 관계자들이 전격 구속됐다.

그렇다면 우리나라 금융 시스템은 이런 사기꾼들이 활개 치도록 마냥 허술하기만 한 것일까. 물론 그런 측면이 전혀 없는 것은 아니지만, 우리나라에도 이들의 자산 운용을 감시하고 감독하는 기관들이 버젓이 있다. 이들이 네댓 개의 유령회사를 차렸고, 100장이 넘는 위조 서류를 만들었다고는 해도, 그런 사기 행각을 사전에 들여다보고 감시·감독하라고 국민 세금으로 봉급을 주는 금융위원회, 금융감독원, 한국예탁결제원 같은 기관이 있다. 이런 곳에서 눈을 부릅뜨고 자산 운용사를 감시해서 선량한 투자자들의 원금을 보호해야 하는 것이다.

여기에서 가장 커다란 궁금증이 남는다. 이런 사기꾼들은 자신들의 사기 행각을 감추기 위해서, 그리고 일이 터졌을 때 살아남기 위해서 일종의 구명활동을 하지 않았을까. 당연히 했을 것이다. 특히 핵심 권력기관인 청와대, 집권 여당, 금융위원회, 검찰, 이런 곳에 갖은 인맥을 활용하려 했을 가능성이 높고, 일종의 보험금처럼 뇌물을 상납하려고 시도했을 가능성이 높은 것이다.

실제로 옵티머스 김재현 대표가 작성했다는 '대책 문건'은 이미 검찰에 확보돼 있다. 이 문건에는 청와대 실장급·비서관급 5명, 민주당 인사 7~8명을 포함해서 정·관계 기업인 등 20여 명의 이름이 실명으로 등장하고 있다고 한다. 물론 검찰에서는 부분적으로 부인하고 있다고 한다. 또 옵티머스의 감사역을 맡고 있는 윤석호 변호사가 '펀드 하자瑕疵 치유 관련'이란 문건도 만들었는데, 여기에는 이런 대목이 나온다. '이혁진 전 옵티머스 대표이사가 민주당과의 과거 인연을 매개로 국회의원, 민주당 유력 인사 및 정부 관계자들에게 거짓으로 탄원, 이를 해결하는 과정에서 민주당 및 정부 관계자들이 당사(옵티머스)와 직간접적으로 연결.' 더 나아가 권력 실세들이 더 직접적으로 개입돼 있다는 정황도 나와 있다. 문건에는 이렇게 표현돼 있다. '이혁진 문제의 해결에 도움을 줬던 정부 및 여당 관계자들이 프로젝트 수익자로 일부 참여돼 있고, 펀드 설정·운용 과정에서도 관여가 돼 있다.' 정부 여당 사람들이 옵티머스의 수익자였으며, 그러니까 돈을 받아갔으며, 펀드 운용에도 관여했다고 주장하고 있는 것이다.

또한 조선일보 보도에 따르면 옵티머스의 감사역 윤석호 변호사의 처 이 모 행정관이 청와대 민정수석실에 근무하기 전부터 옵티머스의 지분 9.8%를 소유한 대주주였다는 것이 드러났다. 또 이 모 행정관이 청와대에 근무할 때 추미애 법무부 장관은 서울 남부지검에 있는 증권범죄합동수사단을 해체했으며, 이 모 행정관은 자신이 보유한 9.8%의 주식을 김재현 대표의 비서가 소유한 것처럼 거짓으로 차명 전환했다는 의혹을 받고 있다. 이 행정관은 2020년 6월 청와대를 사직했는데, 그녀가 청와대에 남아 있으려 한 이유는 '옵티머스에 대해 예상되는 금융 당국의 조사와 검찰 수사를 저지·지연시키기 위해 모종의 역할을 한 것 아니냐.'는 의혹이 제기됐다.

또 이와 별도로 서울 남부지법 법정에서는 검찰조차 예상하지 못했던 폭로가 나왔다. 옵티머스 사태와 아주 흡사한 사건으로 무려 1조6천억 원의 피해를 낸 '라임 사태'라는 것이 있다. 이 역시 '라임Lime'이라는 자산운용사가 좀비 기업에 투자하는 등 편법 거래를 일삼고 부정하게 수익률을 관리하다가 '환매 중단' 사태가 벌어진 사건, 즉 파산해버린 사건을 말한다. 이후 구속된 그 관련자들이 재판을 받는 과정에서 라임 자산운용사의 실소유주인 김봉현이라는 사람이 '당시 강기정 청와대 정무수석에게 현금 5천만 원을 전달했다.'고 법정 증언을 한 것이다. 광주MBC 사장을 지낸 이강세라는 사람을 통해서 줬다는 것이다. 그 돈으로 청와대 정무수석을 움직이고, 그가 다시 김상조 청와대 정책실장을 움직이면, 김상조 실장이 금감원의 조사를 무마시켜줄 수도 있다는 기대감 때문이었을 것이다.

그런데 증언이 아주 구체적이다. 이렇게 돼 있다. '2019년 7월 27일 이강세 대표가 강기정 당시 청와대 정무수석을 만나러 간다고 하길래 집에 있던 돈 5만 원권으로 5천만 원을 쇼핑백에 담아 넘겨줬다. 이강세 대표가 전화를 해서 내일 강기정 정무수석

을 만나기로 했는데 비용이 5개가 필요하다고 했다. 큰 거 1개는 1억 원, 5개는 5천만 원이다.'

물론 예상했던 대로 강기정 전 정무수석은 펄쩍 뛰고 있다. "완전 허위다. 민·형사를 비롯해 할 수 있는 모든 법적 대응을 강력히 취하겠다."고 반박했다. 이강세 씨에게 돈 전달의 근거로 볼 수 있는 정황은 있다. 김봉현 씨가 이강세 씨에게 돈을 전달하는 장면이 담긴 CCTV 화면이 있다. 호텔 이름까지 나와 있다. 그러나 강기정 전 수석은 한사코 부인하고 있다. 그는 이강세 씨를 만난 것까지는 인정하고 있는데, 돈 받은 사실은 없다는 것이다. 물론 '배달 사고'가 있었을 수도 있다. 다만 뇌물사건에서 돈을 받은 사람이 자백하는 경우는 거의 없다고 보면 된다. 돈을 준 사람은 위증일 경우 형사처벌을 받을 각오를 하고 법정 진술을 하고 있는 것이다. 김봉현 씨는 돈 받은 쪽에 대한 검찰 조사가 흐지부지될 기미를 보이자 법정에서 폭로를 한 것으로 보인다.

강기정 전 정무수석은 언론사 제소, 그리고 관련자 고발을 준비하고 있는 것 같다. 국민은 원하고 있다. 이왕 제소를 한다면 끝까지 진실이 밝혀지기를 바라고 있는 것이다. 돈을 준 사람은 있는데, 돈을 받은 사람은 없는, '코리안 미스터리'가 마치 무슨 진실게임처럼 벌어지고 있는데, 김은혜 국민의힘 대변인은 "권

력형 게이트의 그림자가 어른거린다."고 했다. 옵티머스 수사 과
정에 드러난 정·관계 실세 명단 20명, 그 내용을 밝혀야 할 것이
고, 강기정 뇌물 수수 의혹도 끝까지 진실을 밝혀야 할 것이다.

대표적 불공정은 대통령 자신

공정公正

'공정公正'이란 말은 공평하고 올바르다는 뜻이다. 참으로 좋은 의미를 품고 있다. 정부 기관 이름에도 붙어 있다. 일반적으로 공정함이 가장 중요한 가치로 적용되어야 할 영역은 바로 상商 거래와 뉴스 보도라고 할 수 있다. 그래서 정부에는 공정거래위원회가 있고, 각 언론사에는 공정 보도위원회라는 내부 조직을 두기도 한다. 최근 집권 여당은 '공정경제' 라는 개념을 내세워서 관련 법안을 밀어붙이고 있다. 공정경제란 '일한 만큼 정당한 보상을 받을 수 있고, 대등한 위치에서 경쟁할 수 있는 경제 구조를 만드는 정책'이다. 그러나 겉으로는 이처럼 화려한 수식어를 가진 정책이 실제로는 국가 경제를 가라앉히는 쪽으로 작동할 수도 있다. 대등한 위치에서 경쟁하게 만들려면 아무래도 대기업보다는 중소기업, 경영진보다는 노조 쪽에 일방적으로 힘이 실리는 법안을 만들게 되고, 그에 따라 경제 활력이 크게 위축될 수도 있기 때문이다.

문재인 대통령이 '청년의 날' 기념사를 했다. 상당히 긴 분량이다. 글자 수로 3450 글자, 200자 원고용지로 32장 분량이다. 지난 1년 '조국 사태'와 '추미애 사태'를 겪으면서 문 대통령에 대한 2030 세대, 즉 청년들의 지지가 크게 흔들리고 있는 것을 감안한 듯 무척 공을 들인 기념사 원고였다. 그러나 청와대의 대통령 연설문 팀이 기념사 초안을 아무리 다듬고 또 다듬어도 그 속에는 문 대통령의 속생각이 고스란히 드러나기 마련이다.

문 대통령 기념사에 담긴 '공정公正'의 문제를 깊게 파들어 가보면, 문 대통령은 이날 기념사에서 공정이란 단어를 무려 37번이나 사용했다. "정부는 기회의 공정을 위해 최선을 다하겠습니다."라는 말을 시작으로, "공정에 대해 허심탄회한 이야기, 불공정하다는 청년들의 분노, 공정은 촛불혁명의 정신, 공정경제." 등등 정말 공정으로 시작해서 공정으로 끝을 맺는 기념사였다. 고장난 축음기도 아닐 텐데 정말 너무 심하다 싶을 정도로 공정을 되풀이하고 있었다. 청년의 날 기념사가 아니라 공정의 날이라도 되는 줄 알았다. 그만큼 문 대통령도 요즘 청년들에게 공정이란 가치가 가장 큰 문제라는 것을 알고 있었다는 뜻이다.

그렇다면 공정이란 무엇인가. 공변될 공公, 바를 정正, 공정公正, 공평하고 올바름. 이것이 사전적 의미일 것이다. 공정이란 스포츠 경기에서 말하는 페어플레이를 뜻하는 것이라고 본다. 어떤 규칙이 됐든, 어떤 벌칙이 됐든, 나한테 적용되면 상대방에게도 똑같이 적용되는 것, 그 경기를 맡은 심판이 그것을 똑같이 적용해주는 것, 이것이 바로 페어플레이, 공정이라는 것이다.

부산 의전원 입학과 장학금, 인턴십과 논문 제1 저자 등등이 조국 전 법무부 장관 딸에게 주어졌다면 우리 집 딸에게도 똑같이 주어지는 것. 추미애 법무부 장관 아들에게 휴가명령서 없이, 그리고 전화 한 통만으로 무려 23일간에 걸친 연속 휴가가 가능했다면, 내 아들에게도 똑같이 적용돼야 하는 것이 바로 페어플레이요, 공정이라고 하는 것이다. 내 딸과 내 아들에게는 그렇게 할 수 없다면, 나중에라도 조국 딸과 추미애 아들에게 제재가 가해져 원상복구해야 하는 것이 그것이 공정인 것이다.

그런데 문 대통령의 '청년의 날' 기념사는 공정 얘기를 꺼내면서 대뜸 편 가르기부터 시작했다. "오늘 저는 여러분과 우리 사회의 공정에 대해 허심탄회한 이야기를 하고 싶다."고 말머리를 꺼내더니 이어서 이런 말들을 쏟아냈다. "기성세대는 오랫동안 특권과 반칙이 만연한 사회에 살았습니다. 기득권은 부와 명예를 대물림했습니다. 정경유착은 반칙과 특권을 당연하게 여겼습니다. 독재권력은 이념과 지역으로 국민의 마음을 가르며 구조적인 불공정을 만들었습니다." 이렇게 죽 열거한 다음 문 대통령은 청년들을 추켜세운 뒤 자신의 정부를 자화자찬한다. "우리 정부 또한 청년들과 함께하고자 했고, 공정과 정의, 평등한 사회를 위해 한 걸음씩 전진하고 있습니다."

문 대통령은 '기성세대가 특권과 반칙의 사회에 살았다.'고 했다. 이 말은 은근하고 교묘한 어법으로 기성세대와 청년세대를 편 가르기를 하고 있다. 문 대통령에게 묻고 싶다. 과거 우리나라에 특권과 반칙이 있었다면, 지금은 전혀 없다는 뜻인가. 과거에 특권과 반칙이 있었다면, 그것은 오로지 지금의 기성세대 탓이라고 본다는 것인가. 지금의 어버이 세대가 있었기에 오늘날 대한민국이 이만큼 먹고 살 수 있는 나라가 됐다는 것을 깡그리 무시하는 발언인가. 문 대통령 자신과, 586 운동권 집권세력은 지금 우리나라에서 가장 콘크리트처럼 단단한 기득권 기성세대가 돼 있다는 것을 부인하는 것인가.

　문 대통령은 또 '기득권은 부와 명예를 대물림했다.'고 했다. 이것은 또 무슨 말인가. 말을 똑바로 해보자. 지금 우리나라에서 전·현직 법무부 장관 조국과 추미애 두 사람의 자식들만큼 부와 명예를 대물림한 청년들이 또 있다고 보는가. 아파트를 여러 채 갖고 있는 청와대 사람들, 집권 세력과 국회의원들, 이 사람들만 한 기득권이 어디 있으며, 그 자식들만큼 '금수저'를 대물림 받은 청년들이 어디 있겠는가. 문 대통령은 지금 본인이 무슨 말을 하고 있는지 알고 하는 말인가. 불우한 환경에서 태어나 아직도 어려움을 겪고 있는 청년들의 분노심을 자극할 발언이 아니라면 왜 청년의 날 대통령의 입에서 기득권의 대물림에 관한 얘기가 나온단 말인가.

문 대통령은 이어서 '정경유착이 반칙과 특권을 당연하게 여겼다.'고 했고, '독재 권력이 구조적 불공정을 만들었다.'고 했다. 대통령은 정경유착이란 말을 함으로써 혹시나 일부에 있을지 모르는 청년들의 반反기업 정서에 불을 붙이려 하고 있다. 만에 하나 정경유착 비슷한 것이 있었다면 지금도 볼 수 있듯이 정권이 기업을 발밑에 엎드리게 했을 뿐이지 그게 어떻게 유착이 될 수 있겠는가. 문 대통령은 지금 언제 적 이야기를 하고 있는 것인가. 문 대통령은 불공정에 대해 독재 권력 탓을 하고 있다. 문 대통령에게 묻는다. 지금 우리나라 청년이 느끼는 불공정이 혹시 30년 전 권위주의 정권 탓이라고 말하고 싶은 것인가. 정말 그런가. 아니면 김대중·노무현·문재인, 당신들 정권 말고, 이명박·박근혜 정권만 독재 정권이었다는 뜻인가. 지금 그 탓을 하고 있는 것인가. 많은 지식인들이 문재인 정권을 '유사類似 전체주의'라고 부르고 있다는 것을 문 대통령은 못 들어봤는가.

문 대통령은 이렇듯 편 가르기, 즉 기성세대와 청년세대로 세대 가르기, 빈부 가르기, 과거·현재 가르기를 한 다음, 오로지 문재인 정부만 공정으로 나아가고 있다고 자화자찬을 하고 있다. 좀 염치없는 기념사를 하고 있다는 것을 본인은 아는지 모르는지 안타깝다.

행복한 사람은 행복을 드러내지 않는다. 행복은 자기 안에 있다. 공정도 마찬가지다. 공정은 자기 안에 있다. 공정은 대통령 자신 안에 있다. 우리가 진정 공정한 사회에 살고 있으면 대통령이 37번씩이나 공정을 외치지 않는다. 결론은 이렇다. '대통령이 공정하면 온 나라가 공정해진다.' 댓글 하나 소개해드린다. 윤모 씨가 쓴 댓글이다.

　─오직 한 사람만 몰라. 딱 한 사람만 공정하면 다 해결될 일 인데.

정권을 향한 감사원의 준법 투쟁

준법 투쟁

위키백과 사전에는 준법 투쟁을 다음과 같이 풀이하고 있다. 그대로 옮겨 싣는다. '준법 투쟁遵法鬪爭은 쟁의 행위의 하나로서, 작업장에서 필요한 업무를 최소한으로만 유지하거나 보안규정이나 안전규정을 필요 이상으로 아주 엄격하게 준수함으로써 작업능률과 생산능률을 일부러 저하시키는 투쟁방식이다. 준법 투쟁은 일부러 작업 능률을 저하시킨다는 점에서 태업과 유사하며 의식적으로 업무를 방해하거나 기물을 파손하는 사보타주와는 달리 합법적인 쟁의 방법이다. 일반적으로는 파업이나 직장폐쇄보다는 덜 공격적인 방법이며 단지 규칙을 준수하는 것이므로 징계를 피할 수 있다. 예로는 간호사들이 전화를 받지 않는 것, 학교 교사가 학생들에게 추천장을 써주지 않는 것, 철도 노동자가 안전 규칙을 정확히 지켜 연착을 유도하는 것 등이 있다.'

파업을 준비하는 노조를 보도하는 언론이 흔히 쓰고 있는 말 중에 '준법 투쟁'이라는 말이 있다. 사실은 이 말처럼 내부 모순을 안고 있는 말도 없다. 법을 지키겠다는 '준법'이 어떻게 '반정부 투쟁' 혹은 '회사를 상대로 한 투쟁'이 될 수 있는가. 가령 시내버스 기사들이 회사와 다툼이 벌어지면 모든 신호등과 교통 법규를 정확하게 지키는 준법 투쟁을 하겠다고 했다. 곰곰이 따져보면 말도 안 되는 어이없는 일이다. 그러니까 거꾸로 뒤집어보면, 평소에는 신호등을 무시한 채 빠른 시간 안에 가장 많은 손님을 태워서 회사 이익을 극대화시키는 쪽으로 운행을 해왔으나, 이제 회사와 분규가 생겼으니 신호등을 제대로 지켜서 회사에 손해를 끼치겠다는 뜻인 것이다. 그 내용은 알겠는데, 준법이 투쟁이 된다는 것을 우리 아이들에게 어떻게 가르쳐야 할까 난감할 따름이었다.

최근 우리는 최재형 감사원장이 이끄는 대한민국 감사원이 문재인 대통령과 청와대를 상대로 매우 긍정적이고 바람직한 준법 투쟁을 벌이는 상황을 목격하고 있다. 그 이전까지 감사원은 문 대통령과 청와대가 무슨 성역이라도 되듯이 눈감고 넘겨줬다면 이제는 눈을 부릅뜨고 관련 법규나 정부 법령에 어긋난 점을 낱낱이 지적하고 있는 것이다. 감사원이 발표한 적발 사례를 보자. 첫째, 대통령 직속 자문위원회인 국가균형발전위원회는 2019년 1월부터 2020년 1월까지 13개월 동안 송재호 위원장에게 월 4백만 원을 지급했다. 모두 5천2백만 원이다. 국가균형발전위원장은 비상임이기 때문에 고정급처럼 이런 돈을 받으면 안 된다. 엄연한 관련 법령 위반이다. 그 후임인 김사열 경북대 교수에게는 이런 지급이 없었다.

둘째, 대통령 직속 일자리위원회는 2017년 6월부터 이듬해 2월까지 아홉 달 동안 이용섭 부위원장에게 월 6백28만 원씩 모두 5천5백13만 원을 지급했다. 2018년 4월부터 2020년 2월까지 11개월 동안 이목희 부위원장에게도 월 6백41만 원씩 1억4천99만 원을 줬다. 이것도 관련 법령을 위반한 것이다. 2020년 2월부터 부위원장인 김용기 아주대 교수에겐 지급하지 않았다. 다음은 셋째 사례다. 대통령 직속 경제사회노동위원회는 문성현 위원장에게 2017년엔 월 6백7만 원씩, 2018년~2019년엔 월 6백38만 원씩, 2020년에는 월 6백49만 원씩 지급했다. '조력자에게 주는 사례금' 형식만 가능할 뿐인데 사실상 급여처럼 지급해온 것이다. 이것도 관련 법령에 어긋난다고 봐야 한다.

여기서 고정급인 월급처럼 돈을 받아온 인사들의 공통점은 무엇일까. 그렇다. 바로 문재인 대통령의 최측근이란 점이다. 송재호 전 위원장은 2017년 대선 당시 문재인 후보의 자문기구인 국민성장위원회 위원장을 지냈다. 이용섭 광주시장은 2017년 대선 때 문재인 후보의 비상경제대책 단장을 맡았다. 이목희 전 의원은 2012년 대선 때 문재인 후보의 캠프 기획본부장을 맡았다. 따라서 문 대통령이 자신의 측근들을 나중에 알뜰하게 챙겨줬다는 느낌을 지울 수가 없다.

감사원은 청와대 감사 결과를 공식 발표했다. 자, 그렇다면 해마다 하는 정부 감사에서 몰랐던 이런 일들이 왜 몇 년 뒤에 밝혀지고 있을까. 그렇다. 정치권도 놀라고 있다. '감사 결과도 이례적이고, 감사 결과를 공표했다는 것도 이례적이다.'는 반응이다. 예전에는 이런 문제가 적발되어도 '앞으로 잘해봅시다.' 정도로 그냥 넘어가곤 했는데, 이제는 최재형 감사원장의 강력한 의지가 반영되고 있다는 것이다. 다시 말해 감사원이 문재인 대통령을 상대로 긍정적인 준법 투쟁을 벌이고 있다고 봐야 한다는 것이다. 실제로 감사원의 국가기관별 감사 통계를 보면 대통령실은 2016년 0건, 2017년 2건이었는데, 최재형 원장이 부임한 이후 대통령실에 대한 감사 결과는 2018년 8건, 2019년 7건으로 늘었다.

감사원은 또 대통령실이 2020년 5월 어린이날 기념 영상을 만들면서 법에 규정된 절차를 거치지 않고 용역업체에 5천만 원을 지급했다는 감사 결과를 발표했다. 그런데 감사원은 여기에 그치지 않았다. 대통령실에 이런 주의를 통보했다고 한다. '사후 계약을 체결하는 등 국가계약법 11조를 위반해서 계약 질서를 어지럽혔습니다.' 다시 말해 대통령실이 관련 법규를 위반해서 우리나라 계약 질서를 어지럽혔다는 따끔한 지적인 것이다. 국민들은 이전 감사원에서 볼 수 없었던 일을 경험하고 있다.

감사원이 이처럼 지적만 하고 넘어가야 할까. 뭔가 사후 조치가 있어야 하지 않을까. 대통령 직속 자문기구에서 수천만 원씩 뭉텅이 돈이 잘못 지급됐다면 받은 사람에게서 그 돈을 환수하든지, 아니면, 그게 현실적으로 가능하지 않다면 세금으로 지급된 그 돈을 누군가에게서 받아내야 하지 않겠는가. 국민에게는 법으로 보장된 구상권求償權이라는 게 있다. 다른 사람을 위해 빚을 갚은 사람이 있다면 그 사람이 원래 채무자에게 돈을 갚아달라고 요구할 수 있다는 권리다. 국민이 주인인 세금을 대통령 최측근 위원장들에게 잘못 지급했다면 그 원인 제공자인 대통령이 개인 돈으로 그것을 물어내야 할 것이다.

문 대통령의 두 가지 정치 쇼

정치 쇼

정치를 한마디로 정의하는 시사적 표현들이 있다. 흔히 '살아 있는 생물', 혹은 '말잔치'라고들 한다. 또 정치는 콘텐츠가 아니라 이미지라는 말도 한다. 지금은 인터넷과 비디오가 주도하는 시대다. 정책과 콘텐츠는 이미지와 감성 앞에 맥을 못 춘다. 선거를 앞두고 정책으로 차별성을 드러내는 것은 너무 어렵다. 때로는 불가능에 가깝다. 상대 당이 제법 훌륭한 정책을 내놓으면 그것을 밤새 베껴서 이튿날 더 훌륭한 콘텐츠로 재탕 삼탕 할 수도 있다. 이념적으로 차별성을 드러내는 것은 자칫 위험 부담이 커진다. 상대 당이 쉽게 모방할 수 없고, 한번 차별화에 성공하면 효과까지 확실한 것이 바로 이미지와 감성 정치다. 그래서 이벤트를 하고, 쇼를 한다. 이런 쇼가 정치 도의적으로 합당한 것이냐고 묻는 것은 별 의미가 없다. 선거를 지고 나면 그런 질문은 허탈할 뿐이다.

우리는 전 국민들을 상대로 한 문재인 정권의 화려한 쇼 두 개를 보고 있다. 하나는 청와대·정부 고위공직자와 여당 의원들을 상대로 한 '아파트 매각 쇼'와 다른 하나는 윤석열 검찰총장을 찍어 누르려는 법무부 장관 '추미애 쇼'다.

지금 정부와 여당은 부동산 시장을 안정시키는 방안으로 '징벌적 과세'를 강화하려고 한다. 징벌적 과세란 상대가 나쁜 짓을 했다고 가정하고 그 사람에 대해서 최대한 세금을 많이 매겨 벌을 준다는 뜻이다. 그러나 이것은 대단히 반反헌법적이고 반反시장적이다. 지금 문재인 정권은 서울 강남에 집을 가진 사람과 집을 전국적으로 여러 채 가진 사람을 마치 범죄 집단처럼 몰아세우고 있는데, 그 사람들은 법을 어긴 사람들이 아니다. 자유시장 경제를 기본 이념으로 하는 국가에서 자신의 최대 이익을 좇아 가장 현명한 선택을 한 사람일 뿐이다. 그런데 종부세 4% 얘기가 벌써 나온다. 10억 원짜리 아파트를 가진 사람에게 해마다 세금 4천만 원을 때리겠다는 뜻이다. 거래세에 해당하는 취득세·양도세도 취득세는 최대 15%, 양도세는 최대 80%를 물린다는 얘기까지 나오고 있다.

경실련 김헌동 부동산건설개혁 본부장은 이렇게 말했다. "이 정부는 무엇이 잘못되었냐 하면, 집을 가지고 있는 개인을 규제하거나 통제하거나 고통을 줘서 집값을 잡으려고 하는데, 개개인이 집값을 올리는 게 아니다. 정부가 투기를 조장했기 때문에 올라가는 것이다." 그러다 보니 이러한 정책 속성과 정보에 제일 빠삭한, 집 여러 채 가진 고위 공직자들부터 꼼수를 부리는 사례가 늘어난다. 대표적인 꼼수를 선보인 부동산 프로 선수는 여당 쪽에서는 박병석 국회의장, 청와대에서는 노영민 대통령 비서실장이 구설에 올랐다.

박병석 의장은 지역구인 대전의 아파트를 아들에게 증여하고, 대신 서울 반포동 70억 원짜리 아파트는 그대로 보유하기로 했다. 왜냐하면 양도세보다 증여세가 적게 나오거나 비슷하기 때문이다. 이것을 처음에는 '대전 아파트를 처분하고 월세를 산다.'고 보도 자료를 냈다가 갖은 망신은 다 사고, 지역구 주민들에게 욕이란 욕은 다 얻어먹고, 사람 쩨쩨하다는 소리만 듣고 있다. 윤호중 민주당 사무총장도 집 한 채를 아들에게 증여해 여론의 뭇매를 맞았다. 청와대 노영민 대통령 비서실장은 반포 집을 판다고 했다가 50분 만에 다시 청주 집을 판다고 발표를 뒤집어서 욕을 먹더니 여러 압박에 못 이겨 다시 반포 집을 판다고 했다. 이것 역시 양도세를 물 때 청주 집을 먼저 파는 것이 3억 원쯤 절세를 하기 때문이라는 해석이 나와 다시 한 번 국민들을 실망시키고 있다. 너무 서글퍼서 헛웃음이 나올 지경이다. 정부·여당의 최고 윗사람에 해당하는 두 사람이 그 지경이니 다른 사람은 볼 필요도 없다.

동아일보는 이런 1면 톱 제목 달았다. '정부·여당의 부동산 위선에 민심은 뿔이 났고, 불난 집 같은 여권은 다주택 매각하라고 야단법석이다.' 국민들의 분노가 치솟는 이유는 국민들에게는 집을 팔아라, 아직 안 사도 된다고 해놓고, 자기들만 최고 요지에 집을 몇 채씩 갖고 있기 때문이다. 분노, 배신감, 허탈, 좌절감, 이런 것들이 국민들이 느끼는 감정이다. 중앙일보 1면 제목은 '집 파느니 공무원 승진 포기, 부동산 광기狂氣 시대.'라고 했고, 조선일보는 1면에 '지금까지 한 번도 경험 못한 부동산 세금 쓰나미가 몰려온다.'고 했다.

정세균 국무총리는 "다주택 고위 공직자는 하루빨리 집을 매각하라."고 지시했다. 이것이 권고가 아니라 강압적 지시라면 반헌법적일 뿐 아니라 법률 위반일 수 있다. 물론 집 여러 채 가진 공무원을 옹호할 생각은 추호도 없다. 그러나 사유 재산권은 그 어떤 기본권보다 보호받아야 하는데, 그것에 대해 국무총리가 이래라 저래라 하는 것은 분명한 직권 남용일 수가 있는 것이다. 그렇다 하더라도 이런 총리의 지시를 듣는 공직자는 거의 없을 것이다.

문재인 정권은 분명히 깨달아야 한다. 지금 국민에게 꼭 필요한 것은 분노 달래기보다 제대로 된 부동산 정책이다. '평생 내 집 마련은 힘들겠다.'고 좌절한 30·40 세대에게 '내 집을 장만할 수 있다.'는 희망을 불어넣어 줘야 한다. 마치 보복하듯이 징벌적으로 거래세·보유세 인상을 추진했다가 역효과만 봤던 때가 노무현·문재인 정부 시절이다. 경제가 가라앉으면서 법인세가 줄어드는데도 불구하고 문재인 정권은 모든 것을 예산확대와 돈 푸는 것으로 해결해오면서 '재정 중독'에 빠져버렸고, 그걸 충당하려고 세금 거둬들이는 데만 혈안이 돼 있는 것이다.

문재인 정권이 지난 3년 동안 21번이나 실패한 부동산 정책을 여기 일목요연하게 정리하면 이렇다. 첫째, 대출을 조여라. 둘째, 규제 지역을 늘려라. 셋째, 세금폭탄을 안겨라. 넷째, 특목고를 없애라. 이런 것들은 모조리 거꾸로 가버린 정책이다. 그 결과 서울 중위 아파트 값은 역대 최고치로 치솟아 문재인 정부 출범 이후 52%가 올랐다. 그렇다면 정답은 무엇인가. 재건축·재개발을 늘리고, 용적률을 높이며, 거래세를 낮춰 매물을 유도하는 것이다. 그래서 국민 모두가 살고 싶은 지역에 공급 물량을 대폭 늘리는 것이다. 부동산 정책을 결정하는 국회 상임위에 아파트 여러 채 가진 의원들이 대거 몰려 있으니 올바른 대책이 나올 수가 없다. 이러면서 정권은 공격 대상을 만들어 책임을 전가하는 정치 쇼를 벌이고 있는 것이다. 바로 집을 가진 자와 못 가진 자, 이런 편 가르기로 쇼를 하고 있지만 국민은 집권 세력이 가장 추악한 방식으로 집을 가진 자들이라는 것을 알게 됐고 이제는 더 이상 속지 않을 것이다.

마지막으로 문재인 정권은 법무부 장관을 앞세워 '추미애 쇼'

를 벌이고 있는데, 이제 제발 그만하기 바란다. 경기도 화성에 있는 사찰 용주사에 들어간 추미애 장관은 자신의 뒷모습을 찍어 페이스북에 올렸다. 휴가 중이라는 추 장관이 9일 오전 10시까지 무슨 최후통첩을 발령하고, 검찰총장은 '독립수사본부'라는 절충안을 내놓고, 1시간 40분 만에 추 장관은 그걸 전격 거부하는 일련의 화려한 쇼를 선보였다. 휴가 중이라는 것도 쇼고, 절집에 들어가 뒷모습 사진을 찍는 것도 쇼고, 자신의 '문언文言대로 하라.'는 잘 쓰지도 않는 표현을 동원하여 최후통첩을 발령하는 것도 쇼고, 그것에 대한 반응을 다시 거부한 것도 쇼다. '쇼'의 측면을 걷어내면, 법무부 장관이 검찰총장의 지휘권을 박탈한 조치는 '형성적形成的 처분'이니 만큼, 다시 말해 특허特許처럼 주고 빼앗을 수 있는 단독 공법 행위이니만큼 사실상 검찰총장은 지휘권을 상실한 것이나 같다. 이제 머지않아 추 장관은 윤 총장에게 직무 정지를 선언할지도 모른다.

그러나 사태를 더 간단히 요약하면 이렇다. 추미애 장관은 자신의 손발인 이성윤 서울중앙지검장에게 전권을 줘서 채널A와 한동훈 검사장을 손보겠다는 것이고, 반대로 윤석열 검찰총장은 이번 사태를 크게 불거지게 만든 MBC와 최강욱 열린민주당 대표까지 조사하겠다는 것이었다. '검언유착'이냐 '권언유착'이냐, 이 시각차이라고도 볼 수 있다. 국민들은 답답하다. 무슨 조폭 영화를 보는 것도 아니고, 이왕 이렇게 된 것이니 정권이 솔직하기라도 했으면 하는 것이다. 차라리 임명권자인 문재인 대통령이 눈엣가시 같은 윤석열 검찰총장을 당장 해임하든지, 아니면 더불어민주당이 윤 총장에 대한 탄핵 절차를 밟으라는 것이다. 그 다음은 국민이 알아서 할 테니 차라리 해임하든지 탄핵하라는 것이다. 또한 공수처 출범을 앞두고 검찰과 언론에 재갈을 물려 놓으려는 추미애 쇼를 당장 그만두라는 요구인 것이다.

펀드 사기의 끝판왕 옵티머스

정치권의 뒷배 봐주기

사업을 하다보면 길목이 막힐 때가 있다. 돌연 암초가 버티고 있을 수도 있다. 이런 암초는 대개 대출을 맡고 있는 은행, 독과점 여부 및 인수 합병을 심사하는 공정거래위원회, 돈의 흐름을 감시하는 금융감독원, 횡령과 배임 의혹을 들여다보는 검찰 등에서 튀어나올 수 있다. 이런 곳에도 막혔던 길목을 터주는 역할 담당이 필요할 것이다. 그러나 더 확실하고 효과적인 것은 정치권 실세가 뒷배를 봐주는 것이다. 청와대의 고위직을 뜻하는 '나으리' 혹은 집권 여당의 실세 의원이 전화 한 통 걸어주는 것이 훨씬 도움이 될 때가 많다. 물론 세상에 공짜는 없다. 반드시 뭔가가 오고 간다. 전화 한 통에 몇천만 원짜리가 있을 수 있고, 몇억 원짜리, 아니 몇 십억 원짜리가 있을 수 있다. 2조 원이 움직이다가 길목이 막혔는데 그것을 뚫어줬다면 그것의 1천분의 1인 20억 원은 돈도 아니다. 이렇게 뒷배를 봐주는 실세 큰손은 현직이면 더 좋겠으나 그만큼 위험 부담이 크다. 결과만 확실하다면 현직에게 선배님 소리를 들으며 깍듯한 대접을 받는 전직 실세가 더 좋을 수도 있다.

한 신문은 1면 톱 제목을 이렇게 붙였다. '옵티머스, 펀드 사기의 끝판왕이었다.' 옵티머스 뒤에 정권의 그림자가 어른거린다. 간략하게 요점만 살펴보면 이렇다. 2017년 6월, 옵티머스라는 자산운용사가 앞서 있던 회사 이름을 바꿔서 새로 생겼다. 당시의 대표는 이혁진이란 인물이었다. 옵티머스optimus는 라틴어로 '가장 훌륭한, 최선의, 대단히 착한 사람들, 귀족' 이런 뜻을 갖고 있다고 이 회사의 홈페이지에는 소개돼 있다. 그런데 지금 와서 알고 보니 대단히 착한 사람들이 아니라 사기의 끝판왕들이었다.

이 회사는 공공기관의 매출채권을 사들이겠다고 약속하면서 투자자들을 모았다. '매출채권'은 물건을 외상으로 팔고 받은 약속어음을 말한다. 일반 서민들이야 옛날에 구멍가게에서 외상으로 두부·콩나물도 사고 소주도 사는 외상거래를 했지만 기업은 요즘도 외상거래를 한다. 그런데 그 매출채권을 일반 민간 기업이 아니라 공공기관에서 발행한 매출채권이라고 하니 매우 안정성이 확보된 투자처라고 할 수 있는 것이다. 2020년 우리나라에 340개 공공기관이 있는데, 예를 들면 한국전력공사, 한국가스공사, 국민연금공단, 이런 곳이다. 한마디로 회사가 망할 것이란 걱정을 안 해도 되는 곳들이다.

그래서 투자자들이 몰렸다. 요즘 같은 저금리 시대인데도 불구하고 '만기 1년 미만'에 '연 3%대 수익'을 보장하겠다고 하니 지난 3년간 2조 원이 넘는 투자금이 모인 것이다. 그런데 알고 보니 옵티머스는 이 투자금을 공공기관 매출채권을 사들이는 데 쓴 것이 아니라 자신들과 관련이 있는 '비상장 민간기업의 사모채권'을 사들였던 것이다. 민간기업 채권은 공모채권이 있고 사모채권이 있는데, 공모채권은 금융감독원에 증권 신고서를 제출하고 50인 이상의 투자자에게 발행되는 채권이고, 사모채권은 50인 미만의 소수의 한정된 투자자를 대상으로 발행되는 채권이다. 그렇게 해서 옵티머스는 어떻게 됐을까. 지난 3년간 모은 2조 원 중에 1조5천억 원은 투자자들에게 돌려줬고, 즉 환매가 됐고, 5천 2백억 원 정도가 남아 있다. 그런데 이중 1056억 원은 환매가 연기된 상태이고, 4천1백억 원은 상환이 어렵다고 보고 있다. 쉽게 말해 투자자들은 5천2백억 원을 돌려받지 못하게 됐다는 뜻이다.

그렇다면 왜 이런 일이 벌어졌을까. 어떻게 옵티머스는 공공기관 매출채권에 투자한다고 해놓고, 실제로는 비상장 기업 사모채권에 투자했다가 막대한 손실을 입고 마는 대범한 사기를 저지를 수 있었을까. 여기에는 정말 어떤 일들이 벌어졌던 것일까. 내로라하는 국내 굴지의 금융회사, 감독기관들이 하나같이 눈을 감고 있지 않으면 도저히 불가능한 일들이 일어난 것이다. 서류를 위조하거나 조작하는 범행을 저지르지 않으면 할 수 없는 일들이 버젓이 진행됐던 것이며, 그 뒷배를 봐주는 정치권의 비호가 없으면 도저히 불가능했던 일이 생긴 것이다.

먼저 옵티머스 펀드 상품 판매는 6개 증권사가 맡았는데, 그 대부분을 NH투자증권이 판매했다. 즉 NH투자증권이 투자자들로부터 돈을 모아온 것이다. 이렇게 모은 돈을 보관하면서 옵티머스의 지시에 따라 여기저기에 투자하는 수탁 책임을 맡았던 금융사는 하나은행이었다. 그리고 이러한 투자금을 어디에 어떻게 운용하고 있는지 운용 자료를 받아보는 곳은 한국예탁결제원이었다. 그렇다면 NH투자증권, 하나은행, 한국예탁결제원, 그리고 이들을 총괄적으로 지휘 감독하는 금융감독원은 옵티머스의 사기 행각을 정말 모르고 있었을까. 아니면 뭔가 낌새를 눈치 채고 있었지만, 자신들의 힘으로는 어떻게 할 수 없는 정치적 실세가 배경으로 작동하고 있었을까. 그렇다면 우리는 당연히 2017년 6월까지 옵티머스 대표였던 이혁진, 올해 쉰세 살, 이 인물을 알아보지 않을 수 없고, 그리고 그 뒤를 이은 김재현 대표를 알아봐야한다.

이때 떠오르는 곳이 남북경제문화협력재단, 즉 경문협이다. 이곳은 2004년 세워졌는데, 임종석 전 대통령비서실장이 2007년까지 제2대 이사장을 맡고 있었고, 2020년 6월 임종석 전 실장이 다시 이사장을 맡고 있다. 그런데 임종석 전 비서실장과 한양대학교 86학번 동기생이 바로 옵티머스 대표였던 이혁진 씨이고, 더군다나 이혁진 씨는 민주당의 송영길 의원, 우상호 의원과 함께 남북경제문화협력재단 이사로 활동했었다.

이혁진 씨는 2012년 19대 총선에서 민주통합당의 전략공천을 받아서 서울 서초갑에 출마했었고, 문재인 대통령 후보 선거캠프에서 금융정책 특보를 맡았었다. 안희정 전 충남지사, 권양숙 여사와 함께 찍은 사진도 있고, 박원순 서울시장, 조국 전 법무부 장관과도 함께 찍은 사진도 있다. 심지어 문재인 대통령에게는 귓속말을 하는 장면, 그리고 조국 민정수석과는 팔짱을 낀 사진도 있다. 그래서 이종배 통합당 정책위원장은 이렇게 말했다. "옵티머스 사태의 배후에 청와대가 있는 게 아니냐는 정황이 포착되고 있다."

그런데 이혁진 씨는 2017년 7월부터 옵티머스 경영권 분쟁을 빚고, 같은 한양대 동문인 현 김재현 씨로 대표가 바뀌게 된다. 이혁진 씨는 2009년 '에스크베리타스'라는 자산운용을 세웠다가 2015년 AV자산운용으로 사명社名을 바꿨고, 2017년 6월 이혁진의 개인 횡령 혐의가 드러나면서 2017년 7월 사명을 다시 옵티머스로 바꾸고 대표이사도 김재현으로 교체했다는 것이다. 현재 문제가 되고 있는 옵티머스의 공공기관 매출채권도 2017년 6월부터 판매를 시작해 투자금을 모은 것으로 알려졌다. 이혁진과 김재현은 사이가 틀어졌고, 그해 12월 이혁진은 김재현을 횡령·배임 혐의로 검찰 고소까지 했다고 한다.

또 하나. 옵티머스 관련해서 청와대의 행정관 부부가 등장한다. 이번 사태 관련 서류 위조 혐의로 조사받았던 윤모 변호사가 구속됐는데, 그의 부인 이모 씨는 최근까지 청와대 민정수석실 행정관으로 근무하다 옵티머스 사태가 터진 뒤 그만뒀다. 또 부인 이 씨는 청와대 근무 직전에는 옵티머스가 투자한 코스닥 상장사의 사외이사를 지냈다.

이번 옵티머스 사태에는 유난히 한양대 출신이 많이 등장한다. 이혁진 전 대표가 한양대 경제학과 86학번이고, 김재현 현 대표도 한양대 법대 89학번으로 이혁진 씨가 3년 선배다. 서류 위조 혐의로 구속된 윤모 변호사는 옵티머스 사내이사이며 한양대 법대 98학번이고, 강모 감사도 한양대 법대 출신이다. 옵티머스 펀드는 NH투자증권이 거의 다 팔았는데 옵티머스 펀드 판매를 결정한 NH투자증권 A상무도 한양대 출신으로 알려졌다. 이런 상황에서 KBS 앵커 출신인 홍모 씨가 한양대 경제학과 인맥의 핵심인데, 워싱턴 특파원 시절 임종석 전 실장을 만나 막역한 사이가 됐다고 하고, 그는 올해 남북경제문화협력재단 이사가 됐으며, 결국 한양대 무기재료공학과 출신인 임종석 전 대통령비서실장과 증권업계의 중간 연결 고리 역할을 해왔던 게 아닌지 의혹을 사고 있다.

옵티머스 자산 편입과 관련된 서류를 위조한 혐의로 구속된 윤모 변호사는 영장실질심사에서 이렇게 말했다. "옵티머스 대표가 정·관계 인맥이 있다며 겁박했다." 이혁진 씨는 2018년 3월 돌연 해외로 출국한 뒤 잠적한 상태다.

읍참마속泣斬馬謖과 법치주의法治主義

읍참마속泣斬馬謖

마속馬謖은 서기 3세기 중국 촉한의 장수다. 처음엔 제갈량의 신임을 받았으나 지금의 간쑤성에 있는 가정街亭 전투에서 참패하면서 제1차 북벌北伐을 그르친 책임을 져야 했다. 제갈량은 마속의 목을 벴다. 읍참마속을 글자 그대로 풀이하면 읍泣, 울면서, 참斬, 목을 벴다, 마속馬謖. 이런 뜻이다. 원칙을 위하여 자기가 아끼는 사람을 버린다는 의미로 널리 쓰이게 됐다. 정치 지도자는 아무리 아꼈던 부하라도 자신의 잔꾀만 믿고 보스의 큰 뜻을 그르쳤을 때는 반드시 그 책임을 물어 일벌백계一罰百戒로 삼을 뿐만 아니라 국민의 신뢰를 회복해야만 한다. 문재인 대통령에게 가장 아쉬운 점 중 하나가 전혀 읍참마속을 할 줄 모른다는 것이다.

문재인 대통령은 이제 정권의 명운을 걸고 세 가지 당면 과제를 풀어야 할 것으로 보인다. 매우 폭발력이 강한 세 가지 어젠다가 삼각파도처럼 청와대로 몰려오고 있다. 이제 얼렁뚱땅 각료들이나 참모들 뒤에 숨어 있을 겨를이 없다. 지시는 대통령이 내리고 책임은 참모가 지는 그런 구도를 계속할 수 없다는 뜻이다. 세 가지 당면 과제는 첫째, 부동산 안정. 둘째, 대북 정책 재가동. 셋째, 검찰 진화鎭火. 부동산 안정 문제는 지금까지 대통령이 김현미 국토부 장관 뒤에 숨어 있었다. 대북 정책은 강경화·정의용 외교안보 라인 뒤에 대통령이 숨어 있었다. 검찰 개혁 문제는 추미애 법무부 장관 뒤에 대통령이 숨어 있었다. 이제 그럴 수 있는 시간은 지나버렸다. 대통령이 전면에 나서야 한다.

문 대통령은 김현미 국토부 장관을 청와대로 불러 긴급 현안 보고를 들었다. 부동산은 문재인 정권에게 발등에 떨어진 불이다. 6·17 부동산 대책을 내놓았지만 아파트 값은 그런 대책이 나올 때마다 마치 새로운 날개를 하나씩 더 단 것처럼 치솟았다. 집값은 잡히지 않고 내 집 마련 문턱만 자꾸 높아졌다. 게다가 청와대와 정부 고위공직자, 그리고 여권 의원들 상당수가 아파트를 여러 채 갖고 있다는 사실은 성난 민심에 기름을 부었다. 노영민 대통령 비서실장은 반포 아파트를 판다고 했다가 청주 아파트를 파는 것으로 고쳐서 발표하는 바람에 빈축을 샀다.

정권이 무너지는 것은 하루아침에 벌어질 수도 있다. 한겨레 신문은 '고강도 대책에도 불구하고 3년간 폭등하자 부동산 불패 학습효과만 키웠다.'고 했다. '신용대출에 부모 찬스까지 동원하면서 더 늦기 전에 뛰어들려고 하고 있으며 공급 확대는 먼 얘기로 들린다.'는 기사를 내보냈다. 조선일보는 '집 팔라고 하더니…… 양도세 올린다는 정부.'라고 꼬집었다. 민주당과 정부가 종부세와 양도세를 동시에 인상하거나 감면 범위를 축소하는 방안을 추진하자 이것의 문제점을 지적한 것이다. 보유세를 올리려거든 거래세를 대폭 낮춰주든지, 서울·수도권 공급량을 획기적으로 늘려주든지 해야 하는데 정부·여당은 오로지 부동산 문제를 핑계로 세수입稅收入을 확대하는 것에만 관심을 보이고 있다고 비판한 것이다.

문재인 정권의 부동산 정책은 투기 세력을 잡겠다고 했지만 결과는 엉뚱하게 35세~45세 사이 실수요자의 숨통만 조여놓고 말았다. 문재인 정권은 부동산 문제에서 지지층의 둑이 터질지 모른다는 위기감에 몰려 있다. 대선은 다가오고 있는데 정권 재창출의 꿈은 부동산 문제에서 좌절될 수도 있다. 그 뒤에 다가올 역풍은 생각만 해도 끔찍할 것이다. 문 대통령은 더 이상 김현미 국토부 장관 뒤에 숨을 수 없고 이제 부동산 대책 전면에 나서야 할 때이다.

문 대통령에게 둘째 당면 과제는 대북 정책 재가동이다. 문 대통령은 박지원 국정원장, 서훈 안보실장, 임종석·정의용 안보특보, 이인영 통일부 장관 인사를 단행했다. 문 대통령은 지금 정권이 갖고 있는 인재를 풀가동했다고 자임하면서 남북관계 역량, 통일운동 역량을 총결집했다고 자신하고 있을 것이다. 11월 미국 대선 이전에 미·북 정상회담을 성사시키겠다는 의지도 갖고 있는 것 같다. 그런데 외교안보 라인을 교체한 다음날 문 대통령은 북한 최선희 외무성 제1부상으로부터 '새로운 메시지'를 받아들게 됐다. 최선희 제1부상은 그제 담화에서 '조미 대화를 정치적 위기를 다뤄 나가기 위한 도구로밖에 여기지 않는 미국과는 마주 앉을 필요가 없다.'고 했다.

그러나 최선희 담화는 미·북 정상회담을 일축하는 듯했지만 사실은 역설적으로 관심을 드러내는 측면도 있다. 동아일보 사설은 이렇게 썼다. '북한은 기다렸다는 듯 남측의 새 대북 라인을 향해 먼저 미국으로부터 만족할 만한 양보안을 받아오라는 메시지를 던진 것이다.' 문제는 우리 쪽 전략이다. 새로운 안보라인에서는 벌써부터 '때로 담대하게 움직이겠다.'며 '다시 평화의 문을 열겠다.'는 성마른 다짐이 쏟아져 나오고 있다. 박지원 국정원장 후보자는 '대통령을 위한 충성'이라는 말도 꺼냈다.

이른바 '스몰딜+알파' 아이디어도 거론되고 있는 것 같다. 영변 핵시설과 일부 추가 비핵화를 대가로 대북제재를 상당 부분 풀어주자는 것이다. 이런 움직임은 지극히 염려스럽다고 하지 않을 수 없다. 지금 문재인 정부에서는 언제부턴가 북한 비핵화라는 말 자체가 사라지고 없다. 완전한 비핵화라는 그런 말이 있었나 싶을 정도다. 정말 한심한 일이 아닐 수 없다. 새로운 안보라인은 혹시 북한을 편들어주는 방식으로 깜짝 10월 쇼, 즉 미국 대선 직전의 '옥토버 서프라이즈'로 트럼프·김정은을 흥정 붙이는 데만 열을 올리는 것은 아닌지 걱정되는 것이다.

세 번째, 문재인 대통령의 과제는 검찰 안정화이다. 매일 매일 새로운 뉴스가 터져 나오고 있는데 문 대통령은 더 이상 추미애 법무부 장관 뒤에 숨어 있으면 안 된다. 문 대통령은 마음의 빚이 있는 조국 전 법무부 장관, 호형호제하는 30년 지기 송철호 울산 시장, 자신을 형이라고 불렀다는 유재수 전 부산시 경제부시장, 이 세 사람에 대한 윤석열 검찰의 수사를 간섭하지 말아야 한다. 문 대통령은 읍참마속泣斬馬謖이란 고사 성어를 기억해야 한다. 조국, 송철호, 유재수 이 세 사람을 잘라낼 수 있어야 정권이 유지될 수 있다는 점을 잊지 말아야 한다. 만약 공수처를 대통령과 집권여당의 입맛대로 끌고 갈 경우, 그래서 공수처를 통해서 윤석열 검찰총장을 건드릴 경우, 그에 앞서 추미애 장관을 앞에 내세워 윤석열 총장을 꽁꽁 묶어놓거나 내쫓아버릴 경우 감당 못할 엄청난 역풍을 맞게 될 것이다.

국민이 당한 수모를 대통령은 책임져라

남북공동연락사무소 폭파사건

문재인 정부는 2018 제1차 남북정상회담 및 제7차 남북고위급회담 합의에 따라 건설비용 약 180억 원을 전액 지불하고, 유지비와 사용료 등 모두 235억 원 상당을 들여 북한 개성 시에 남북공동연락사무소를 세웠다. 그런데 북한은 2020년 6월 16일 오후 2시 49분쯤 남북공동연락사무소를 한국의 동의 없이 폭파했다. 북한이 폭파하겠다며 일방적으로 통보한 지 사흘 뒤에 일어난 사건이다. 이는 북한이 '판문점 선언'과 '9·19 군사합의'를 사실상 파기했다는 해석을 낳았으나 그 뒤로 이런 해석조차 흐지부지됐다. 폭파 당시 2007년 참여정부 때 지어진 개성공단 종합지원센터도 심각하게 훼손되었다. 그러나 그 뒤 여러 항공사진과 위성사진에 따르면 당초 완전히 폭파되었다고 알려진 남북공동연락사무소가 아직 덜 무너졌다는 것이 드러났다. 문재인 정부가 유감을 표명하긴 했으나 그 후속조치로 손해배상을 청구한다든가 원상 복구를 요구했다는 소식은 없었다.

국민들이 대통령에게 원하는 것은 딱 두 가지다. 하나는 안보, 하나는 경제다. 한마디로 부국강병富國强兵, 이것이다. 부인과 아들 딸을 잘 관리하고, 친인척 비리가 없게 하고, 본인도 청렴결백해야 하고, 국회의원 선거, 시장·도지사 선거를 공정하게 관리해야 하고, 기타 등등. 이런 것들은 차라리 부차적인 사안들이다. 대통령의 임무는 국민들이 적대국으로부터 생명의 위협을 느끼지 않고 살아가게 하는 것, 그리고 어제보다 오늘을 더 잘 살게 하는 것, 이 두 가지다.

여러분은 문재인 대통령의 경제 정책에 대해 몇 점을 주시겠는가. 소득주도성장, 탈원전, 대기업 정책, 부동산 정책, 최저임금, 52시간제, 여러분은 몇 점을 주시겠는가. 길거리에서 백 명을 붙잡고 물어보면 평균 점수가 몇 점 나오겠는가. 저는 말씀드리지 않겠다.

경제보다 더 중요한 안보를 보자. 대한민국의 안보, 그 1차적 책임자는 바로 대통령이다. 2020년 6월 16일 2시 50분 북한은 개성에 있는 남북공동연락사무소를 폭파했다. 대한민국 국민들의 혈세 180억 원이 들어간 대한민국 정부 자산이다. 연락사무소 옆에는 개성공단 종합지원센터가 있는데 외벽이 무너지는 등 크게 훼손됐다. 이 지원센터에는 약 530억 원이 투입됐다. 두 곳을 합하면 710억 원 손해가 발생했다.

개성 땅에 있는 건축물이지만 주인은 대한민국 국민이다. 2018년 9월에 개소한 지 1년 9개월 만에 북한이 일방적으로 폭파한 것이다. 그것도 사진과 영상 효과가 가장 뚜렷하게 드러나는 폭파 방식을 택했다. 마치 누군가를 말뚝에 묶어놓고 고사총을 쏴대는 것이나 다름없다. 김여정 부부장이 "형체도 없이 무너지는 비참한 광경을 보게 될 것."이라고 한 지 사흘 만이다. 개성 연락사무소 폭파 사진은 문재인 대통령의 안보 능력을 상징적으로 보여주는 성적표라고 할 수 있다.

어떻게 보면 유치하기 짝이 없다. 세계 인류 역사에서 자기네 땅에 있는 건조물을 폭파하는 것으로 상대에게 분풀이를 하는 행동은 본 적이 없는 것 같다. 자기 몸을 칼로 그어대는 자해 공갈단을 보는 것 같기도 하고, 어떻게 설명할 길이 없다. 개성 시민들, 평양 주민들, 북한 사람들에게 보여주는 내부 단속용 폭파 쇼를 보는 것 같기도 하고, 대한민국 국민들 보라고 협박하는 것 같기도 하다. 아니 더 정확하게 말하면 문재인 대통령의 얼굴에 오물을 끼얹고 주먹질을 하는 것 같기도 하다. 김정은·김여정 남매를 가장 여러 번 만난 사람도 문 대통령이고, 가장 가까이에서 귓속말을 주고받았던 사람도 문 대통령이다. 그렇다면 저들이 왜 저러는지 국민들에게 직접 설명해야 하는 사람은 바로 문재인 대통령이다.

이제 북한은 개성 연락사무소 폭파했으니, 그 후속 조치들을 취해갈 것이다. 9·19 군사합의를 파기할 것이고, 금강산·개성 공단 시설물을 파괴하는 도발도 이어갈 것이다. 비무장지대에 군대를 진출시켜 요새화한다고 했으니, 곧이어 금강산·개성공단에 군대를 다시 투입할 것이고, GP를 재무장시킬 것이다. 눈에 보이듯 예견되는 이런 도발들에 대해 우리 정부는 어떻게 할 것인지 문 대통령은 국민들에게 설명해야 한다. 그렇게 해야 할 분명한 책임이 있다.

이 사건을 보도한 신문들 1면 톱 제목을 보겠다. '문文정부 남북화해 상징이 폭파당했다.' 조선일보, '북, 남북화해 상징 폭파시켰다.' 동아일보, '김정은, 판문점 선언을 폭파했다.' 중앙일보, '북, 개성 연락사무소 폭파…… 청와대 평화 기대 저버려.' 한겨레, '남북 화해의 상징이 무너졌다.' 경향신문, '북, 연락사무소 폭파…… 판문점 선언 잿더미 됐다.' 한국일보, '끝내…… 북, 개성 연락사무소 폭파.' 매일경제, '북, 개성연락사무소 폭파…… 판문점 합의도 불탔다.' 한국경제 등이다.

이 신문들의 제목에 대해 하나 아쉬운 점이 있다. 화해의 상징이 폭파당했다고 했는데, 그것은 잘못된 인식이다. 남북은 본질적으로 화해한 적이 없다. 문재인·김정은·트럼프, 이 세 사람이 언론 카메라 앞에서 여러 장면을 연출하며 쇼를 한 것인지는 몰라도, 적대국 관계가 해소된 적은 없다. 지난 3년 동안 북한의 핵

탄두 숫자는 계속 증가해왔을 뿐이다. 문재인 정부의 가장 어이 없는 맹점은 마치 북한에 핵무기가 없는 것처럼 행동한다는 점이다. 어제 개성에서 남북 화해의 상징이 폭파당한 것이 아니라 대한민국 국민이 주인인 710억 원짜리 우리 부동산이 폭파당한 것이다.

청와대는 '강력히 유감을 표명한다.'고 했는데, 그렇게만 하고 말 것이 아니다. 청와대는 북한에게 물질적·정신적 손해배상을 청구해야 하고, 원상 복구를 하지 않을 시 어떤 보복 조치를 취할 것인지 명확하게 밝혀야 한다. 청와대는 국민 재산 710억 원이 무너진 것이 아니라 국민 자존감 710조 원어치가 붕괴됐다는 책임감을 가져야 한다.

김여정 부부장이 발표한 담화문은 이제 '남조선 당국자'라는 표현으로 에둘러 가지도 않고 직접적으로 문 대통령을 지칭하며 마치 얼굴에 오물을 끼얹듯 모욕적인 언사로 일관하고 있다. 6·15 선언 20주년에 문 대통령은 다시 한 번 화해의 손을 내밀었으나 17일 수요일 김여정의 담화는 이렇다.

"평화는 하루아침에 오지 않는다느니, 구불구불 흐르더라도 끝내 바다로 향하는 강물처럼 락관적 신념을 가져야 한다느니, 더디더라도 한걸음씩 나아가야 한다느니 하며 특유의 어법과 화법으로 멋쟁이 시늉을 해보느라 따라 읽는 글줄 표현들을 다듬는 데 품 꽤나 넣은 것 같은데 현 사태의 본질을 도대체 알고나 있

것인지 묻지 않을 수 없다. 항상 연단이나 촬영기, 마이크 앞에만 나서면 마치 어린애같이 천진하고 희망에 부푼 꿈같은 소리만 토 사하고 온갖 잘난 척, 정의로운 척, 원칙적인 척하며 평화의 사도 처럼 처신머리 역겹게 하고 돌아가니 그 꼴불견 혼자 보기 아까 워 우리 인민들에게도 좀 알리자고 내가 오늘 또 말 폭탄을 터뜨 리게 된 것이다."

　김여정이 아저씨뻘 되는 문 대통령에게 이제 대놓고 '역겨운 꼴불견'이라고 했다. 대한민국 국민은 그 누구에게도 이런 수모 를 당한 적이 없다. 국민이 당한 수모를 대통령은 책임져야 한 다. 김정은·김여정 남매가 왜 이러는지, 북한이 왜 이러는지 제 일 잘 알고 있을 사람이 문재인 대통령이다. 문재인 대통령은 국 민들에게 설명해야 한다. 김정은 위원장과 판문점 도보다리를 걸 으면서 40분 동안 밀담을 나눴을 때 무슨 얘기를 했는지, 평창올 림픽 때 김여정이 서울에 오고 청와대에 들어가서 무슨 얘기를 주고받았는지, 설명해야 한다. 문 대통령은 김정은·김여정 남매 에게 무슨 약속을 했었는지 설명해야 한다. 국민은 그 설명을 들 을 권리가 있다. 준엄하게 요구한다. 대통령이 직접 지금 상황을 국민들에게 설명해야 한다.

뭐 먹을래, 나는 짜장면

재난지원금 자발적 기부 0.2%

2020년 9월 말 현재, 5~8월 전 국민에게 지급된 1차 코로나 지원금 14조여 원 중 국고로 기부된 금액은 1.9%인 2803억 원에 그친 것으로 집계됐다. 이 중 90%는 마감 날까지 지원금을 신청하지 않아 기부로 간주된 돈이다. 이들 대부분은 공무원, 대기업 임원 등 사실상 강압에 못 이겨 기부한 사람들일 것으로 추정된다. 그러지 않고 직접 기부 의사를 밝힌 자발적 기부금은 전체 지원금의 0.2%인 287억 원에 불과했다. 민주당과 정부는 지난 총선을 앞두고 재난지원금 지급 대상을 하위 50%에서 하위 70%로, 다시 전 국민으로 확대하면서 자발적 기부를 명분으로 내세웠다. 고소득자나 안정적 소득자 등 전체의 10~20% 국민이 지원금을 반납해 최대 2조 원이 국고로 환수될 것이라고 했다. 문재인 대통령이 1호 기부에 나서고, 세액공제 혜택까지 부여하면서 '제2의 금 모으기' 캠페인까지 벌였는데 결과는 이렇다. 1조 원 이상 회수될 기부금을 실업자 지원용 고용보험 재원으로 쓰겠다고 했지만 환상에 불과했다.

– 2020. 9. 24 〈조선일보〉 사설 부분 인용

코로나 긴급 재난지원금을 5월 13일부터 지급한다고 한다. 4인 가구 기준으로 1백만 원씩 전 국민에게 100% 나눠줄 예정이다. 그런데 홍남기 경제부총리가 "나는 안 받겠다."면서 "다른 공무원은 알아서 할 일."이라고 했다. 그런데 전체 국민에게 지급한다는 원칙으로 시행하되 고위 공무원, 기업의 임원, 그리고 소득이 많은 부자들에게는 자발적 기부를 유도한다는 방침이다.

그러자 곳곳에서 관제 기부 논란이 터져나왔다. 공직사회에서도 중하위 공무원들은 볼멘소리가 확산되는 분위기다. 홍남기 부총리는 국회 기획재정위원회 전체회의에서 자신의 입장을 밝혔다. 유승민 통합당 의원이 "재난지원금을 받을 것인가?" 하고 묻자 홍남기 부총리는 "저는 당연히 받지 않을 것."이라고 대답했다. '당연히'라는 말에서 묘한 뉘앙스가 느껴진다. 그러자 유승민 의원이 다시 물었다. '1백만 명의 공무원에게는 강제하지 않을 것이냐'고 질의한 것이다. 그러자 홍남기 부총리는 "강제 사항이 아니다. 자발적으로 정할 문제."라고 답했다.

이런 문답이 하루 종일 화제가 됐다. 일부 공무원들은 이날 회식 자리에서 직장 상사가 아래 직원에겐 '마음껏 주문하라.'고 한 뒤 '나는 짜장'이라고 하는 것과 같다고 했다. 직원들에게 모처럼 한턱 쏘겠다고 회식을 주재한 직장 상사가 "자, 자, 마음껏 시켜. 오늘은 내가 낼 테니 먹고 싶은 것 어서 골라봐." 이렇게 말한 뒤 직원들이 비싼 요리 메뉴에 눈길을 주고 있을 때 이렇게 외친다는 것이다. "나는 짜장면!" 중국집에서 가장 값싼 단품 요리가 짜장면이다. 직장 상사가 맨 먼저 '짜장면!'을 외치면, 다른 직원들은 그보다 비싼 요리를 어떻게 시키겠는가.

홍남기 경제부총리가 당연히 자신은 안 받겠다고 해놓고, 다른 공무원들은 자발적으로 정할 문제라고 한다면, 그게 말이 되느냐는 것이다. 사실상 공무원에게 '재난지원금을 받지 말라.'고 지시한 것이라는 뜻이다. 공무원들보다 더 눈치를 보고 있는 쪽은 기업들이다. 예결위 소속의 한 통합당 의원은 "정부나 여당이 앞장서 분위기를 조성한다면 정부 눈치를 봐야 하는 공무원이나 기업들은 '기부금+α'를 내놓아야 한다는 압박에 시달릴 것이다."라고 말했다. 사실상 IMF 환란 때 겪었던 '금 모으기'처럼 2020년 제2의 코로나 금 모으기 비슷한 상황이 전개될 수 있다는 뜻이다. 기업들은 노골적인 압박을 받고 있는 것이나 다름없다.

특히 경제 범죄 혐의로 재판을 받고 있는 기업 총수일 경우 그 압박감은 이루 말할 수 없이 심할 것이란 얘기도 나온다. 삼성전자 이재용 부회장은 삼성바이오로직스 분식회계 혐의로 재판을 받고 있는 중이다. 이재용 부회장은 당연히 긴급지원금 1백만 원을 받지 않겠다고 선언하겠지만, 재판을 받는 중인 이 부회장 입장에서는 거기에서 끝나지 않고, '플러스 알파'를 내놓아야 할 것이다. 여러분은 결국 이재용 부회장이 코로나 재난지원금으로 얼마나 내놓을 것이라고 생각하는가.

기업들은 '대통령부터 참여할 텐데 기업이 거부할 수 있겠느냐.'는 분위기가 팽배해 있다. 다만 액수를 얼마쯤 해야 모난 돌처럼 정 맞는 일이 없을 것인가, 그 적정 액수를 가늠하고 있을 것이다. 이런 경우 대개 삼성전자의 자발적 기부 액수가 정해지면, 거기에 맞춰 다른 기업들도 매출 비율에 따라 자신들의 기부 액수를 짐작하곤 한다. 가령 삼성전자가 1천억 원을 낸다면, 현대차는 7백억 원쯤 생각해볼 수 있는 것이다. 정부는 성숙한 시민 의식과 국난 극복을 위한 자발적 기부 이 두 가지 측면을 강조하고 있지만, 기업 입장에서는 '아, 됐고, 다 알겠으니까, 제발 액수를 말해주세요. 얼마를 내야 하는지?'라고 묻고 싶은 심정일 것이다. 정부기관 업무를 하는 기업 임원들은 적정 액수를 염탐하기 위해 당·정·청 고위 관계자의 의중을 살피고 있을 것이다.

문 대통령, 홍 부총리, 이해찬 대표, 이낙연 당선자, 이런 사람들이 재난지원금 1백만 원을 자발적 기부하고, 여기에 덧붙여 수백만 원씩 '플러스 알파'를 내놓았다는 첫 소식이 전해지면, 그때부터 중앙정부의 장·차관, 국·실장들도 자신의 액수를 가늠할 수 있게 될 것이다. 기업 총수는 총수대로, 기업 임원급은 또 임원급대로 1백만 원을 안 받는 것은 물론, 자발적 플러스 알파를 정하게 될 것이다.

집권 세력은 코로나를 명분 삼아 사실상 금권선거를 해놓고 나중에 이 돈을 메우기 위해 부자들에게 다시 한 번 눈에 보이지 않는 몽둥이를 휘두르고 있다는 느낌마저 든다. 저 사람들은 많게는 자발적 기부로 수십조 원까지 재원 마련을 하려는 꿈을 꾸는지도 모른다. 정부가 말한 자발적 기부 유도는 사실은 강압적 준조세 협박이 되어서 또 한 번 국민들을 몰아붙이지 않을까 걱정된다.

헬리콥터 드롭 현상

'헬리콥터 머니'와 주식시장

지금 2020년 12월에 돌아보면 미국을 비롯한 세계 대부분 국가가 마치 살수차로 물을 뿌리듯, 마치 헬리콥터에서 돈 다발을 떨어뜨리듯 현금 살포 계획을 내놓던 2020년 3월 중·하순 무렵이 주식 시장이 바닥을 쳤던 시기였다. 코로나19 사태로 온 세상이 처음 겪는 공포가 지구촌을 뒤덮고 있던 시기였다. 한국 주식시장은 2020년 3월 19일 코스피 지수가 1457.64까지 떨어졌는데, 2020년 11월 20일 2553.50을 기록하고 있다. 두 시점을 단순 계산하면 무려 75%가 치솟은 결과다. 종목 별로 보면 몇백 %까지 급등한 기업이 수두룩하다. 진짜 돈 벌 줄 아는 사람은 서울 강남에 알짜배기 아파트를 사놓았을 수도 있지만, 2020년 3월에 주식을 쓸어 담았을 수도 있다.

'헬리콥터 드롭'이란 말이 있다. 헬리콥터에서 떨어뜨린다는 뜻이다. '헬리콥터 머니'도 같은 뜻이다. 경기 침체 위기를 견뎌내기 위해 비행기로 돈을 뿌리듯 국민들 호주머니에 현금을 꽂아주는 것이다. 그런데 이게 주식시장에서는 별 소용이 없다는 게 드러났다. 코로나 사태로 초토화된 경제를 되살리기 위해 트럼프 미국 대통령이 1조2천억 달러를 투입하겠다고 발표했다. 국민 1 인당 최소 1천 달러씩 현금을 두 번 지급하겠다고 했다. 우리 돈 으로 1백2십만 원씩 두 번 뿌리겠다는 것이다. 늦어도 4월 말 이 전에 정부가 발행한 수표가 지급될 것이라고 했다. 주식시장이 어떻게든 반등할 줄 알았다. 그러나 현재 전해진 소식은 미국 증 권시장의 주요지수인 다우존스산업평균지수 −6.3% 대폭락, 나 스닥종합지수도 −4.7% 대폭락, S&P500 지수도 −5.18% 대폭락 이다. 열흘 사이 일시매매정지라는 서킷브레이커를 4번이나 발 동했지만, 다우존스는 2만 선이 붕괴되고 말았다. '헬리콥터 살 포' 계획도 주식 투매를 막지는 못한 것이다. 경기 침체의 공포가 주식시장을 패닉 상태로 몰아넣고 있다. 유럽도 비슷하다. 범유 럽 주가지수인 스톡스600은 −3.92% 떨어졌고, 독일 프랑스 증 시는 각각 5% 이상 하락했다.

문재인 정부도 뾰족한 수가 있는 것은 아니다. 미국과 비슷하 게 재난기본소득 주장이 계속 고개를 들고 있다. 서울시, 강원 도, 경기도, 경상남도 같은 여권의 지자체 장들은 자체 예산으로 이미 추진 중이다. 청와대도 '결정된 것은 없다'면서도 지자체 움 직임에 대해서는 바람직하다는 반응을 보이고 있다. 문 정부도 그쪽 방향으로 움직일 것이라고 보는 게 맞다. 미국도 그렇고, 한국도 마찬가지 문제가 생기는데, 일시적인 금액인가, 아니면 정기적으로 계속 주는 돈인가, 하는 문제다. 당장 야당에서는 '지급 횟수, 대상 등에 대한 명확한 규정도 없이 재난기본소득이란 용어로 국민을 호도하고 있다.'고 반발했다. 이런 문제점 때문인지 서울시는 처음에는 재난기본소득이라고 했다가 말을 바꿔서 긴급생활비라고 하고 있다.

정부는 이에 대해 여러 대책을 내놓았다. 관광·공연업 특별융자 확대, 고속버스 통행료 감면, 항공기 착륙료 감면 같은 것들이다. 한마디로 대증요법을 몇 개 나열하는 미흡한 수준이다. 항공업계에서는 그렇지 않아도 비행기 10대 중에 이미 9대가 서 있는데 착륙료 20% 깎아준다는 게 무슨 소용이 있겠느냐며 비명을 지르고 있다. '언 발에 오줌 누기' 정도가 아니라 '중상자重傷者에게 반창고 붙여주는 격'이라는 소리가 나오고 있다.

정부는 이미 개별소비세 인하, 소비쿠폰 지급 등 20조 원 규모의 지원 대책을 내놓았고, 어제는 11조7천억 원 규모의 추경 예산안이 국회를 통과했다. 둘을 합하면 31조7천억 원이나 된다. 그런데 막상 피해 업종과 취약계층에게 핀셋처럼 정조준해서 실질적인 도움을 주는 조치는 거의 이뤄진 게 없다. 사실 이보다 더 중요한 것은 집행 속도다. 문재인 대통령도 어제 경제주체 초청 원탁회의 마무리 발언에서 "속도가 중요하다."며 속도라는 말을 다섯 차례나 언급했다고 한다. 그런데 여기까진 말뿐이고, 실제로 집행은 없다. 정부가 추가 정책 수단을 내놓지 못하고 있는 것이다. 목숨이 끊긴 뒤에 위문품 들고 찾아와봤자 아무 쓸데없다.

한계에 봉착한 영세 자영업자, 소상공인, 생사의 갈림길에 서 있는 중소기업, 취약계층, 이런 곳을 세밀하고 정밀하게 조준을 해서 긴급 처방이 이뤄져야 한다. 그러나 현장 공무원들은 나중에 벌어질 책임 소재 때문에 집행 속도가 더딜 수밖에 없다. 따라서 나중에 문제가 생겨도 책임을 묻지 않겠다고 보장을 충분히 해주고, '선先 집행 후後 심사'라는 원칙을 강하게 지켜내야 한다.

다시 한국형 헬리콥터 살포는 어떻게 실행될 것인가 하는 점이다. 금리 인하 같은 통화정책이 전혀 먹히지 않으니 결국은 현금을 뿌리는 재정정책이 마지막 보루가 될 수밖에 없을 것이란 분위기다. 전쟁 같은 상황이니만큼 재정 전권을 정부에게 줘야 한다는 목소리도 나오고 있다. 4·15 총선에서 집권 여당과 정부는 그동안 명분이 부족했고, 언론 눈치를 보느라 현금 살포를 머뭇거렸는데, 이제 긴급 처방이라는 명분도 생겼겠다, 재정 쏟아 붓기라는 전 지구적 움직임도 있겠다, 망설일 이유가 없어진 것이다. 여당은 '코로나 사태→긴급 처방→현금 살포'로 이어지는 대형 호재가 생겼다고 여길 수도 있다.

그러나 이런 돈은 절대로 하늘에서 뚝 떨어지는 돈이 아니다. 적자 국채를 발행하든지, 증세를 하든지, 대대적인 세제 개편을 하든지, 뭐든 해야 한다. 대기업과 부자들에게서 돈을 더 뜯어내든지, 투명한 유리 지갑을 가진 봉급쟁이들을 다시 한 번 더 털어내든지 해야 한다. 소득세 세율 구간에 따라 어떤 봉급쟁이는 재난기본소득 1백만 원을 받은 뒤, 갑자기 세율이 뛰는 바람에 추가 세금을 3백만 원쯤 더 낼지 모른다는 분석까지 나와 있다. 우선 선거에 목을 매고 있는 상황에서는 아직 초·중고생인 우리 아이들의 미래를 담보로 정부가 빚을 지는 것도 서슴지 않을 것이다.

흑자 도산의 위기에 몰린 기업을 정부가 긴급 처방으로 살려낼 때 흔히 '링거 수혈'이라고 한다. 전 국민을 상대로 현금을 살포하는 것을 두고 미국 월스트리저널 신문은 '대중에게 아편을 처방하는 것.'이라고 했다. 고통을 잠시 잊게 하는 아편 처방이라는 것이다. 일본도 지난 금융위기 때 현금을 줬지만, 그중 3분의 1만 소비로 연결됐고, 나머지는 장롱 속에 쌓아두었다. 문재인 정부가 일시적으로 1백만 원씩 준다고 한들 그것이 서민들에게 재기의 발판이 될 것인가, 아니면 3분의 1만 소비 시장으로 풀리는 괴상한 아편 처방이 될 것인가. 문재인 정부는 한 번도 경험해 보지 못한 길로 들어서려고 하고 있다.

외계인 공격 같은 코로나 팬데믹 시대

코로나는 외계인일까

외계인은 존재할까. 존재한다면 그 외계인은 지구에 대해 얼마나 관심을 갖고 있을까. 2020년 1월 영국의 헬렌 샤먼 박사는 '옵저버 매거진'에 외계 생명체는 우주 어딘가에 있을 것이라고 했다. 샤먼 박사는 영국 최초의 우주인이다. 그녀는 외계인이 존재하며 심지어 지구상에 우리와 함께 살고 있을 가능성도 있다고 말했다. "외계인이 존재한다는 건 두 말할 필요가 없습니다. 수십억 개의 별들 사이에 온갖 종류 여러 형태의 생명체가 있을 것입니다." 샤먼 박사는 1991년 5월 러시아 우주정거장 미르에서 생활한 적이 있다. 샤먼 박사는 현재 런던 임페리얼 칼리지에서 일하고 있는데, 외계인이 인간처럼 탄소나 질소로 구성돼 있지 않더라도 분명 존재한다고 했다. 미국 정부도 이미 미확인비행물체 UFO의 존재를 공식 확인한 바 있다. 그렇다면 출구가 안 보이는 코로나 사태, 이것도 외계인과 관련이 있는 것은 아닐까. 오죽하면 이런 음모론까지 나오랴 싶지만, 그 현상만큼은 외계인의 공격이라고 상상할 수 있을 정도로 충분히 공포스러운 것이다.

한국 증시, 일본 증시, 미국 증시, 유럽 증시, 세계 주식 시장
이 수직 낙하를 하고 있다. 거래를 일시 중단시키는 무슨 무슨 브
레이크를 걸어도 소용없다. 미국 증시는 40년 만에 처음 보는 사
태를 겪고 있다. 독일은 단 한 번에 12% 추락하면서 사상 처음이
라는 비명이 터져나오고 있다. 전쟁 때도 겪지 못한 일을 지금 겪
고 있는 것이다.

우리나라 항공사 승객은 85%나 급감했다. 조선업의 선박 발주
는 57%나 뒷걸음을 쳤다. 자동차 판매는 20% 넘게 곤두박질 사
태다. 소상공인들은 거의 죽기 직전이라는 비명을 지르고 있다.
아니 비명 지를 힘도 없어 보인다. 관광, 여행, 항공, 호텔, 해운
같은 업종은 아마도 도산이 줄을 잇게 될 것이다. 관광 여행 예약
은 90% 이상 취소됐다. 호텔도 텅텅 비었다.

전쟁터에서 총알에 맞은 병사는 과다 출혈보다는 쇼크로 죽는
경우가 많다고 한다. 지금 온 세계를 흔들고 있는 것은 '바이러스
감염'이 아니라 '공포의 전파'다. 보이지 않는 검은 손들은 이런
상황을 거꾸로 이용해서 공포를 판매하고 있을 것이다.

미국은 한 달 동안 유럽인들의 미국 입국을 금지했다. 대서양
을 양쪽에 두고 있는 두 대륙 사이에 처음 있는 일이다. 제2차 세
계대전 때도 이렇지는 않았다. 아마 미국인도 유럽인들도 스스로
놀라고 있을 것이다. 스스로 놀라고 있다는 상황이 바로 공포의
전파 효과다. 세계 곳곳에서 경제적·사회적·정치적 공황 장애

를 앓고 있는 셈이다.

게다가 앞이 보이지 않는다. 도대체 언제 끝날지 알 수가 없다. 세계적인 감염 전문가들도 언제가 결정적 고비가 될 것인지 우왕좌왕하고 있다. 미국 고위 보건 당국자는 사태가 앞으로 더 악화할 것이라고 말했다. 앤서니 파우치 미 국립보건원 산하 국립알레르기·전염병연구소NIAID 소장은 하원 정부감독개혁위원회 청문회에 출석했다. 캐럴린 멀로니(민주·뉴욕) 위원장이 "최악의 상황은 아직 오지 않았느냐?"고 묻자 파우치 소장은 "그렇다. 사태는 더 악화할 것이다. 핵심은 더 악화할 것이란 점."이라고 말했다. 그러면서 파우치 소장은 "다음 달이 코로나19 확산 차단의 고비가 될 것."이라고 말했다. 미 질병통제예방센터CDC 로버트 레드필드 국장도 "지금은 모든 사람이 동참해야 할 때다. 이것은 정부나 공중보건 체제만의 대처가 아니다. 이는 모든 미국의 대응이다."라고 말했다.

'머지않아 곧 종식될 것.'이라던 문재인 대통령은 입국 금지를 당하고 있는데도 '바이러스를 막아내고 있다.'고 했다. 세계 지도자들과는 다른 목소리다. 우리 정부는 신천지 교회를 수퍼 전파자로 바이러스가 한창 퍼져나가던 때 중국에 문을 활짝 열어놓은 채 '집단 행사를 가지라.'고 했었다. 정부의 발표를 무시하지는 말되 믿지는 말라고 다시 한 번 말씀드린다.

독일의 메르켈 총리는 "인구의 60~70%가 감염될 수도 있다."

고 말하고 있다. 독일의 전문가들이 그렇게 보고 있다는 것이다. 하버드대 전염병 전문가인 마크 립시치 교수도 앞으로 1년 사이 세계 인구의 40~70%까지 감염시킬 수 있다는 전망을 내놓은 바 있다. 메르켈 총리나 하버드대 교수가 뭘 몰라서 너무 비관적으로 보고 있는 것은 아닐까. 아니다. 이번처럼 세계적인 감염병이 퍼질 때는 최악의 경우를 대비하는 게 옳다. 근거 없는 낙관론이 훨씬 더 위험하다.

그렇다면 이번 사태에 우리는 어떻게 대처해야 할까. 이렇게 봐야 한다. 백신과 치료제가 나오기 전까지 코로나 바이러스 사태는 계속된다고 봐야 한다. 세계적인 굴지의 제약사들도 백신과 치료제 개발에 적극 나서지 않을 수도 있다. 엄청난 개발비가 들어가는 대신 그만큼 수익이 발생하지는 않기 때문이다. 그래서 우리 자신은 이 사태가 상당 기간 계속된다는 가정 하에 건강과 방역은 물론, 경제적·심리적 안정 대책을 세워야 한다. 100m 달리기가 아니라 42.195km 마라톤을 뛴다고 생각해야 한다.

우리 자신을 지키는 대책은 있다. 첫째, 혼잡한 장소에서는 반드시 마스크를 착용해야 한다. 둘째, 여러 사람이 손대는 물건은 잡지 말아야 한다. 빌딩의 출입문 손잡이, 버스·지하철의 손잡이, 에스컬레이터 손잡이, 엘리베이터 단추 등등이다. 얇은 장갑을 끼는 것도 생각해볼 수 있다. 셋째, 손으로 얼굴을 만지지 말아야 한다. 사람은 손으로 1시간에 평균 16번이나 입, 코, 눈, 뺨, 이마를 만진다. 바이러스를 옮기는 데는 시속 160㎞로 날아가는 재채기 침방울보다 손이 더 빠르다고 말한다. 넷째, 어쩔 수 없이 사람이 많은 곳에 가게 될 경우에도 되도록 최대한 넓게 간격을 둬야 한다. 다섯째, 모르는 사람이든 아는 사람이든 마주 보고 서 있거나, 마주 보고 대화를 하거나, 마주 보고 밥을 먹거나, 하는 상황을 피해야 한다. 눈에 보이지 않는 작은 침방울들이 2m 이상 앞으로 튀어나간다. 여섯째, 옆에서 휴대 전화로 통화하는 사람이 있으면 자리를 비키는 것이 좋다. 엘리베이터 안에서도 큰소리로 휴대 전화로 통화하는 사람이 있다. 돌아서는 것이 좋다. 마지막으로, 물만 보이면 손을 씻는다. 그리고 손 소독제가 보이면 그냥 지나치지 않고 꼭 손을 닦는다.

바이러스 공격, 마치 지구인보다 훨씬 머리 좋은 외계인이 침공한 것과 비슷하다. 외계인은 국가, 인종, 종교, 나이, 성별을 가리지 않고 무차별로 공격한다. 그러나 그러한 외계인도 약점은 있다. 방역의 기본을 지키는 사람 앞에 무력하다. 단 한 방에 확산을 끊어낼 방법은 없다고 봐야 한다. 확산 속도를 지연시키면서 자신을 방어해야 한다.

누가 쿠팡에게 돌을 던질 수 있는가

조변석개朝變夕改 세상 여론

온라인 쇼핑 배송 회사인 쿠팡은 우리로 하여금 코로나 사태를 견디게 해준 '코로나 영웅'이었다. 생필품을 구하지 못하게 될 것이란 불안감을 전혀 갖지 않아도 좋을 만큼 서비스가 100% 가동되고 있었다. 그러다 쿠팡의 부천 물류센터에서 코로나 감염 사건이 터지자 세상 여론은 쿠팡에게 '코로나 가해자'라는 주홍글씨를 씌웠다. 물품 배송 직원들이 감염의 주범이라도 되는 듯 낙인을 찍었던 것이다. 세상인심이라고 할까, 여론이라고 할까, 이렇게 결집된 대중의 의견들이 정치와 사회에 커다란 영향력을 끼치고 있고, 그 나름대로 어떤 흐름과 추세를 보이기도 하지만, 너무도 변덕스러울 때도 있다. 그런데 그 변덕의 주기가 갈수록 짧아지고 있다.

필자는 짧은 연수 기간을 포함해서 파리 특파원으로 프랑스에 7년 가까이 살았다. 그런데, 놀라지 마시라. 그곳에서 자동차 라디오는 6번, 자동차는 1번 도난당했다. 자전거도 1번 도난당했다. 가까운 여러 지인들이 지하철에서 지갑을 소매치기 당했고, 어떤 여행객은 스페인에서 가족 여권 5개를 한꺼번에 도난당하는 것도 봤다. 필자는 미국 뉴욕지사에 6개월 근무한 적도 있고, 일본 도쿄 여행도 수십 차례 다녔고, 중남미 여행도 꽤 했다. 그런데 정말 서울처럼 안전한 곳이 없다.

요즘 아무리 생각해도 불가사의한 것이 있다. 복도식 아파트, 오피스텔 등 각 아파트 현관마다 출입구마다 택배 물건이 쌓여 있는데 도난 사고가 거의 없다는 점이다. 우리나라 택배 회사 순위는 CJ대한통운, 롯데, 한진, 우체국, 로젠 순이다. 상위 5개사가 시장 90%를 감당하고 있는데, 연간 택배 물량은 30억 개 가까이 된다. 이중 절반쯤을 CJ대한통운이 맡고 있다. 배송까지 하는 온라인 쇼핑 회사로는 쿠팡을 들 수 있다. 쿠팡만 하루 250만 개 주문 물량을 배송하고 365일 하루도 쉬지 않으니까 대충 계산하면 연간 9억 개 넘게 배송한다는 추산推算이 가능하다. 그런데 이런 택배 물건에 심각한 도난 사고가 있다는 얘기를 들어본 적이 없다.

택배는 우리나라에서 필수적인 사회 인프라로 자리 잡았다. 그것은 '무無오염, 무無사고, 무無도난'이라는 '3무無 환경'이 자리 잡았기 때문이다. 필자가 어렸을 때는 마당에 걸어놓은 빨래를 걷어가는 도둑까지 있었다. 그러나 이제는 현관 앞 택배 물건에 좀도둑조차 손대지 않는, 어떻게 보면 국민적 시민의식이 놀랄 만큼 성숙한 것도 있고, 관련 기업들의 피나는 노력도 보태졌을 것이다. 부끄러운 얘기를 하나 고백하면, 지난 달 갑자기 조깅 운동화에 꽂혀서 쿠팡을 통해 한꺼번에 7켤레를 주문한 적이 있다. 이튿날 정신이 번쩍 들어서 그중 6켤레를 반품하는 조치를 취했다. 정말 단 1건도 지체되는 일 없이 모두가 초고속으로 반품과 환불이 이루어졌다. 파리, 뉴욕, 도쿄에 이런 시스템, 이런 기업이 있을까 싶다. 밤 12시까지만 주문하면 다음날 오전 7시 이전까지 새벽 배송이 확실하고, 그것도 특정 도시의 특정 구역만 그러는 게 아니라 전국적으로 가능한 것 역시 '세계 유일 시스템'이라고 할 수 있다.

그러다 쿠팡의 부천 물류센터에 코로나 감염 사건이 터졌다. 5월 24일 첫 확진자가 나왔다. 오늘까지 1백수십 명이 확진자로 판명되었다. 물론 여러 비판 보도와 지적이 나왔다. 4천 명이 넘는 직원들이 교대 근무를 하고 있는데 직원들이 회사 식당에서 충분한 거리를 두면서 밥을 먹지 못했다, 냉동 창고에 출입하는 직원들이 방한복을 여럿이 돌려가며 입었고 한 달에 한 번밖에 세탁하지 않았다, 첫 확진자가 나왔을 때 24시간 폐쇄하지 않았다 등등 수십 가지도 넘게 지적할 수 있을 것이다. 쿠팡 본사가 감당해야 할 책임이 분명 있다.

그러나 한편으로 '코로나 영웅'이 한 순간에 '코로나 가해자'처럼 매도당하는 아이러니를 생각하지 않을 수 없었다. 지난 몇 달

동안 코로나가 온 세계를 휩쓸고 있는 상황 속에서도 한국 국민들이 사재기를 하지 않고 모범적이고 안정적인 일상생활을 할 수 있었던 것은 언제든 원하는 물건과 음식을 반나절 만에 혹은 이튿날 새벽까지 집 앞 현관에서 받을 수 있다는 누적된 경험과 믿음이 있었기 때문이었다. 대구·경북 지역이 고립무원처럼 힘들어 하고 있었을 때 코로나 전쟁터의 최전선을 지켰던 분들이 의료진이었다면 그 최전선을 누볐던 사람은 물류 맨, 배달 맨이었다. 그래서 한 신문 칼럼은 의사와 택배기사가 한국을 살렸다고 썼다. '지금 한국에선 굳이 외출하지 않아도 생필품을 비롯해 필요한 모든 물건을 집에서 받아볼 수 있는 배송 인프라가 잘 갖춰져 있다. 언제든 스마트폰만 열면 필요한 물건을 구할 수 있다는 심리적 안정감이 있기에 굳이 사재기하러 마트로 달려갈 이유가 없는 것이다. 정부가 깔아놓은 인프라가 아니라 민간기업 쿠팡이 구축한 전국적 배달망이다.'

대구 한사랑 요양병원이 집단 감염지가 됐을 때, 계명대 대구동산병원이 전담병원이 되어 코로나 사투에 발 벗고 나섰을 때, 그때 전국 국민들 곁에서 같이 코로나 전쟁을 치른 사람 중에는 CJ대한통운, 우체국, 쿠팡, 배달의민족 같은 택배기사 영웅들이 있었다. 그런데 지금 우리는 그들에게서 감염자가 발생했다는 이유로 손에 돌멩이를 들고 있다. 누가 나를 건들이기만 하면 돌멩이를 던질 태세다. 어떤 아파트는 택배기사 출입을 금지한 곳도 있고, 쿠팡은 어떤 날 하루 주문량이 30%쯤 급감했다고 한다. 이미 돌멩이를 던지고 있는 셈이다.

대구 동산병원은 코로나 사투를 벌였던 최전선 역할을 하다가 그 후 환자가 급격히 줄고 정부의 손실 보전금도 아직 들어온 게 없어서 경영난에 봉착했다는 소식이 들렸다. 쿠팡도 코로나 영웅이었다가, 코로나 가해자가 되면 갑자기 경영난에 빠져들 수도 있고, 수만 명 택배기사들의 고용이 위태로워질 수도 있다. 그런데도 정부도, 언론도, 고객도, 손에 돌멩이를 놓지 않고 있다. 엄밀하게 말하면 쿠팡도 코로나 피해자다. 바이러스의 가장 고약한 특징이 피해자를 가해자로 둔갑시킨다는 점이다. 택배 기사를 위해 '정말 고생이 많으십니다. 오늘 하루도 힘내세요.'라는 글을 현관에 써 붙이고, 바나나·사과·비타500 같은 드링크를 대접했던 고객이 하루아침에 돌팔매를 할 수도 있는 상황이 벌어지는 것이다.

'타다'라는 호출택시 서비스에 감동한 고객이 많았다. 그렇지만 우리 사회는 여러 이유로 그 서비스를 퇴출시켰다. 쿠팡, 마켓컬리, 배달의민족도 이런 저런 이유로 퇴출될지 모른다는 불안감이 엄습할 때가 있다. 경제적으로 사회적으로 소중한 인프라 자산인데, 단지 그들이 민간 기업이라는 이유로 퇴출당할 수도 있는 것이다. 피해자 겸 가해자가 될 수도 있는, 그런 위험 부담을 안고 코로나 최전선을 누벼야 하는 어쩔 수 없는 상황이 있는데도 정부는 모든 책임을 기업에 떠넘기려 하고 있다. 정부는 잘 되면 자기자랑이요, 못 되면 기업 탓이다. 쿠팡은 로켓배송 가능 물품이 5백만 종류이고, 전체 취급 품목은 2억 종류가 넘는다. 한마디로 쿠팡에 없는 것은 이 세상에 없다. 요즘 물류센터 사태 때문에 쿠팡을 사례로 들었을 뿐 다른 택배·쇼핑 회사도 그런 목표를 갖고 오늘도 최전선을 누비고 있다. 택배는 이미 우리에게 수돗물 같은 '라이프 라인life line' 즉 일상생활의 수송관이 됐다. 우리 손으로 망가뜨리는 일을 벌이게 될까 우려스럽다.

진짜 성역과 사이비 성역

성역聖域

성역이란 말 그대로 '신성한 지역'을 말한다. 아무도 함부로 들어갈 수 없는 곳이다. 신성불가침의 종교 영역이기도 했다. 심지어 국왕 같은 최고 권력자나 그가 보낸 군사조차 들어갈 수 없는 곳이다. 한국 고대 사회에서도 솟대라는 공간을 성역으로 여겨 죄인이 그 안으로 도망쳐도 잡지 않았다고 한다. 빅토르 위고의 소설 『노트르담의 곱추』에서 콰지모도가 에스메랄다를 성당에 데려다 놓은 이유도 성당이 성역 역할을 했기 때문이었다. 그러나 오늘날에는 '살아있는 권력'과 그에 충성하는 권력기관을 비꼬아 일컫는 말로 더 많이 쓰이고 있다.

우리에게는 성역聖域이 있다. 개인적 성역도 있고, 사회적 성역도 있다. 개인적으로 마누라 외출과 마누라에게 오는 택배가 성역이라는 남자도 있다. 나이 든 남자가 절대로 부인에게 따져 묻지 말아야 할 질문이라는 것이다. 사회적 성역, 정치적 성역에는 무엇이 있을까. 살아있는 권력이 일단 성역이다. 대통령과 가족, 청와대, 이런 곳, 기업이 볼 때는 국세청, 공정거래위원회 같은 곳, 국정원, 검찰, 이런 곳을 떠올리는 사람도 있을 것이다. 부정적 의미에서 성역이다. 근년 들어 사회적으로 '3대 성역'이라고 하면 '위안부, 5·18, 세월호, 이런 일들의 희생자분들'이다. 그분들은 성역 대접을 받아 마땅하다는 의견이 있고 관련 법규도 마련되고 있다.

그런데 문제는 그런 성역에 빌붙어서 성역도 아닌 것이 성역처럼 행세해온 사람들이나 일부 단체가 있다는 점이다. 이번에 위안부 피해자 관련 단체가 보여준 여러 가지 의혹과 '빼박' 증거들을 보면서 이제는 우리 사회가 '진짜 성역'과 '사이비 성역'을 구별해야 할 때가 왔다는 생각이 든다. 이 사이비 성역들은 처음부터 성역에 기생寄生하려고 작정한 것들도 있고, 어영부영 성역들의 밥상에 자신도 숟가락을 얹는 것들도 있고, 세월이 흐르면서 초심이 변질되어 이제는 계륵처럼 되어버린 것들도 있으며, 아예 성역에 빨대를 꽂고 기부 성금과 국고 지원금을 가로채는 것들도 있다.

정신대문제대책협의회, 정신대, 정의기억연대, 정의연, 이런 곳들이 지금 사이비 성역으로 의혹을 받고 있다. 핵심 인물은 이번 총선에서 정치에 발을 들인 쉰일곱 살 윤미향이란 사람이다. 이 사람은 정대협 공동대표, 정의연 이사장을 역임했으니, 지난 30년 동안 위안부 관련 시민운동의 구심점이었던 인물이다. 이

단체는 우리 사회의 성스러움, 혹은 정의로움을 독점하고 있었다. 아무도 시비를 붙을 수 없는 영역, 일제 강점기 위안부 피해자 할머니들을 위한 시민단체라는 아우라는 그 자체로 성역 대접을 받기에 충분했다. 그래서 외부에서는 감히 이런 단체들의 운영 실태를 들여다볼 엄두를 내지 못했다. 이곳에 큰돈을 내고 있는 여성가족부도, 그곳을 감찰해야 할 감사원도, 이들이 해마다 회계 공시를 하고 있는 국세청도, 비리 혐의를 잡아 수사를 해야 했던 검찰도 그리고 부끄럽게도 우리 언론까지도, 이런 단체의 운영 실태와 그 내막을 본격적으로 들여다보지 못했다. 이번에도 아흔두 살 이용수 할머니가 용기 있게 고발을 하지 않았다면 아무도 모르고 그냥 지나쳤을 것이다. 일종의 '내부 고발'이 있은 다음에야 비로소 언론이 나선 셈이다.

윤미향 당선자, 전 정의연 이사장이 본인 개인 계좌로 기부 성금을 받았다는 내용이 알려져 충격을 주었다. 윤미향 씨가 개인 계좌로 받은 돈을 좋은 데 썼느냐, 아니면 개인 호주머니로 착복했느냐가 문제가 아니다. 공익법인이 기부금을 모으면서 개인 계좌로 받았다는 것 자체가 매우 비도덕적인 실정법 위반으로 다른 시민단체 같으면 그 순간 바로 해체되어야 할 중대 사안인 것이다.

알려진 내용은 정의기억연대가 지난 4년 동안 여성가족부, 교육부, 서울시 등에서 모두 13억 원을 국고보조금으로 받았는데,

국세청 등록 공시 자료에는 5억3천8백만 원만 받은 것으로 신고
돼 있다는 보도다. 그렇다면 그 차액 8억 원은 어디로 갔을까. 정
의기억연대 측은 '입력하는 과정에 오류가 있었다.'고 해명했다.
이것도 반박이라고 하는지 정말 전여옥 전 의원의 표현처럼 '그
들의 뇌 구조가 궁금'할 따름이다. 자기네들이 무슨 삼성전자 재
무제표를 공시한 것도 아니고, 8억 원 정도는 너무 푼돈이어서
잘 보이지 않았다는 말인가, 기가 막힌다. 대들보를 빼놓고 집을
지었는데, 지적을 당하자 건축상 오류일 뿐이라고 하는 것이나
같다. 아무래도 '입력상의 오류', 이 말은 한동안 유행어가 될 것
같다. 이제 정부 공무원들도 무슨 잘못이 발견되면 입력상의 오
류라고 하면 될 것 같다.

일반 기업이나 단체는 어떤 잘못이 드러나면 그 대표되는 사람
들이 카메라 앞에서 무릎 꿇고 고개 숙이고 사죄한다. 그런데 사
이비 성역들의 특징 중에 하나는 오히려 눈을 부라리며 대든다는
점이다. 그리고 반대 프레임을 엉뚱하게 씌워서 공격한다. 정대협
과 정의연의 회계 비리 의혹을 제기했을 뿐인데, 잘못을 사과하기
는커녕 그것을 친일세력의 준동이라고 덮어씌우려고 한다.
얼마 전 최재형 감사원장이 아주 명료하게 설명했다. 감사관
에게 성역이란 '감사할 경우 거센 반발이 예상되는 영역'이라고
했다. 사이비 성역은 이런 반발이 더 거세다. 아마 청와대와 민주
당의 고민도 깊어갈 것이다. 윤미향 당선자를 쏘아내느냐, 아니

면 끝까지 끌어안고 가느냐는 문제일 뿐만 아니라, 정권의 도덕
성과 직결된 문제이기도 한 것이다. 더 늦으면 부담도 그만큼 커
지기 때문에 내부적으로 고민이 많을 것이다.

물론 위안부 피해자 지원 단체에 대해 우리는 지난 세월 공과
功過를 함께 말해야 한다. 초창기에 그들의 용기와 역할이 우리
사회를 바꿔놓은 부분이 있다. '위안부 할머니들의 복지에 이바
지했고 우리 사회의 정의로움에 이바지했다.'는 평가다. 그러나
어느 시점 이후로는 '한일 관계의 걸림돌이었다.'는 혹평도 있다.

이번 사태를 보면서 나는 '정의 비즈니스'를 하는 이 '사이비
정의로운 것'들과 결별하고 싶다는 생각마저 든다. 어느 소설가
도 작품 서문에 그렇게 썼다. '나는 정의로운 자들의 세상과 작별
하였다. 나는 나 자신의 절박한 오류들과 더불어 혼자서 살 것.'
이라고.

코로나 이후의 변화된 일상

비누 경찰Soap Police

한국에도 잘 알려진 유명 작가 유발 하라리가 2020년 3월 파이낸셜 타임즈에 이런 글을 게재했다. '코로나 바이러스 이후의 세계'다. 내용을 간략히 살펴보면, 첫째는 앞으로 전염병 확산을 막는다는 핑계로 각국 정부가 국민을 합법적으로 추적 감시하는 시스템을 강화하게 될 것이란 점이다. 중국은 이미 상상을 뛰어넘는 감시 카메라가 작동하고 있다. 그러나 반대로 생각할 수도 있다. 전체주의적 감시 체제를 동원하지 않아도 시민들이 자발적으로 개인 정보 제공과 건강 수칙 준수에 나서게 될 수도 있다. 둘째는 19세기부터 시작된, 비누로 손을 씻는 간단한 행위가 매년 수백만 명의 목숨을 구하고 있다는 점이다. 바이러스와 세균으로부터 우리 자신을 지키고 있는 것이다. 오늘날 매일 수억 명의 인류가 비누로 손을 씻고 있다고 추정할 수 있다. 그것은 '비누 경찰Soap Police'이 들이닥칠까 봐 두려워서 하는 행동이 아니다. 셋째는 코로나 사태 이후에 각 나라는 극단적인 국가 이기주의를 더욱 심화시키고 민족주의적 고립 상태를 마다하지 않을 것인지, 아니면 거꾸로 글로벌 연대를 강화하게 될 것인지 양자 간에 선택을 해야 할 것이란 점이다.

코로나 사태가 한 고비를 넘기고 나면, 우리에게는 어떤 일들이 벌어질까. 어떤 변화가 우리를 기다리고 있을까. 여러분은 개인적으로 어떤 변화가 있을 것으로 예상되시는가. 나는, 우리 가족은, 내가 속한 조직은, 내가 살고 있는 지역사회는, 우리나라는, 아니 코로나 팬데믹으로 고통 받고 있는 온 지구촌에는 어떤 새로운 세상이 다가오고 있는 것일까. 암울한 변화도 있을 것이고, 반가운 소식도 있을 것이다. 양쪽을 다 말씀드려 보겠다.

먼저 우리나라만 놓고 본다면, 정부도 가계도 기업도 빚더미 위에 올라앉게 될 것이다. 최근 한국경제 신문은 정부·가계·기업을 합한 그 빚이 어느새 4천5백4십조 원에 이른다고 보도했다. 작년에만 2백9십조 원이 급증했다고 한다. 부채가 늘어나는 속도가 세계에서 네 번째로 가파르다. 국가채무 말고 가계와 기업까지 합친 총부채로 따지면 GDP의 237%에 이른다고 한다. 그런데 올해 코로나로 4백조 원이 더 늘어날 것으로 예측된다고 했다.

대구·경북처럼 코로나로 직격탄을 맞은 지역경제는 되살아나기까지 상당한 시간이 걸릴 것으로 보인다. 공장은 이미 불꺼진 지 오래인데, 그나마 직원들 퇴직금을 주려면 폐업을 하는 수밖에 없다는 탄식이 터져나오고 있다. 70일 만에 문을 연 칠성야시장도 지난 며칠 황금연휴를 맞았음에도 불구하고 손님은 작년의 10분의 1이라고 한다.

반면에 전국적으로 봤을 때 명품 판매 쪽은 그동안 참았던 것을 보복이라도 하듯 '보복 소비'가 폭발하고 있는데, 현대아울렛 명품 매출은 62%가 급증했고, 롯데아울렛 가전 판매는 39%가 늘었으며, 백화점도 명품과 가전 판매장에서는 소비자들이 지갑을 열었다고 한다. 우리 일상생활도 많이 바뀔 것 같은데, 여럿이 밥을 먹을 때도 숟가락은 섞지 말고, 반찬은 개인접시에 담아 먹는 생활방역이 자리를 잡아갈 것 같다. 우선 당장 밥상 문화부터 바뀌어야 한다는 보도가 있었다.

한 신문은 '포스트 코로나19 시대의 19가지 뉴 트렌드'란 기획을 선보였다. 지구촌 일상이 어떻게 바뀔지 소개했다.

1. 큰 정부, 스마트한 정부가 세계적 추세로 자리 잡는다고 했다. 개인의 자유보다는 시민의 생명과 안전을 우선시하면서 국가의 개입이 커진다는 뜻이다. 아울러 경제력·군사력 못지않게 방역시스템 같은 소프트 파워도 중요시 될 것이다.

2. 인간 안보다. 전쟁이 아닌 인간 자체가 안보의 궁극적 목표라는 것이다.

3. 돈 풀기다. 이제는 국가적 재난이 닥칠 때마다 국가가 이전에 볼수 없었던 규모로 돈 풀기를 반복할 것이다.

4. 자국 우선주의다. 개인이 각자도생을 했듯 국가도 각국도생을 하

려 할 것이다. 트럼프 미국 대통령이 내걸었던 아메리카 퍼스트보다 더 강력한 내용이 될 것이다. WHO 같은 국제기구의 영향력은 줄어들 것이다.

5. 사생활 침해다. 확진자 동선動線을 공개한 것이 코로나 확산을 막는 데 큰 역할을 했다. 이제 국가는 어느 개인이 언제 어디서 누구를 만났는지 자연스레 알 수 있게 됐다. '빅 브러더big brother'의 시대가 열릴지도 모른다.

6. 지구 환경의 재발견이다. 전 세계적으로 공장과 산업시설이 동시에 멈춰 서자 하늘, 공기, 물이 깨끗해졌다. 매우 소중한 경험이다.

7. 반反 세계화 바람이 불 수 있다. 코로나 사태로 국경을 폐쇄하고, 인적 이동을 차단했다. 세계화의 믿음은 깨졌다. '글로벌'보다 '로컬'이 먼저라는 생각이 퍼질 것이다.

8. 신新 공동체의 발현이다. 헌신적인 의료진들, 자원봉사와 기부에 나선 시민들, 서로 협력하는 공동체들, 이것은 사회 전체에 새로운 깨우침을 주었다.

9. 탈脫 도시화 현상이다. 코로나 덕분에 미세먼지 없는 세상을 경험하고, 동시에 재택근무 확대 가능성을 경험하면서 도시 집중은 더 이

상 미래의 모습이 아니라는 생각을 갖게 됐다.

10. 이제는 선진국이 아니라 선도국이 중요하다. 미국과 서유럽의 선진국들이 코로나에 무너지는 것을 보면서 앞으로는 선진국이 아니라 팬데믹 위기에 선도적으로 대응하는 국가 능력을 우선시하게 됐다.

11. 탈脫 G2다. 세계 첫 번째 두 번째 수퍼파워인 미국과 중국은 이번 코로나 사태에 가장 취약하다는 게 드러났다. 패권국 리더십은 크게 훼손됐다. 당분간 다극체제로 갈 것이다.

12. 서구 우등생 시대의 종언이다. 이제 서구는 우월하고 동구와 아시아는 열등하다는 재래식 관념이 부서지고 말았다. 선진국 신화는 깨졌다. 선진국 순서대로 확진자와 사망자가 많았기 때문이다.

13. '글로벌 밸류 체인'보다는 '리쇼어링' 촉진이다. 리쇼어링, 즉 해외로 나갔던 기업이 국내로 다시 들어오는 기업 유턴이 주목받고 있다. 글로벌 밸류 체인이라는 국제 분업 구조는 연결고리가 한 곳만 깨져도 매우 취약했다.

14. 우리 일상생활에도 변화가 올 것이다. 바로 '홈 루덴스' 현상이다. 멀리 밖으로 나가지 않고 주로 집안에서 놀고 즐길 줄 아는 사람들이 많아질 것이다.

15. 원격교육이다. 사이버대학처럼 보통날은 집에서 온라인으로 학습하고, 주 1회, 혹은 격주 1회만 등교해서 교사와 대면하는 원격수업이 본격 연구될 것이다. 온라인과 오프라인을 병행한다고 해서 둘을 혼합한 '블렌디드 러닝'이라고 부를 것이다.

16. 비대면 산업의 발달이다. 예컨대 넷플릭스나 유튜브처럼 소비자 얼굴을 보지 않고 서비스나 재화를 판매하는 산업이 새로운 도약을 하게 될 것이다.

17. 스마트 오피스 혹은 재택근무의 재발견이다. 아울러 홈 오피스 구축 사업도 빠르게 성장할 것이다.

18. '콘서트 앳 홈'이란 문화현상이다. 콘서트를 집에서 실황중계로 즐기는 현상이다. 이제는 지정된 공간에 무대를 마련하고 관객이 한 곳에 모이는 콘서트가 아니라, 최근 방탄소년단이 보여준 것처럼 온라인 콘서트가 새로운 문화 소비 방식으로 자리를 잡게 될 것이다.

19. 전문가의 귀환이다. 집단지성이 한동안 유행했다. 인터넷 시대는 모두가 전문가였다. 그러나 코로나 사태를 겪으면서 사람들은 생명이 오갈 때는 의사·간호사 같은 의료 전문가에게 매달려야 한다는 것을 다시 깨닫게 됐다.

이상 코로나 19를 맞이하여 새롭게 나타나고 있는 19가지 현상을 짚어봤다.

굿 뉴스를 하나 말씀드리면, 세계인들이 코로나 사태를 겪으면서 '메이드 인 코리아'에 대한 대접이 달라졌다는 점이다. 한국경제. 국격과 브랜드 파워가 모두 높아졌다는 뜻이다. 지금까지는 안보 문제나 노동 문제 때문에 한국 제품에 대한 가치를 매길 때 '코리아 디스카운트'가 있었다. 그러나 앞으로는 '코리아 프리미엄'의 시대가 열릴 수도 있다는 것이다. 제조업 부문이 많은 한국은 포스트 코로나 시대를 주도하며 경제회복 과정에서도 롤 모델이 될 수 있다. 한 업체 대표는 한국산 공기청정기나 정수기에 태극마크를 붙여달라는 수입업체가 많다고 했다.

'위기에 강한 K제조업, 퀀텀점프 기회다.'라는 기사도 있었다. '퀀텀 점프Quantum Jump'란 기업이나 산업이 여러 단계를 뛰어넘어 비약적으로 발전하는 것을 의미한다. 현대차·기아차는 지금 공장 가동률이 65%를 넘어섰는데, GM·르노·BMW는 아직 10%대를 벗어나지 못하고 있다. 삼성전자나 LG디스플레이는 포스트 코로나에 대비해서 공격적인 투자를 하고 있다. 모두 기운을 내야 할 때다.

코로나 시대, 놀라운 시민의식

이인삼각二人三脚

이인삼각二人三脚이란 달리기 경주에서 두 사람이 한데 발을 묶어 마치 다리가 세 개처럼 보이게 하여 뛰는 것을 말한다. 보통 초등학교 운동회에서 많이 한다. 일상 언어생활에서는 비유적으로 쓰일 때가 많다. 서로 다른 두 개의 주체가 절대적으로 협력해야 하는 상황을 말한다. 코로나 사태에서 서로 믿고 협력해야 하는 주체는 방역 당국, 의료진, 일반 시민 등이다. 사실상 '3인 4각' 경기를 해야 하는 것이다. 그런데 희생적인 의료진과 자발적인 시민을 뒤로 하고 정부 혼자 자화자찬을 하면 참으로 어처구니없는 상황이 되는 것이다.

'어처구니없다'는 말도 있고, 비슷한 말로 '어이없다'도 있다. '어처구니'란 무엇이기에 어처구니가 없으면 '기가 막히고 황당하다.'는 뜻이 될까. 일설에는 어처구니가 '맷돌 손잡이'라고 한다. 곡식을 갈려고 맷돌을 꺼냈더니 손잡이가 없다면 얼마나 황당하겠는가. 또 다른 설명은 조선시대 궁궐 건물의 처마에 올렸던 토우土偶를 말한다고도 한다. 토우는 흙으로 만든 인형이나 동물형상을 뜻한다. 지금 어처구니없다는 말을 꺼낸 이유가 있다.

문재인 대통령은 어제 코로나 사태와 관련 소셜 미디어에 글을 올렸다. 문 대통령은 '바이러스에 맞서는 우리의 싸움도 거대한 이인삼각二人三脚 경기'라며 '나 혼자 안 아파도 소용없고 나 혼자 잘 살아도 소용없다.'고 했다. 아울러 사회적 거리 두기를 당부했다. 문 대통령은 국민의 감성에 호소하는 듯 초등학교 운동회 얘기를 꺼내면서 말을 시작했다. "따뜻한 봄날, 초등학교 소풍이나 운동회가 생각납니다. 운동을 잘하거나 못하거나 모든 아이에게 공평하게 이길 기회를 주는 경기가 이인삼각 경기였습니다. 혼자 앞서려 하면 오히려 낭패, 서로 호흡과 보조를 맞춰야 무사히 결승선에 닿을 수 있었습니다."

이 말을 듣는 순간, "모처럼 옳은 얘기를 했네." 하는 국민도 있겠지만, 적잖은 국민들은 어처구니없다는 느낌이 들었을 것이다. 다들 아시다시피 이인삼각 경기란 두 사람이 나란히 서서, 서로 붙은 쪽 두 발을 끈으로 묶고, 다른 쪽 발을 각각 재게 놀려서 최대한 빠르게 달리는 경기다. 두 사람(二人)이 함께 섰으니 발이 네 개가 되는데, 두 발을 한데 묶었으니 삼각三脚, 즉 발이 세 개가 된다. 요즘은 드물게 보는 풍경이지만 예전에는 소풍날이나 운동회 때 빠지지 않고 하던 경기였다.

그런데 문 대통령은 마치 국민들끼리 이인삼각 경기를 한다는 듯이 "나 혼자 안 아파도 소용없고 나 혼자 잘살아도 소용없다."

고 했다. 문 대통령은 "운동을 잘하거나 못하거나 모든 아이에게 공평하게 이길 기회를 주는 경기."라고 했다. 그런데 운동을 잘하는 아이와 못하는 아이로 나눴다는 것은 코로나 사태의 대응에도 사회적으로 가진 자와 못 가진 자 사이에 무슨 상대적 박탈감이라도 있다는 듯이 복선을 깔아놓은 것이다. 마치 사회적 불평등을 역으로 꼬집듯이 또 한 번 공평이라는 단어를 사용했다. 엉뚱하고 어처구니없는 프레임을 만들어내고 있는 것이다.

입은 삐뚤어졌어도 말은 똑바로 하자. 코로나 사태를 극복하기 위해 사투死鬪를 벌이는 이인삼각 경기는 국민과 국민이 벌이고 있는 게 아니다. 지금 벌어지고 있는 이인삼각 경기는 싫든 좋든 '문재인 정부와 국민'이 발을 한데 묶어 앞으로 나아가고 있는 중이다. 국민은 공포와 불안을 이겨내면서 어떻게든 한 발짝이라도 앞으로 나아가려고 하고 있는데 정부가 번번이 딴짓을 하면서 보조를 맞추지 못해 비틀거리고 있는 것이다. 현장 의료진과 시민들이 묶은 이인삼각은 너무도 놀라운 협조를 잘 하고 있다. 그런데 발 한 쪽을 정부와 묶는 순간, 비틀거리면서 쓰러지는 사태가 발생한다. 박능후 보건복지부 장관은 "중국인보다 중국 다녀온 우리 국민이 더 많이 감염시킨다."는 발언을 해서 온 국민을 분노케 했다. 그 뒤 의료진의 방호복과 마스크 부족 상황과 관련해서 "본인(의료진)들이 넉넉하게 재고를 쌓아두고 싶은 심정에서는 부족함을 느낄 것."이라고 말해 다시 한 번 현장 의료진은 물론 온 국민을 경악케 했다.

박능후를 검색하면 망언, 막말, 경질 청원 같은 국민 여론이 쏟아져나온다. 박능후 장관은 원래 경제학과를 졸업하고, 사회 양극화나 빈곤 문제를 연구해온 사회복지 학자다. 부친이 노무현 대통령의 초등학교 은사라는 인연이 있고, 본인은 문재인 후보의 자문그룹에서도 활동했다. 친문親文 인사 중에서도 가장 끈끈한 친문이다. 그러나 그는 바이러스나 방역 쪽은 전혀 모르는 사람이다. 현장 의료진이 이런 사람과 이인삼각 경기를 하려니 얼마나 답답하겠는가.

문 대통령은 최근 청와대 참모들에게 "사재기 없는 나라는 국민 덕분."이라며 "국민에게 감사하다."고 여러 번 언급했다고 한다. 이번에도 말을 똑바로 해보자. 국민들이 사재기를 자제하고 있는 것은 정부를 신뢰하기 때문일까. 긴말 필요 없다. 안혜리 중앙일보 논설위원이 쓴 칼럼 '의사와 택배기사가 한국을 살렸다.' 는 칼럼을 보면 답이 나온다. 지금 대한민국이 나름 정상적으로 굴러가는 건 '사'자 달린 두 직업, 그러니까 의'사'와 택배기'사' 덕분이라고 했다. 그중 택배기사 부분을 인용해본다.

'택배기사도 코로나 국면에선 의사만큼 중요한 역할을 하고 있다. 외국인이 요즘 한국에서 가장 감탄하는 건 아마 어딜 가나 사재기 없이 꽉꽉 채워진 매대賣臺일 것이다. 가깝게는 홍콩에서부터 멀리는 유럽·미국에 이르기까지 예외 없이 벌어진 사재기가 왜 한국에서는 없었을까. 초반 확진자 폭증으로 방역망이 무너져버리다시피 했던 대구·경북 지역에서조차 사재기는커녕 이동 금지 명령 같은 강력한 정부 지침 없이도 어떻게 다들 자발적 격리를 택하며 일상을 영위할 수 있었을까. 여기엔 택배기사의 공이 적지 않다. 지금 한국에선 굳이 외출하지 않아도 생필품을 비롯해 필요한 모든 물건을 집에서 받아볼 수 있는 배송 인프라가 잘 갖춰져 있다. 언제든 스마트폰만 열면 필요한 물건을 구할 수 있다는 심리적 안정감이 있기에 굳이 사재기하러 마트로 달려갈 이유가 없는 것이다. 정부가 깔아놓은 인프라가 아니라 민간기업 쿠팡이 구축한 전국적 배달망이다.'

그렇다. 여기에 덧붙여 진즉부터 코로나 진단 키트를 준비하고 생산했던 민간 기업, 어떻게든 별도 설비를 갖춰 마스크 생산을 늘려보려고 애썼던 민간 기업이 있었기에 정상적인 상황 유지가 가능한 상태에 있는 것이다. 중세 역사와 전쟁, 그리고 군사 문화 등을 연구한 세계적 유명 학자 유발 하라리는 파이낸셜 타임스에 '코로나 바이러스 이후의 세계'라는 장문의 기고문을 실었다. '우리는 코로나 바이러스를 막고 우리의 건강을 지키기 위해 전체주의적 감시체제를 동원하지 않아도 된다. 시민적 역량 강화empowering citizens를 통해서도 가능하다. 최근 몇 주 동안 코로나 바이러스 확산을 막는 데 가장 성공적이었던 사례는 바로 한국, 대만, 그리고 싱가포르이다.' 유발 하라리도 한국이 보인 모범 사례는 '시민적 역량'이라고 본 것이다. 정부가 생색을 낸다면 남의 밥상에 숟가락 얹으려는 행동이라고 할 수 있다.

문 대통령에게 다시 한 번 현실 인식을 똑바로 하시라고 당부 드린다. 지금 이인삼각 경기는 '정부와 시민'이 발을 한데 묶은 꼴이다. 정부는 제발 정신 똑바로 차리고, 시민과 의료진과 민간 기업의 발목을 잡지 말아야 한다. 문 대통령은 결론 부분에서 "또한, 언제나 정부가 선두에 설 것입니다. 함께 이겨내고, 함께 앞으로 나아갑시다."라고 했다. 문 대통령에게 당부한다. 정부가 선두에 설 생각을 하지 말기 바란다. 시민들과 의료진과 민간 기업이 알아서 한다. 정부는 이들의 발목만 안 잡으면 된다.

대통령은 지금 짜파구리를 먹을 때인가

코로나 사망자, 예측을 비웃은 내가 부끄럽다

2020년 4월 1일 미국 백악관 코로나 대응팀은 코로나19로 인한 미국인 사망자가 최대 24만 명에 이를 것이라고 경고했다. 그때 필자는 마음속으로 코웃음을 쳤다. 에이, 설마 그럴 리가……. 그러나 지금 와서 돌아보면 필자가 얼마나 어리석었는지 부끄럽기 짝이 없다. 연말까지 기다릴 것도 없이 사망자는 최대 예측치를 넘어섰다. 지난 11월 22일 현재 미국 내 감염자는 1천2백만 명을 넘었고, 사망률은 2.1%이므로 사망자 수는 25만 명을 상회한 것이다. 이러한 수치는 6·25 전쟁 때 숨진 미군 사망자의 5배에 달하고, 베트남 전쟁에서 숨진 미군 사망자의 2.5배에 이른다.

2020년 2월 24일 투자은행 JP모건이 이런 발표를 했다. 그 회사의 보험팀이 가동한 역학 모델에 따르면 '한국의 코로나 바이러스 확산세가 오는 3월 20일 정점을 찍고, 최대 감염자 수는 1만 명에 달할 것.'이라고 했다. 그때는 다들 설마 그럴 리가……

했다. 과장이 너무 심하다고 생각했다. 그러나 지금은 어떤가. 현실은 그보다 빨리 다가올 것 같다는 데 다들 동의하고 있다. 국내 감염자가 6천 명을 넘게 된다면 한국 감염자 1만 명 기록은 3월 20일이 아니라 그보다 훨씬 이전에 올 수도 있다.

감염병이란 그런 것이다. 마치 1백년에 한 번 올까 말까 한 지진 해일에 대비해서 수십 미터 방파제를 쌓듯이, 감염병이 최초 발생했을 때 제대로 된 정부라면 역학적으로, 과학적으로 추론할 수 있는 최악의 경우를 상정하고, 그보다 30%쯤 더 나빠질 수도 있다는 플랜B까지 세운 뒤에, 모든 것에 선제적으로 대비책을 세우고 실천해야 옳다. 그러나 지금 청와대는 '코로나가 머지않아 종식될 것'이라고 했고, 봉준호 감독을 불러 가가대소呵呵大笑하며 점심을 먹었으며, 마스크 대란이 곧 해결될 것처럼 전혀 근거 없는 큰소리나 치고 있었다. '돈키호테 정부'를 보는 것 같은 착각마저 불러일으킨다.

지금 우리 국민들은 코로나 사태를 힘겹게 견디고 있다. 서울대 유명순 교수팀이 코로나 이후의 삶을 조사했더니, 우리나라 국민 다수가 '일상이 정지됐다'고 느끼고 있으며, 분노의 감정이 대폭 늘어난 것으로 나타났다. 불안의 감정이 가장 컸고, 그 다음으로 공포와 충격의 감정이 뒤를 이었으나, 시간이 흐를수록 분노의 감정이 대폭 불어나고 있다는 것이다. 그렇다면 그 분노의 감정은 누구를 대상으로 한 것이겠는가. 자가自家 격리의 규칙을 어기는 이웃 사람들을 향해서일까. 마스크를 안 쓰고 버스에 올라타는 사람을 향해서일까. 신천지예수교의 지도자들을 향해서일까. 아니면 초기 방역에 실패한 문재인 정부를 향해서일까.

지금 국민들에게 가장 시급한 것은 마스크와 그리고 병상病床이다. 침방울 전염을 막기 위한 마스크, 그리고 발열 증세가 보이면 곧바로 찾아가 누울 수 있는 병원 침대다. 지금 정권은 세금 퍼주기 대회에 나가면 1등이지만, 그 간단한 마스크 하나조차도 생산-유통-분배에 완전 먹통, 무능하다는 본전을 드러내고 있다. 한국은 세계 1위 반도체 생산 국가다. 그런데 마스크 하나 제대로 공급하지 못해 온 국민을 불안과 분노의 도가니로 몰아넣고 있다.

2019년 봄, 일제강점기 강제 징용에 대한 배상 문제로 한·일 갈등이 빚어지고 일본이 핵심 반도체 소재 수출을 걸어 잠그자 문재인 정부는 갈피를 못 잡고 허둥댔었다. 정부는 국민의 반일 감정과 관제 민족주의에 불을 지펴 지소미아를 파기하려고 했다가 미국의 강한 반발을 불러일으켰고, 결국은 흐지부지 하는 쪽으로 도망치고 말았다. 반도체 핵심 소재는 워낙 높은 수준의 전략적 공산품이니 그렇다 치더라도, 지금 정부는 간단한 공산품인 마스크에서조차 무능을 드러내고 말았다. 이제 와서 한다는 소리가 중국에서 마스크용 필터 수출을 막는 바람에 제작에 차질이 생겼으며, 마스크 완성품을 중국이 수출을 차단하는 바람에, 국내 업체에 강제납품을 요구했지만 오히려 공장들이 먼저 공급 계약을 한 쪽에 위약금을 물 수 없다고 버티는 바람에 생산량을 3백만 장이나 줄이고 있다.

그동안 정부는 국내 수요를 감당하기 충분한 마스크 생산 능력이 있다고 해왔다. 2월 28일에는 '여러 대책을 내놓았으니 오늘부터 내일, 모레까지는 효과가 있을 것으로 본다.'고 했다. 정말 한치 앞을 보지 못하고 무작정 잘 될 것이라고 미래형으로 말을 쏟아놓는다. 대통령은 비이성적 낙관주의자라도 되는 것처럼 말을 해놓고, 그것이 이뤄지지 않으면 뒷감당은 아랫사람들이 한다. 그래서 아랫사람들만 사과를 하고 대통령은 사과하지 않는다. 대통령도 여당 대표도 이제 와서 한다는 소리가 국민들이 아껴 써야 한다는 것이다. 지금 정권은 '바이러스 전쟁'을 하는 게 아니라 '표票 모으기 작전'을 하고 있다는 인상을 준다. 마스크를 구하지 못해 절규하는 독자들의 분노에 찬 전화가 신문사로 빗발치고 있다. 그중 일부를 소개한다.

– 경북 상주에 살고 있는 70세 남자다. 우체국에서 마스크를 판다는 뉴스를 보고 집에서 12km 떨어진 상주시 외서면 우체국에 이틀간 방문했지만 구할 수 없었다.……참담하다. (최ㅇㅇ)

– 서울 종로구에 산다. 세검정우체국에 마스크 구매하러 갔는데 마스크가 없었다. 왜 없느냐고 물어보니 들어온 게 없다고 한다. 그래서 집 아래 약국에 갔지만 마스크를 구입하지 못했다. 마

스크 대란인 시국에 정부의 말을 믿지 못하겠다. (이ㅇㅇ)

－ 정부가 오늘 11시부터 우체국에서 마스크 판매한다고 해서 찾아갔더니 서울 우체국은 판매하지 않는다고 하여 헛걸음했다. 서울은 대중교통 이용 시민이 많은데 정부의 마스크 배포 정책이 아주 잘못됐다.

－ 지난 2일 우체국에 갔다가 허탕만 쳤다. 수십 명이 마스크 사겠다고 몰려오는데 정부의 잘못된 방송으로 우체국 직원들은 해명하느라 다른 일을 못한다. (박ㅇㅇ)

－ 우체국 직원이다. 마스크 공적 판매로 우체국 업무가 마비되고 있다. 도대체 정부에서 왜 이러는지 모르겠다. 마스크 구입하는 사람 이름도 개인정보라 적지 말라고 해서 안 적으니 한 번 구입한 사람이 다음 날 또 구입해도 알 수 없다.

－ 통장·반장을 통해 정확하고 공평하게 분배해서 마스크를 공급해야 한다. 줄 서는 원시적인 방법을 언제까지 고집할 것인가. 공무원의 무능이 한심하다. (김ㅇㅇ)

－ 28년째 마스크업에 종사하고 있다. 사스와 메르스 때도 이렇진 않았다. 2월 4일 거래처인 전주, 평택, 안성, 파주 공장을 방문했다. 25억 원을 가지고 갔는데도 2천 장밖에 받지 못했다. 방문 당시 중국 사람들 20명 정도가 기다리고 있었고, 기다린 지 얼마 되지 않아 8톤 트럭 6대에 마스크를 싣고 갔다. 660원에 사오는 마스크를 중국 사람들은 1400~1500원에 사갔다. 그러니 중국으로 어마어마한 물량이 빠져나갔고 국내에는 물량 부족 사

태가 벌어진 것이다.

– 어제 이해찬 대표는 마스크 2장을 가지고 1주일을 쓰라는 말을 하던데 식약청법을 보면 1회용 마스크는 8시간 이상 못 쓰게 되어 있다. 여당 대표라는 사람이 마스크 2장을 가지고 1주일을 쓰라는 말을 하다니 이해가 가지 않는다.

한국과 반대로 일찍부터 중국인 입국을 막은 나라들은 '방역 모범국'이 됐다. 대만은 진작부터 중국인 유입을 전부 차단했다. 현재 대만 감염자는 42명이다. 베트남도 중국을 떠난 사람은 물론 물자까지 끊었다. 감염자가 16명에 그쳤다. 중국과 5천km 국경을 맞댄 몽골은 육로와 항공로를 막았다. 의료 수준이 높지 않은데도 코로나 사태에서 비켜서 있다. 정부당국자는 당신이 알고 있는 만큼 대다수 국민들도 알고 있다는 데서, 그곳에서 대책을 시작해야만 한다. 그것은 솔직함과 상식이다.

3장
억울한게 아니라 분한 것이다

정말 궁금하다. 정말 묻고 싶다. 누가 대답
좀 해주면 좋겠다. 지금 이 나라에는 도대체
무슨 일이 벌어지고 있는가. 대통령을 풍자
하는 대자보를 붙였던 청년이 유죄 선고를
받았고, 대통령 측근을 수사했던 검찰 지휘
부는 통째로 날아가 버렸고, 대통령을 비난
하거나 정권의 눈 밖에 나는 일을 했다가는
방송을 비롯한 여러 허가 승인이 취소되는
것은 물론이고, 생존권이 위협받거나 감옥
에 갈 걱정을 해야 하는 나라가 되어가고 있
다. 이것이 지금 이 나라에서 벌어지고 있는
일들이다.

문 대통령이 답장 못 하는 10가지 이유

북한군 총격 피살 해수부 공무원의 '명예'

2020년 9월 22일에 발생한 대한민국 해수부 공무원의 북한군 총격 피살 사건은 영구 미제 사건 비슷하게 남게 될 공산이 크다. 북한 김정은 위원장이 '미안하다'면서 사건의 일부를 시인했으나, 현장 상황은 아직까지 미스터리처럼 남아 있고, 시신이나 유류품 같은 직접적인 증거물은 하나도 발견되지 않았다. 아울러 피살 공무원에게 월북 의사가 있었느냐 여부가 쟁점이었는데 문재인 정부는 이 점에 대해 뚜렷하고 분명하게 입장을 밝히지 않았다. 이 공무원에게는 형님도 있고, 아들과 딸도 있다. 그 아이들의 엄마도 있다. 이 해수부 공무원의 명예는 유가족들의 명예와 직결돼 있다. 문재인 정부는 이 점을 잊으면 안 된다.

1982년 영국과 아르헨티나가 맞붙은 포클랜드 전쟁에서 영국은 승리했다. 그러나 영국도 258명 전사자가 생겼다. 당시 마가렛 대처 총리는 영국군 전사자 258명의 가족들에게 일일이 추도 편지를 작성했다. 일과 시간은 물론이고 본인의 휴가도 반납해

가며 편지를 썼다. 똑같은 내용으로 인쇄한 뒤 받는 사람 이름만 바꿔 적는 그런 편지가 아니다. 희생자 각자의 개인적인 이야기, 그리고 각각의 전사자가 죽기 직전 어떤 상황이었는지를 상세하게 적은 정성들인 편지였다. 그런 추도와 위로의 편지를 이백쉰여덟 통이나 쓴 것이다.

조선일보를 비롯한 몇몇 신문에 보도된 편지 한 통이 있다. 서해바다에서 북한군에 의해 총격 피살된 해수부 공무원의 아들, 고교 2학년 아들이 문재인 대통령에게 쓴 편지다. 컴퓨터에서 타이핑해서 출력한 편지가 아니고 손글씨 편지다. 우리는 그 편지를 읽으면서 가슴이 한없이 먹먹해졌다. 그 아이와 초등학교 1학년에 다닌다는 어린 여동생의 처지가 너무 비통하고 억울하고 절절하게 느껴졌기 때문이다. 이 아이들은 47살 피살 공무원의 아들·딸이면서 동시에 대한민국 정부의 아들·딸이기도 하며 우리모두의 아들·딸이기도 한 것이다.

해수부 공무원의 실종에 관해서는 어떻게 된 사정인지 속 시원하게 밝혀진 것이 하나도 없다. 유가족들은 아직도 발을 동동 구르며 애간장이 타들어가고 있다. 정부와 여당 일각에서는 피살 공무원이 월북越北하려 했다는 얘기마저 공공연하게 나돌고 있다. 유가족들을 두 번 죽이는 주장들이 별 근거 없이 횡행하고 있는 셈이다. 아이는 묻고 있다. 아빠는 왜 실종됐는지, 어떻게 수영도 못 배운 아빠가 조류를 거슬러서 38km, 거의 백리 길을 헤엄쳤다고 하는 것인지, 설명 좀 해달라는 것이다. 아직도 깜깜한 어둠 속이기 때문이다. 그런데도 공무원들의 최고 정점인 문재인 대통령은 총격을 책임져야 할 김정은에게는 감사의 인사를 하면서 총격 피살 유가족에게는 보름이 넘도록 아무런 설명이 없다. 그래서 기다리다 못한 아들이 대통령에게 직접 편지를 쓴 것이다.

그러나 우리는 문 대통령이 결코 이 아이에게 답장을 하지 못할 것이라고 예상한다. 뒤늦게 답장을 하더라도 별 내용 없이 두루뭉술한 표현들만 채워넣을 가능성도 있다. 우리는 왜 대통령과 청와대가 이 아이에게 답장을 못 할 것이라고 보는지, 이 아이가 보낸 편지 전문全文을 살펴서 그 이유를 말씀드리겠다. 1,449글자인 이 손편지는 자신과 가족이 처한 상황을 설명하면서 동시에 문재인 대통령에게 직접 10가지 질문을 던지고 있다. 그 질문을 짚어드리겠다.

1. 아빠는 여느 때와 다름없이 통화를 했고 동생에게는 며칠 후에 집에 오겠다며 화상통화까지 하였습니다. 이런 아빠가 갑자기 실종이 되면서 매스컴과 기사에서는 증명되지 않은 이야기까지 연일 화젯거리로 나오고 있습니다. 아무것도 모르는 어린 동생과 저와 엄마는 매일을 고통 속에서 살고 있습니다. 한 가정의 가장을 하루아침에 이렇게 몰락시킬 수 있는 자격이 누구에게 있는지요?

한 가정의 가장을 몰락시킬 수 있는 자격이 누구한테 있는 것이냐, 이렇게 물음표까지 붙여서 대통령에게 묻고 있다. 당연히 그 누구에게도 그럴 자격은 없다. 총체적인 책임자는 대통령이다. 상식적인 사람이라면 입이 열 개여도 이 아이한테 대답할 수 있는 말을 쉬 찾지 못할 것이다. 이어진 아이의 질문은 아주 구체적이다.

2. 수영을 전문적으로 배운 적이 없는 저희 아빠가, 180cm의 키에 68kg밖에 되지 않는 마른 체격의 아빠가 38km의 거리를 그것도 조류를 거슬러 갔다는 것이 진정 말이 된다고 생각하시는지 묻고 싶습니다.

솔직히 말씀드리면, 문 대통령이 이 문제를 심각하게 검토해보기는 했는지 의심스럽다. '백리 바닷길을 헤엄쳐 갔다.'는 해수부 발표, 국방부 발표, 온 국민이 모두 석연치 않다고, 가능하지 않다고 고개를 갸웃하면서 제대로 된 설명을 원했지만, 어디에서도 대답이 없었다. 문 대통령은 이런 점을 참모들에게, 해수부 장관, 국방부 장관에게 물어보기나 했는지 궁금하다. 대통령도 답변이 궁색할 것이다. 이 아이가 대통령에게 묻는 세 번째 질문은 이렇다.

3. 본인만 알 수 있는 신상정보를 북에서 알고 있다는 것 또한 총을

들고 있는 북한군이 이름과 고향 등의 인적 사항을 묻는데 말을 하지 않을 사람이 누가 있을까요?

이렇게 묻는 이유가 있다. 해수부가 사건 전모를 발표한다면서 아이 아빠가 월북했다고 보는 근거로써 '북한군이 공무원의 인적 사항을 소상히 알고 있었다.'는 점을 들었다. 그런데 아이 입장에서는 이 대목이 전혀 납득이 되지 않는 것이다. 우리 또한 아이와 똑같은 심정이었다. 그게 어떻게 월북의 근거가 되는가. 그래서 아이는 문 대통령에게 묻고 있는 것이다. 총을 들이대고 있는데 인적사항을 대답하지 않을 사람이 어디 있겠냐고 따지고 있는 것이다. 대통령은 대답 못 할 것이다. 그래서 이 아이가 대통령에게 이렇게 알려준다. '생명의 위험을 느낀다면 누구나 살기 위한 발버둥을 칠 수밖에 없다고 생각합니다.'

이어서 고교 2학년 아들은 아주 중요한 문제를 제기한다.

4. 저는 북측 해역에서 발견되었다는 사람이 저희 아빠라는 사실도 인정할 수 없는데 나라에서는 설득력 없는 이유만을 증거라고 말하고 있습니다.

이 문제도 절대 간단한 문제가 아니다. 피살 사건에서 가장 중요한 증거는 피살자의 시신, 그리고 유류품이다. 그런데 피살자는 소각된 것으로 보이며, 유류품은 아직까지 발견되지 않았고,

우리 해군과 해양경찰은 수색하는 시늉만 하고 있다는 비난을 듣고 있다. 아이 입장에서 지금까지 드러난 팩트는, 아빠가 실종됐다는 것, 그리고 이튿날 누군가가 북한군에게 총격 피살됐다는 것, 이 두 가지뿐이다. 그 피살자가 아빠라는 직접적인 증거는 없는 것이다. 그래서 아이는 '피살자가 저희 아빠라는 사실도 인정할 수 없다.'고 말하고 있는 것이며, 편지의 맨 끝에 '희생자의 아들'이라고 적지 않고, '실종자 공무원 아들 올림'이라고 쓴 것이다. 문 대통령은 이 아이의 피 말리는 절박한 심정을 얼마나 알고 있는가.

그 다음 질문은, 대통령에게 가장 송곳 같은 질문이며, 사실은 대통령뿐만 아니라 국방부 · 해수부 고위 공직자들이 다 같이 자신에게 던져진 질문이라고 생각해야 한다.

5. 대통령님께 묻고 싶습니다. 지금 저희가 겪고 있는 이 고통의 주인공이 대통령님의 자녀 혹은 손자라고 해도 지금처럼 하실 수 있겠습니까?

국민들은 이 대목을 읽으면서 문 대통령의 아들, 딸, 손자들은 지금 어디에 있는가, 하고 잠시 떠올리지 않을 수 없다. 그러면서 이번에는 국민들이 대통령에게 묻는다. 문 대통령은 이번에 희생된 해수부 공무원의 아들을 자신의 피붙이를 생각하듯 그렇게 여긴 적이 단 한순간이라도 있었는가. 그렇다면 이렇게 할 수 있는가.

아이가 대통령에게 던지는 다음 질문이 이 편지의 핵심 중에 핵심이라고 할 수 있다.

6. 아빠는 왜 거기까지 갔으며 국가는 그 시간에 아빠의 생명을 구하기 위해 어떤 노력을 했는지, 왜 아빠를 구하지 못하셨는지 묻고 싶습니다.

7. 시신조차 찾지 못하는 현 상황을 누가 만들었으며 아빠가 잔인하게 죽임을 당할 때 이 나라는 무엇을 하고 있었는지, 왜 아빠를 지키지 못했는지 묻고 싶습니다.

이 질문들은 아빠가 목숨을 잃는 그 순간 국가는 무엇을 하고 있었느냐고 묻고 있는 것이다. 모든 신문들이 1면 톱 제목으로 뽑은 대목이다. '나라는 뭘 했나요?' 이 말은 바꿔 말해서 '모든 공무원의 최고 지휘관이며 군 통수권자인 대통령은 뭘 했나요?' 라고 묻고 있는 것이다. 문 대통령이 차마 "응, 나는 10시간 동안 자고 있었단다." 이렇게 답할 수는 없는 노릇 아닌가. 청와대는 이 대목에서 정말 곤혹스러울 것 같은데, 글쎄, 곤혹스러움을 느끼기는 할 것인지조차 궁금하다.

편지를 계속 보면 이런 대목도 대통령의 대답이 필요하다.

8. 어린 동생은 아빠가 해외로 출장 가신 줄 알고 있습니다. 며칠 후에 집에 가면 선물을 사준다고 하셨기에 아빠가 오기만을 기다리며 매일 밤 아빠 사진을 손에 꼭 쥐고 잠듭니다.

문 대통령은 스스로 매우 감성적인 사람이라고 자처하고 있기 때문에 이 부분에는 반드시 대답을 하고 위로를 해야 할 것 같은데, 이 역시 쉽지 않을 것이다. 아홉 번째 질문이다.

9. 왜 우리가 이런 고통을 받아야 합니까? 대한민국의 공무원이었고 보호받아 마땅한 대한민국의 국민이었습니다.

이제 국민의 이름으로 묻는다. 대통령은 대답하시오. 왜 저 아이가 고통을 받아야 합니까. 누구 책임입니까. 이 아이의 편지는 다음과 같이 결론을 맺는다. 이것은 대통령에게 묻는 질문이자 당부이기도 하다.

10. 대통령님께 간곡히 부탁드립니다. 저와 엄마, 동생이 삶을 비관하지 않고 살아갈 수 있도록 아빠의 명예를 돌려주십시오.

그렇다. '아빠의 명예를 돌려달라.'는 것이다. 나와 내 어린 여동생이 앞으로 살아가려면 무엇보다 아빠의 명예 회복이 중요하다는 점을 절절하게 표현하고 있는 것이다. 마거릿 대처 총리는 유가족에게 무려 258통이나 편지를 썼다. 문 대통령은 단 한 통 답장을 하면 되는데, 아마 답장하기가 쉽지 않을 것이다. 문 대통령은 단 한순간 이 아이들의 미래가 아빠의 명예 회복에 달려 있다는 것을 생각해본 적이 있느냐고 묻고 싶다. 더 엄밀하게 말하면, 이 아이 아빠의 명예가 회복되어야만 전 해수부 공무원과 대한민국 국민들의 자존감도 회복되는 것이다. 그것을 대통령은 정녕 모르는가.

이재명, 추미애 '레임덕 정권'에 구멍을 내다

이재명의 치고 빠지기

이재명 경기지사의 정치적 특기 중 하나가 치고 빠지기다. 처음엔 이슈를 선명하게 선점하거나 젊은이들에게 크게 어필할 수 있는 방향으로 치고 나간다. 그러다 민주당 내부의 반발이 있거나, 문 대통령과 청와대의 거부 반응이 있으면, 그리고 궁극적으로 세 불리를 느끼면 미련 없이 후퇴한다. 이재명 지사는 서울·부산 보궐선거에 후보를 내지 말아야 한다고 주장했다가 격렬한 내부 반발에 부딪치자 언론이 자신의 발언에 대해 왜곡된 보도를 했다며 곧바로 '위화도 회군'하듯 말을 바꿨다. 자신의 아내가 문 대통령에게 불리한 댓글을 달았다는 이른바 '혜경궁 김씨' 논란이 빚어졌을 때는 문 대통령의 아들에 대한 논란과 그 진위 여부를 따지는 것이 먼저일 것이라는 주장을 내놓았다가 소기의 목적을 달성한 뒤 뒤로 빠진 적도 있다. 같은 여당에서조차 이 지사의 무無공천 주장에 대해 '혼자 멋있기 운동'을 하는 것이냐며 꼬집기도 했다.

'추미애 아들 탈영 의혹.' 추미애 법무부 장관과 아들, 이 모자母子에 대한 온갖 추문과 새로운 의혹들이 일파만파로 퍼져나가고 있다. '아들을 평창올림픽 통역병으로 보내라.'는 압력이 국방부 장관실과 국회로부터 있었다는 증언이 나왔다. 당직병에게 휴가 처리를 지시한 대위는 육군본부 부대 마크를 달고 있었다는 증언도 나왔다. 이런 말들이 사실이라면 국방부 장관, 국회, 육군본부 등 사실상 전방위 압력이 있었다는 증언인 셈이다.

이에 대해 한 신문은 이런 제목을 달았다. '추미애 아들 의혹 제2 조국 사태 될라…… 민주당 곤혹.' 다시 말해서 추미애 사태는 조국 사태와 판박이로 닮아가고 있다는 것인데, 그것은 우리 사회의 핵심 가치관이면서 동시에 문재인 정권이 자신들의 '전가의 보도'처럼 내세웠던 '공정성' 문제를 정면으로 건드리고 있기 때문이다. 다른 건 몰라도 페어플레이, 이것 하나만은 확실히 지켜줄 줄 알았던 문재인 정권의 핵심 인물들이 자기 자식만 황태자라도 된 듯 감싸 돌면서 공정의 가치를 무너뜨리고 있기 때문이다. 훗날 문재인 정권을 기술記述하는 역사가들은 이 시기 문정부의 실패를 요약하는 세 단어를 '조국, 추미애, 무너진 공정성'으로 압축할지 모른다.

이런 와중에 이재명 경기지사는 문재인 정권의 본질에 해당하는 부분을 송곳으로 찌르고 나왔다. 그것은 바로 '보편적 복지냐 선별적 복지냐'라고 하는, 좌우 정권의 근본적인 갈림길에 해당하는 부분인데, 이 부분을 치고 나온 것이다.

　이재명 지사는 페이스북에 글을 올렸다. 문재인 정부의 제2차 재난지원금이 선별 지급으로 굳어진 것을 비판하는 글이었다. 그중에 이런 대목이 있다. '분열과 갈등과 혼란, 배제에 의한 소외감, 문재인 정부와 민주당, 나아가 국가와 공동체에 대한 원망과 배신감이 불길처럼 퍼져가는 것이 제 눈에 뚜렷이 보입니다.' 우리도 처음에 눈을 의심했다. 너무 심하게 나간 글이었다. 이 지사의 페이스북이 해킹 당한 것인가 하는 생각도 잠깐 했다. 그러나 사실이었다. 이 문장에서 핵심은 '문재인 정부에 대한 배신감이 불길처럼 퍼져나간다.'는 대목이다.

　그동안 민주당은 대상을 가리지 않고 100%에게 나눠주는 '보편적 복지'가 이념과 정책의 밑바탕을 이루고 있고, 보수당인 국민의힘은 가장 어려운 계층을 먼저 살피자는 '선별적 복지' 쪽이다. 그런데 민주당은 한 번도 경험해보지 못한 천문학적 액수로 치솟고 있는 나라빚 때문인지는 몰라도 4차 추경으로 마련된 재난지원금 7조 원을 선별지급하기로 정한 것이다. 노래방·PC방 등을 운영하는 자영업자, 대리운전·퀵서비스 기사 같은 특수고용직, 그리고 기초생활수급자와 차상위계층인 저소득층 등이 대상이다.

　이러한 선별지급에는 여야가 뜻을 함께 할 수도 있다. 그러나 선별지급은 현실적인 문제가 도사리고 있다. 바로 선별의 기준을 정하는 문제다. 누구를 주고, 누구를 뺄 것인가. 어느 시점을 기준으로 삼을 것인가. 작년에 가게를 연 자영업자는 되고, 올해 창업한 사람은 제외되느냐. 학원버스 기사는 되고, 화물차 기사는 안 된다는 말이냐. 이러한 선별 시비가 워낙 거셌다. 선별 기준을 정하다가 세월 다 갈 수도 있고, 또 어떻게 기준을 정하든 0.1% 가 모자라 지원 대상에서 탈락한 경계선 부근에 있는 사람들의 불만도 만만치 않았다. 그래서 무조건 100% 지급을 주장해온 이재명 지사가 바로 그 부분을 파고든 것이다. '문재인 정부에 대한 배신감이 불길처럼 퍼질 것이다.' 그러자 민주당 내부에서도 곧바로 찬반으로 나뉘는 양상을 보였다. 문 대통령 열성 지지층은 이 지사를 이렇게 비난했다. "이재명을 제명해주세요. 당과 정부에 해당害黨 행위를 하고 있네요." 그러자 이 지사를 지지하는 당원은 이렇게 반박했다. "국민 지지율 1위 이재명이 싫으면 너희들이 탈당해라. 선별지급이 맞는다면 무상급식도 선별 급식으로 바꿔라."

그렇다면 이재명 지사는 왜 이런 글을 올렸을까. 그렇다. 수면 아래 가라앉아 있던 민주당 내부의 주류·비주류의 갈등을 역이용하려는 것이고 주류와의 한판 승부를 어차피 피할 수 없다고 본 것이다. 민주당의 주류는 다음 세 갈래다. 하나는 1980년대 학생운동 세력과 인맥들이다. 둘째는 노무현 정부 때 청와대 근무 이력이다. 특히 당시 문재인 민정수석과 가까이에서 근무했던 이력이 진골·성골에 해당한다. 셋째는 현 중앙정부 내에서 지난 3년 형성된 친문 세력들이다. 그러나 이재명 지사는 이 세 가지가 하나도 없다. 셋 모두에 해당되지 않는다.

이 지사가 손에 쥔 무기는 두 가지다. 하나는 과감한 정책적 승부수, 다른 하나는 대중적 지지도다. 이것으로 이미 성공했다. 오랫동안 지지율 1위를 지키고 있던 이낙연 당 대표를 따라잡고 때로는 추월하고 있는 것이다. 이재명 지사는 어떤 사안이 됐든 이낙연 대표와 선명하게 각을 세울 수 있으면 절대 마다하지 않을 것이다. 이번에도 이낙연 대표는 재난지원금 선별 지급을 '자신의 신념'이라고 얘기했는데, 이재명 지사는 '배신감이 불길로 번질 것'이라고 했다.

그러나 그 전날 이루어졌던 당·정·청 회의가 끝난 직후 이재명 지사는 슬쩍 한발 물러서며 이렇게 말했다. "저 역시 정부의 일원이자 당의 당원으로서 정부 여당의 최종 결정에 성실히 따를 것입니다. 이는 변함없는 저의 충정입니다." 과연 이재명답다. 불과 반나절 만에 배신감의 불길에서 충정으로 급선회하는 모습을 보인 것이다. 이번이 처음이 아니다. 얼마 전에도 서울·부산 시장 보궐선거에 무공천을 주장했다가 주류가 거세게 반발하자 이튿날 바로 거둬들인 적이 있다. 이재명 지사는 이런 대목에서 전혀 정치적·양심적 가책을 느끼지 않는 사람처럼 행동할 때가 있다. 능수능란하게 치고 빠지기 전략을 구사하고 있을 뿐이라고 생각하기 때문이다. 재난지원금 100% 지원으로 국민 여론전에서 포인트를 올린 다음, 국면이 흘러가는 것을 예의주시하다가 세불리勢不利를 느끼면 바로 한발 빼면서 친문계와 정면충돌을 피하는 것이다.

이런 상황에서 추미애 법무부 장관과 이재명 경기지사가 마치 합동작전이라도 펴듯 문 정권의 레임덕 현상에 구멍을 내고 있다. 추 장관은 여러 의혹에 버티기로 일관하면서 본의 아니게 판을 키우고 있는 양상이고, 이 지사는 전략적 행동을 보일 때가 많다. 이 지사는 지지율 1위를 확실하게 차지하는 순간 민주당 주류도 자신에게 기울 것이라고 내다보고 있는 것이다.

추미애의 거짓말 뭉개기

세월이 약藥이겠지요

가수 송대관의 히트송 중에 〈세월이 약이겠지요〉란 노래가 있다. '세월이 약이겠지요. 당신의 슬픔을, 괴롭다 하지 말고 서럽다 울지를 마오.' 정치인들이 이 노래를 가장 좋아하지 않을까 하는 생각이 들 때가 있다. 어떤 의혹이나 추문은 시간이 흐르면서, 세월이 흐르면서 점차 국민의 기억 속에서 사라져 가기 때문이다. 추미애 법무부 장관의 아들에 대한 휴가 미복귀 의혹 사건도 2020년 가을 추석 전까지 뜨겁게 달아오르면서 마치 문재인 정권에게 심각한 타격을 입힐 것처럼 보였으나 시간이 흐르면서 점차 국민들의 관심 밖으로 밀려났다. 특히 서울동부지검이 관련 인사들을 무혐의 처리하면서 추 장관은 더 당당해졌다. 추 장관이 윤석열 검찰총장과 한판 승부를 벌이면서 언론 보도는 온통 그쪽으로 옮아갔다. 물론 정권이 바뀌면 법무부 장관 아들의 '미복귀 의혹 사건'도 다시 수면 위로 떠오를지는 모른다. 그래서 세월이 약이겠지요, 라는 말은 옳을 때도 있고, 틀릴 때도 있다고 봐야 한다.

정치인, 고위 공직자, 이런 사람들은 권력형 비리를 저지른 잘 못보다 국민 앞에 거짓말을 한 죄 때문에 스스로 몰락하게 된다. 요즘 추미애 법무부 장관을 보면서 그런 생각이 든다. 자신이 이미 입 밖에 쏟아놓은 말 때문에 이러지도 저러지도 못하고 있는 것 같다. 올해 스물일곱 살, 아들 서모 씨. 이 사람도 참 딱하다. 사내 나이 스물일곱이면 어른이다. 스스로 판단하고, 스스로 행동하고, 스스로 책임져야 할 성인의 나이다. 국민들 그만 괴롭히고 이젠 스스로 자초지종을 밝혀야 할 때라고 생각한다. 병역이란 가장 신성한 국민의 의무다. 본인과 본인 가족을 포함해서 국가와 민족의 안보·생존을 위해 일정 기간 그 책임을 다하는 것이기 때문이다. 이 땅의 모든 남성은 병역의 의무를 지고 있다. 또한 이 땅의 모든 여성은 한때 군인이었던 아버지의 딸로 태어나, 한때 군인이었던 청년을 애인으로 삼고, 나중에는 내 속으로 낳은 아들을 군대에 보내게 되는 것이다.

그래서 추미애 장관과 그 아들, 그러니까 엄마와 아들, 아들과 엄마가 함께 얽혀 있는 '미복귀 의혹 사건' 즉, '탈영 의혹 사건'은 이 땅의 모든 젊은이들과 현재 군 복무에 땀 흘리고 있는 60만 장병, 그리고 그 장병들의 어머니들, 그 가족들, 군 복무를 마치고 사회에 나와 있는 예비역 선배들, 그리고 군 입대를 앞두고 있는 20대 전후의 젊은이들을 모두 분노와 절망에 빠뜨리고 있는 것이다. 왜냐하면 병역에서 가장 중요한 것은 정의와 공정의 문제이기 때문이다. 추 장관과 서모 씨, 이 모자母子가 신성한 병역의 정의와 공정을 무너뜨렸기 때문이다.

"보좌관이 군 부대에 전화한 적이 있느냐?" 야당 의원의 추궁에 대해 추 장관은 "소설 쓰시네요. 사실이 아니다." 이렇게 서슬 퍼렇게 부인했었다. 그러다 국민의힘 신원식 의원에 의해 녹음된 증거물이 나오자, 추 장관은 침묵으로 뭉개고 있다. 거취를 고민하고 있다면 이해하겠다. 무엇보다 병역의 공정성을 훼손해서 젊은이들과 어머니들의 분노를 사고 있는 것은 문재인 정권에게 적잖은 부담을 안긴다는 것을 추 장관 본인도 잘 알고 있을 것이다. 그러나 시간이 흐르기를 바라면서 거짓말을 침묵으로 뭉개볼 속셈이라면 그것은 잘못 판단한 것이라고 분명히 말할 수 있다. 무엇보다 현재 군대에 자식을 두고 있는 우리나라 어머니들이 추 장관을 절대 가만 두지 않을 것이기 때문이다.

서모 씨가 근무했던 부대에서 휴가 업무를 관장했던 장교 A 대위는 서울동부지검에서 참고인 조사를 받았다. 당시 추미애 민주당 대표의 보좌관으로부터 전화를 받았던 사람이다. A 대위는 참고인 조사에서도 '추 의원 보좌관이라고 소개한 사람으로부터 휴가 연장 관련 문의 전화를 받았다.'는 취지로 진술했다고 한다. 그런데 신원식 의원실에 따르면, '검찰이 계속해서 확실히 기억이 나느냐? 상당히 중요한 거다. 라는 식으로 다그쳐서 A 대위가 합의 하에 조서에서 그 내용을 빼버렸다.'는 것이다. 참으로 어이가 없는 일이다. 아울러 서울동부지검도 참 딱하게 됐다. 통화 사실은 엄연히 존재하고 녹취 증거도 나왔는데, 상대는 자신들의 인사권을 쥔 법무부 장관이요, 그 장관의 아들이 얽혀 있어 이러지도 저러지도 못하는 상황이 되었다.

조선일보 법조출입 박국희 기자의 칼럼에 따르면 동부지검장은 "입장은 없다. 알아서 쓰라."면서 고성을 지르더니 일방적으로 전화를 끊었다고 했다. 그래서 요즘 검찰에서는 자조적으로 '조서 받지 말라.'는 말을 자주 한다고 한다. 사실을 진술한 조서 調書를 문서로 만들어놓았다가 나중에 그것이 살아있는 권력의 목을 겨누게 된다거나 검찰의 발목을 잡는 중요 증거물이 될 수도 있기 때문이라는 것이다. 검찰의 제일 중요한 업무가 재판에 필요한 피의자 진술 조서를 작성하는 일인데, 그 조서를 받지 말라니, 정말 웃지 못할 현실이 벌어지고 있는 셈이다.

그리고 추미애 장관이 민주당 대표 시절 그의 수석보좌관이었으며 당시 서모 씨의 군부대에 전화를 했다는 의혹을 받고 있는 인물이 최근 청와대 행정관으로 들어가 근무 중인 것으로 확인됐다. 야당인 국민의힘은 이렇게 요구하고 있다. '해당 청와대 행정관이 추 장관 아들 부대에 전화했는지 확인하고, 보은報恩 인사가 아닌지 밝혀야 한다.' 이 인물은 옛날부터 청와대 근무를 하고 싶어 했는데 뜻을 이루지 못하다가 지난주에 연락을 받고 지금 시민사회수석실 행정관으로 일하고 있다고 한다.

민주당 설훈 의원은 엊그제 국회 국방위 전체회의에서 이런 발언을 했다. "서 일병은 군에 가기 전 무릎 수술을 해서 군에 안 갈 수 있는 조건인데도 어머니의 사회적 위치 때문에 안 가도 되지만 가야 되겠다고 결정해 군에 간 것으로 알고 있다. 군에 안 갈 수 있는 사람인데도 군에 갔다는 사실 자체가 상찬되진 못할 망정……." 설 의원은 서 일병이 안 가도 되는 군대를 갔으니 칭찬을 해줘야 한다는 식으로 말해서 젊은이들의 동정심을 사려고 했던 것 같다. 혹시 이런 설 의원의 발언에 혹해서 추 장관 모자를 역성드는 사람이 있을지 모를까 봐 이참에 분명히 말하겠다. 우리 주변에는 정말 군대에 가고 싶은데 어떤 신체적 결함 때문에 군에 못 가는 젊은이도 있다. 가령 시력이 워낙 좋지 않으면 본인이 아무리 원해도 군에 갈 수 없다. 군대란, 전쟁과 총알이 빗발치는 곳에서 전우에게 나의 등을 맡겨야 하는 곳이기 때문이다. 만약 정말 무릎이 안 좋다면 군대에 가면 안 된다. 본인은 물론 전우들의 생명을 잃게 할 수도 있기 때문이다.

군 복무란, 본인이 가고 싶다고 제멋대로 가는 곳도 아니고 가기 싫다고 안 가는 곳도 아니다. 그래서 신성한 의무라고 하는 것이다. 조국 전 법무장관의 딸이 부정 입학 의혹으로 정의와 공정을 훼손하면서 이 땅의 젊은이들을 분노케 하더니, 이번에는 현직 법무부 장관의 아들이 탈영에 가까운 '황제 병가病暇' 의혹으로 젊은이들을 다시 한 번 분노케 만들고 있다.

간교奸巧하고 사특邪慝한 대통령의 페이스북

사특邪慝

일반적으로 잘 안 쓰는 말이다. 어려운 한자로 돼 있는 이 사특邪慝이란
말은 '요사스럽고 간특함'을 뜻한다. 비슷한 말에는 요사妖邪, 간특奸慝
같은 단어도 있다. 요망하고, 간사하고, 악독한 경우를 묘사할 때 쓴다.
자기의 이익을 위해서라면 상대를 가리지 않고 나쁜 꾀를 부리는 사람을
간혹 볼 수 있다. 이런 사람들은 절대 상식과 원칙을 따르지 않는다. 태도
와 성질이 제멋대로 변하기도 한다. 발음은 똑같지만 한자를 한 글자만
바꿔서 사특私慝이라고 쓰면 남에게 알리지 않고 나쁜 일을 저지르거나
또는 숨기고 있는 비행非行과 악행惡行을 가리킨다. 어떤 정치 집단은 여
론을 뒤집거나 선거 때 표를 끌어 모으기 위해서라면 사특한 행동을 서
슴지 않는다. 대표적으로 사특한 전략이 바로 '편 갈라치기'다.

세계에서 가장 유명한 역사소설 『삼국지』를 보면 쯧쯧 하고 혀
를 차면서도 눈길을 거두지 못하는 대목이 있다. 바로 몇몇 책략
가들이 이간계를 쓰는 장면이다. 이간계離間計는 거짓말로 나쁜

소문을 퍼뜨려서 서로 의심하게 만드는 계책을 말한다. 어떤 간신배의 입장에서 찍어내고 싶은 충신이 있다면 "폐하, 저 자가 역모를 품은 듯하옵니다." 하는 말을 자꾸 하면 된다. 누가 왕권을 노린다는 말을 퍼뜨리고, 아무개가 남의 여인과 불륜관계에 있다는 말도 흘린다. 또는 어떤 장수가 적진에 투항했다는 말도 써먹을 수 있다.

문재인 대통령이 페이스북에 난데없이 올린 글이 하나 있다. 대국민 담화도 아니고, 무슨 청와대 수석보좌관 회의의 모두冒頭 연설도 아니고, 도대체 뭐지? 하고 있는 순간에 이미 그 글이 돌아다녔다. 간호사들에게 고마움을 표시하는 글이었다. 처음에는, 조금 뜬금없긴 하지만, 그럴 수도 있겠다 싶었는데, 내용을 뜯어보면서 경악을 금할 수가 없었다. 가령 이런 대목이다.

'지난 폭염 시기, 옥외 선별진료소에서 방호복을 벗지 못하는 의료진들이 쓰러지고 있다는 안타까운 소식이 국민의 마음을 울렸습니다.' 여기까지는 좋다. 그런데 그 다음 대목에서 이간질이랄까, 조금 치사한 이간계가 드러난다. 이런 대목이다. '의료진이라고 표현됐지만 대부분이 간호사들이었다는 사실을 국민은 잘 알고 있습니다.' 방호복도 벗지 못하고 쓰러진 의료진. 그런데 대부분 간호사들이었다는 대통령의 페이스북. 대통령의 말을 다시 해석해보면 이렇다. '솔직히 직접 말하긴 뭐하지만 간호사들만 애쓰고 희생했지, 의사들이 한 일이 뭐가 있느냐.' 이런 말을 문 대통령은 문장 사이사이에 흘려놓고 있는 것이다. 틈만 나면 국민 통합을 외쳤던 문재인 대통령이 맞나 싶다. 대통령의 페이스북 문장을 만든 청와대 연설문 팀은 정말 자신들이 얼마나 비겁하다 못해 비열하다는 느낌마저 주고 있는지 깨달아야 한다. 그리고 이 대목은 일단 팩트 자체가 틀렸다. 다른 시민단체도 아니고 문재인 정부의 보건복지부 조사에 따르면 7월 9일까지 코로나 의료 지원 인력이 모두 3946명인데, 이중 의사가 1869명으로 가장 많고, 그 다음이 간호사·간호조무사로 1650명이었고, 기타 인력이 427명 이었다. 청와대 연설문 팀은 사실 확인도 안 하는가.

　문 대통령은 이런 말도 했다. '간호사들은 전공의 등 의사들이 떠난 의료 현장을 묵묵히 지키고 있다. 장기간 파업하는 의사들의 짐까지 떠맡아야 하는 상황이니 얼마나 힘드냐.' 정말 청와대 연설문 팀들은 간교奸巧하고 사특邪慝하다. 이런 말들은 이렇게 들리기 때문이다. '간호사 여러분, 힘들지요? 여러분이 힘든 것은 모두가 의사들 때문이랍니다. 여러분이 파업 의사들의 짐까지 떠맡고 있잖아요. 파업 의사들 참 나빠요.' 이런 뜻이다. 우리 옛 속담에 '때리는 시어미보다 말리는 시누이가 더 밉다.'는 말이 있다. 편 들어주는 척하면서, 사실은 시어머니와 며느리를 더 갈라놓는 행동을 시누이가 한다는 뜻이다. 요즘 시어머니와 시누이와 며느리는 이렇지 않다. 다 옛날 말이다. 그런데 문 대통령 때문에 거의 잊어버린 옛날 속담을 떠올리게 될 줄은 정말 몰랐다.

우리나라 간호사들이 정말 힘든 환경 속에서 일하고 있다는 것은 우리가 잊으면 안 되는 사실이다. 지방으로 내려가 있는 분들 중에는 연봉이 2천만 원 안팎에 머물러 있는 간호사들도 많다. 의사가 모자라서 지역 의료가 불균형 상태에 있는 게 아니라 사실은 간호사와 의료 장비, 의료 시설 같은 것이 더 열악한 불균형 상태에 있다는 말도 들린다. 간호사들이 어려운 것은 유독 이번 코로나 때문에, 이번 의사들 파업 때문에 그런 것이 아니라 오래 전부터 그런 상황이 계속되고 있었다. 문 대통령이 진짜 간호사들을 생각한다면, '젊은간호사회'가 말한 것처럼 현장에서 진짜 간호사 목소리를 들어야 한다.

문 대통령은 파업 중인 의사들을 향해서는 원색적인 비난을 계속해왔다. '원칙적인 법 집행을 통해 강력히 대처하라.' —8월 26일. '군인들이 전장을 이탈하는 것이나 마찬가지다.' —8월 27일. '대단히 유감이다. 정부 입장에서 선택지가 많지 않다.' —8월 31일. 문재인 정부와 집권 세력이 보이는 특징 중에 하나는 어차피 자신들에게 표票를 주지 않을 것으로 보이는 사람들에게는 무자비하고 매몰찬 표현을 쓴다는 점이다. 문 대통령의 입에서 '대단히 유감'이라는 말이 나오는 것을 보고 깜짝 놀랐다. 문 대통령이 볼 때 의사들은 어차피 민주당 쪽은 아니라고 보고 대단히 유감이라고 한 것이 아닐까 짐작해본다.

청와대와 집권 세력은 갈라치기, 편 가르기에 둘째가라면 서러울 만큼 선수들이다. 가장 많이 쓰는 방법은 조국 전 법무부 장관이 앞장섰던 '친일親日 대 반일反日' 프레임이다. 최장집 교수가 비판했던 것처럼 '관제 민족주의'라는 방책을 써서 편 가르기를 이용한 정치적 에너지를 얻어내는 것이다. 두고 보면 서울·부산 시장 보궐선거 즈음에서도 비슷한 편 가르기 전술이 또 등장할지 모른다. 부동산 정책에서도 결국 '임대차 3법'이 임대인과 임차인을 서로 적대적 관계로 갈라치기 하는 결과를 낳고 말았다. 아무리 그래도, 문 대통령이 간호사를 위로慰勞한다는 페이스북 글, 정말 이렇게까지 할 줄은 몰랐다.

추미애 아들 미복귀, '이건 탈영이야'

필자가 겪은 탈영 사건

필자는 1980년대 초에 군 복무를 했다. 강원도 인제군 원통면 용대리에 부대가 있었다. 겨울바람이 유난해서 돌石바람이 불었고, 황태덕장이 유명했으며 백담사로 수색정찰을 나가기도 했고, 향로봉으로 오르내리며 동계훈련을 했던 곳이다. 어느 날 무장 탈영 사건이 발생했다. 필자가 속한 중대의 일등병이 M16 소총을 들고 허락 없이 부대 밖으로 나간 것이다. 넓은 들판 한가운데 민가民家 한 채가 있었는데, 이 병사가 그곳에 민간인과 함께 있다는 것이다. 중대와 대대는 물론, 연대와 사단까지 비상이 걸렸고, 중대 본부로는 보안사, 헌병대, 그리고 연대와 사단, 육군본부로부터 전화가 빗발치고 있었다. 우리 중대원들은 실탄을 지급 받아 단독 군장으로 그 민가를 포위하러 부대를 나섰다. 거리는 그리 멀지 않았다. 그때 민가를 에워싸고 있는데 대대장이 우리 중대원들에게 했던 연설이 아직도 또렷이 기억난다. "저놈은 이 순간부터 너희들의 전우戰友가 아니다. 놈이 거총据銃하면 너희가 먼저 사격하라." 거총이란 사격하기 위해 총을 들어 올려 과녁을 겨냥하는 행동을 말한다. '탈영'이란 말을 들을 때마다 필자는 그날 대대장의 말이 떠오른다. '이 순간부터 너희의 전우가 아니다.'

필자는 강원도 인제군 원통면 용대리에서 군 복무를 했다. 12사단 52연대 4대대 15중대 화기소대, 주특기 104, M60 기관총 담당이었다. 지금은 부대 이름과 위치 등이 모두 바뀌었을 것이다. 당시에는 '인제 가면 언제 오나 원통해서 못 살겠네.' 이런 말을 하던 첩첩 산골이었는데, 요즘 가보면 아스팔트 4차선 도로가 훤하게 뚫린 관광 명승지가 돼 있었다. 그 당시 부대 배치를 받아서 전입을 가니 중대 행정반에서 신원진술서라는 것을 쓰라고 했다. 그런데 신원진술서에는 '최기파출소'를 적으라는 칸이 있었다. 무슨 뜻인지 몰라 정말 난감했었다. 나중에 알고 보니, '최기'란 단어는 가장 가까운 그런 뜻이었다. 그러니까 최기파출소라는 칸은 내가 입대하기 전 살고 있던 집에서 가장 가까운 파출소를 적으란 뜻이었다.

소속 부대에서는 왜 그런 것이 필요했을까. 그렇다. 병사가 탈영했을 경우, 즉 휴가에서 복귀하지 않았을 경우, 그 병사의 이동 경로를 가장 빨리 파악하기 위해서는 집에서 제일 가까운 파출소의 도움이 필요했던 것이다. 헌병대가 파출소 협조로 휴가 미복귀 병사, 탈영 병사를 찾아낼 때는 필수적으로 병사의 어머니와 애인의 소재를 파악하는 것이 무엇보다 먼저 해야 할 일이었다. 탈영한 병사가 어머니나 애인 말고 누구한테 찾아갈 것인가, 하는 것은 당시의 소박한 상식이었다. 그런데 이번 사건에는 다른 방식으로 엄마 추미애가 등장했다.

지금 60만 장병들이 볼 때, 실소를 금치 못하고, 때론 맥이 탁 풀리는 사건이 바로 추미애 법무부 장관의 아들이 휴가 때 제시간에 복귀하지 않았다는 휴가 미복귀 의혹 사건이다. 사실은 군대 경험을 한 사람들은 굳이 말하지 않아도 그냥 안다. 안 봐도 비디오처럼 안다. 아, 이게 이러저러 해서 이렇게 된 사건이겠구나 하고 금세 짐작할 수 있다. 군대에서 가장 큰 사건 사고라고 한다면, 탈영, 그중에서 무장 탈영, 혹은 월북 사건 등을 들 수 있다. 물론 비무장 탈영도 큰 사건 중에 하나라고 할 수 있는데, 비무장 탈영의 가장 대표적인 경우가 바로 휴가 나간 병사가 돌아오지 않는 것이다. 미복귀, 흔히 '미귀未歸'라고 부르는 사고다. 이것은 영창에 들어가는 것을 면할 수 없는 중대한 군사 범죄로 본다. 만약 전쟁이 터졌거나, 연평도 포격 사건이 터지고, 천안함이 폭침을 당했는데, 해당 부대의 휴가 나간 병사가 정해진 날짜와 정해진 시간까지 부대의 위병소에 도착하지 않는다면, 그 군대는 어디다 쓸 것인가. 그 순간 바로 '당나라 군대'가 되는 것이며, 엄정해야 할 군기가 구멍이 나서 무너지게 되는 것이다.

　추미애 법무부 장관의 아들, 서모 씨, 이 사람은 2017년 여름 휴가를 나갔다가 제시간에 부대 복귀를 하지 않았는데도 불구하고 아무렇지도 않게 무마됐었다는 의혹을 받고 있다. 당시 스물네 살이던 일병 계급 서모 씨는 2017년 6월 처음에는 10일간, 그다음은 9일간 병가를 썼다. 부대로 돌아오지 않고 집에서 잇달아서 19일간 '병가病暇'를 쓴 것이다. 여기서 첫 번째 의혹이 생긴다. 육군 중장 출신인 신원식 통합당 의원이 의문을 제기한 바에 따르면 서모 일병이 두 번에 걸쳐 19일간 병가를 썼는데, 군의관 소견서도 없고, 병원 진단서도 없고, 지휘관 휴가 명령서도 없다는 것이다. 더구나 2016년~2018년 카투사 휴가 기록 전체를 분석한 결과, 추 장관 아들의 병가 기록이 전혀 남아 있지 않다는 것이다.

세상에 이런 군대는 없다. 군대는 일반 회사처럼 '나 휴가 갔다 올게. 자 고생들 하시고요. 갔다 와서 뵐게요.' 이러면서 손 흔들고 떠나는 게 아니다. 군대에서 병사는 모든 일거수일투족이 지휘관 명령에 따라 움직이는 조직이다. 따라서 휴가도 '휴가 명령'을 받아서 떠나는 것이고, 휴가 출발 때 '휴가 신고'를 해야 하는 것이다. 그때 대대장 앞에서 "일병 서 아무개는 언제부터 언제까지 휴가를 명받았습니다. 충성!" 이렇게 신고를 한 뒤에 휴가를 떠나는 것이다. 그런데 이런 것이 아무 것도 없다는 것은 근무지 이탈인 것이고, 사실상 탈영이었던 것이며, 아무리 좋게 봐줘도 '유령 휴가'라고 밖에 볼 수 없는 것이다.

더 큰 의혹과 문제는 또 있다. 아무리 엄마 찬스, 엄마 빽으로 유령 휴가를 갔다고 해도 돌아올 날짜, 돌아올 시간에는 부대에 복귀해 있어야 한다. 그때가 2017년 6월 23일 저녁이었다. 달력을 찾아보니 금요일 저녁이었다. 그런데 추미애 장관 아들 서 일병이 근무했던 경기도 의정부에 있는 카투사 사단부대의 본부 중대 상황실에서는 금요일 밤 서 일병이 돌아오지 않았는데, 토요일 밤이 되자 드디어 비상 상황이 됐던 것 같다. 열아흐레 동안이나 석연찮은 병가를 썼던 병사가 돌아오지 않은 날 밤, 더 큰 의혹과 문제가 발생했다. 군대 생활에서 가장 중요한 행사는 바로 일석점호日夕點呼다. 오늘도 부대 안에 정확한 인원이 사고 없이 유지되고 있는지를 확인하는 행사, 그것이 일석점호이고, 일석점호는 사실상 군대생활의 처음이자 마지막이라고도 할 수 있다. 군대란 본질적으로 무엇인가. 군인과 국가의 관계란 무엇인가. 총 잘 쏘는 것, 이것도 매우 중요하다. 군대에서 축구 잘하는 것보다 국토를 침탈해 들어오는 적을 정확하게 조준해서 사격할수 있는 능력이 몇천 배 중요하다. 그러나 더 본질로 들어가 보면, 군대란, 군인이란, 국가가 지정하는 시간과 장소에 정확하게 그곳에 가 있어야 하는 것이다. 고지가 됐든, 참호가 됐든, 경계초소가 됐든, 부대 안이 됐든, 국가가 지정하는, 다시 말해 지휘관이 명령하는 시간과 장소에 그 장병이 가 있지 않을 경우, 사망했거나 탈영한 것으로 간주하는 것이다. 휴가 중에 전쟁이 터졌어도 휴가 끝난 병사는 부대로 복귀해 있어야 하는 것이다.

추미애 장관 아들 서 일병은 2017년 6월 25일 일요일 밤 일석점호 때까지 부대로 돌아오지 않았다. 당시 상황은 그날 밤 중대

상황실 당직병이었던 병장 A 씨의 육성 증언 녹취록에 생생하게 나와 있다. 당직 병장이 서 일병에게 전화해서 '지금 복귀해야 하는데 아느냐?' 하고 묻자, '안다.'고 너무 태연하게 대답했고, 그래서 '지금 어디냐?'고 재차 묻자 서 일병은 '집이다.'라고 당당하게 대답했다는 것이다. 그래서 '택시라도 타고 당장 부대로 돌아오라.'고 했는데, 결국 서 일병은 밤 10시가 넘어도 오지 않았다. 전화 통화가 있은 뒤 상급부대 대위 한 명이 오더니 휴가는 내가 처리했으니까 보고에는 미복귀라 하지 말고 휴가자로 올리라고 했다는 것이다.

이렇게 해서 추 장관 아들 서 일병은 부대에 있어야 할 금요일 밤부터 화요일인 6월 27일까지 나흘 동안이나 부대 밖에 있었던 것이다. 지금이라도 검찰은 그때 그 상급부대 대위를 불러다 자세한 내막을 조사해야 한다. 그 대위가 이번 사건의 전모를 밝혀줄 수 있는 스모킹 건에 해당하는 인물이다. 그리고 당시 추 대표의 보좌관이 부대 간부에게 전화를 한 것은 확인이 됐는데, 휴가 연장 절차만 물어봤는지 청탁까지 했는지가 관건인 것처럼 보도되고 있으나 이것도 우스꽝스럽다. 묵시적이고 포괄적인 청탁이라는 것은 전화를 했다는 것, 그 자체로 성립된다고 우리 사법부는 판단하는 것 아닌가.

추 장관의 아들, 작대기 두 개 일병 계급장을 붙인 서모 씨가 무려 23일 동안 잇달아서 군 행정 처리 없이 휴가를 즐겼던 2017

년 6월 당시는 어떤 상황이었을까. 2016년부터 더불어민주당 당 대표가 된 엄마 추미애는 2017년 봄 문재인 후보의 상임 선대위 원장을 맡았으며, 그해 5월 민주당이 대통령 선거를 승리한 지 막 한 달이 지난 시점이었다. 대선 승리의 여진이 등등했던 6월 5일부터 서 일병의 긴 휴가는 시작됐다. 대선을 승리한 집권당 대표인 엄마 추미애의 위세가 어떠했을지, 얼마나 기세등등했을 지 정말 안 봐도 비디오다. 지금 야당은 그런 것들이 불법적으로 다 관련이 있다는 의혹을 제기하는 것이고, 추 장관은 부인否認 을 하고 있는 상황이다.

대통령 명예훼손 예시문例示文 공표하라

없는 데서는 나랏님 욕도 한다

우리 조상님들은 정말 기가 막힌 속담 하나를 후손들에게 남겨 주셨다. 바로, '없는 데서는 나랏님 욕도 한다.'는 속담이다. 절대 왕권이 유지되던 권위주의 정치 체제 하에서도 조상님들은 스스로 숨을 쉴 수 있는 여지를 마련하고 있었던 것이다. 이 속담을 오늘날에 적용하면 뭐라고 할 수 있을까. 자유민주주의란 최고 권력자를 욕할 수 있어야 한다. 남의 눈치 안 보고, 잡혀가지 않을까 하는 두려움 없이 욕을 할 수 있으면 자유민주주의다. 자유민주주의를 구가하는 후손들은 대통령이 듣고 있는 데서 욕을 할 수 있어야 한다. 검찰의 정치적 중립이 보장돼 있으려면 대통령과 그 주변 인물을 검찰이 아무 거리낌 없이 수사할 수 있어야 한다. '없는 데서는 나랏님 욕도 한다.'는 속담에는 또 다른 깊은 뜻이 숨어 있다. 바로 '용서'의 의미다. 때로는 부모도 자식을 욕하고, 자식도 부모를 원망한다. 따라서 우리는 누군가 내 험담을 하는 것을 듣게 되더라도 용서해야 한다. 대통령도 그렇게 해야 한다. 그래서 우리 법은 아예 대통령에게는 명예훼손이 성립하지 않는다고 보고 있는 것이다.

미국 레이건 대통령과 소련 고르바초프 서기장은 1980년대 중후반 냉전시대를 끝내고 핵무기를 줄이는 군축협상을 이끌었다. 두 사람은 제네바에서, 레이캬비크에서, 워싱턴에서 여러 번 정상회담을 했는데, 그 복잡하고 어려운 회담 중에도 좌중을 웃기는 농담으로 분위기를 부드럽게 이끌었다. 고르바초프가 말했다. "소련도 비로소 표현의 자유가 보장된 나라가 됐습니다. 크렘린 궁 앞에서 레이건은 개망나니다 하고 소리쳐도 경찰이 제지하지 않습니다." 그러자 레이건이 맞받았다. "우리도 마찬가지요. 백악관 앞에서 레이건은 개돼지다 하고 고함쳐도 경찰이 본체만체한다오." 물론 레이건이 말한 표현의 자유가 진짜 표현의 자유다. 크렘린 궁 앞에서 미국 대통령 욕을 해봤자 무슨 소용 있겠는가, 백악관 앞에서 미국 대통령을 마음껏 욕할 수 있어야 그게 진짜 표현의 자유라는 뜻이다.

고영주 변호사, 이분은 경기고를 나왔고 서울 공대 출신이다. 그런데 뜻한 바 있어 사법시험을 봤고, 검사로만 30여 년을 봉직했다. 2010년 『친북·반국가 행위 인명사전』을 편찬했고, 2011년엔 민노당 해산 청원서를 내기도 했다. 2015년 MBC의 대주주인 방송문화진흥회 이사장이 됐다. 그런데 고영주 변호사는 2013년 1월 문재인 당시 새정치민주연합 대표에 대해 "그는 부림사건 변호인으로서 공산주의자다."라는 취지로 발언했다. '부림사건'이란 1981년 부산지역에서 22명이 독서모임을 가졌는데,

국가보안법 위반 혐의로 체포돼 중형을 받은 사건이다. 당시 이 사건을 담당했던 검사가 고영주 변호사였고, 훨씬 나중에 재심을 맡아 무죄로 이끈 변호사가 문재인 대통령이었다.

간단히 요약하자면 고영주 변호사는 7년 전 문재인 대통령을 공산주의자라고 했고, 명예훼손 혐의로 기소됐다. 그런데 1심 재판부는 명예훼손에 대해 무죄로 판결했다. 그 이유는 이렇다. '문 대통령을 공산주의자로 평가한 여러 이유를 제시하며 본인만의 진단을 내린 것으로 악의적 모함이 아니다. 공산주의자의 개념도 시대마다 달라 허위 사실로 볼 수 없다.' 그런데 이것이 2심 판결에서 뒤집어졌다. 서울중앙지법 형사9부 최한돈 판사는 고영주 변호사에게 징역 10개월에 집행유예 2년, 즉 유죄를 선고했다. 물론 고영주 변호사는 즉각 대법원까지 갈 것 같다.

재판장인 최한돈 부장판사는 진보적 판사들의 모임인 국제인권법 연구회 소속으로 법원 내에서도 강성 진보로 분류된다고 한다. 그러나 여기서 그 문제를 끄집어낼 생각은 없다. 그의 과거가 어떻고, 그의 정치적 성향이 어찌 됐든 우리가 알 바 아니다. 《김광일의 입》은 오로지 판결만 갖고 말하겠다. 2심 재판부는 이렇게 말했다. "공산주의자라는 표현은 다른 어떤 표현보다 피해자의 사회적 평가를 저하시키는 표현이다. 표현의 자유 범위를 벗어난다."

그런데 이런 판결 이유에는 몇 가지 중대한 문제점이 발견된다. 먼저 문재인 대통령을 명예훼손의 피해자라고 했는데, 이 부분은 재판부의 해명이 필요하다. 왜냐하면 2011년 대법원 판례(MBC 관련)는 '정부 또는 국가기관은 형법상 명예훼손죄의 피해자가 될 수 없다'고 못박아 말하고 있다. 2016년 대법원 판례(전남 고흥군 관련)에서도 이렇게 밝혔다. '국가나 지방자치단체는 국민에 대한 관계에서 형법의 수단을 통해 보호되는 외부적 명예의 주체가 될 수는 없고, 따라서 명예훼손죄나 모욕죄의 피해자가 될 수 없다.' 그렇다면 어떻게 봐야 하는가. '대통령'이란 직책은 헌법에 명시된 대표적인 국가기관이다. 대법원 판례는 대통령은 명예훼손의 피해자가 될 수도 없을 뿐만 아니라 명예의 주체가 될 수 없다고 분명하게 말하고 있지 않은가. 서울중앙지법 2심 재판부는 무슨 근거로 문 대통령을 명예훼손의 주체로 봤고, 피해자로 본 것인지 말해주기 바란다.

또한 최한돈 판사와 2심 재판부는 고영주 변호사가 문 대통령의 사회적 평가를 저해하고 표현의 자유를 넘어섰다고 했는데, 이 말은 그 자체로 앞뒤가 틀려 있다. 서로 말이 안 되는 '형용 모순形容矛盾'이다. 사회적 평가와 무관하게 개인적 생각을 말할 수 있어야 그것이 바로 표현의 자유이기 때문이다. 그러니까 2심 재판부의 말을 빌려서 거꾸로 되받아보자면 사회적 평가마저 저해할 수 있어야 비로소 표현의 자유를 누리는 것이라고 말할 수 있는 것이다. 비유컨대 미국 시민 중에 레이건을 존경하는 사람이

90%가 넘는다고 하더라도 레이건은 개망나니다, 라고 개인의 생각을 말할 수 있어야 그것이 표현의 자유인 것이다. 문재인 대통령에 대해 민주주의자라는 생각을 가진 사람이 41%이더라도 나는 그를 공산주의자라고 본다, 라는 생각을 말할 수 있어야 그것이 곧 표현의 자유인 것이다.

서울중앙지법 2심 재판부는 아직도 못 알아듣겠는가. 당신들은 사회적 평가를 저해해서 표현의 자유를 넘어섰다고 했는데, 그게 아니라 거꾸로 사회적 평가를 저해할 수 있어야 그것이 표현의 자유라는 것이다. 당신들은 그 짧은 표현 속에서 앞뒤가 충돌하는 논리적 과오를 저지르고 있다. 왜 그럴까. 그렇다. 법리, 즉 법의 논리에 크게 어긋나는 판결을 하고 난 뒤 나름대로 그것을 해명하려다 보니 앞뒤가 꼬여버리는 것이다. 모르겠는가.

그리고 마지막으로 묻겠다. 2심 재판부 당신들은 문 대통령에게 '사회적 평가'라는 것이 존재한다는 전제하에 판결을 했다. 그렇다면 묻는다. 사법부가 생각하는 문 대통령에 대한 사회적 평가는 무엇인가. 대통령에 대한 사회적 평가가 어디 법률에 나와 있는가, 아니면 '인권법 연구회' 출신 판사들만 돌려보는 내부 문건이라도 있는가. 혹시 '코로나로 밤잠을 못 이루시는 대통령'이란 식의 용비어천가가 지금의 문 대통령에 대한 사회적 평가라는 뜻인가. 공영방송에서 대통령을 찬양하면 사회적 평가이고, 조·중·동 신문이 비판하면 명예훼손의 소지가 높아 보이는 것인가.

이참에 사법부에 부탁한다. 대통령에 대해 어떤 말이 명예훼손이고 어떤 말은 사회적 평가인지 예시문例示文 리스트를 만들어서 나처럼 어리석은 사람들에게 공표해주기 바란다. "대통령은 공산주의자다." 이것은 명예훼손이라니, 그렇다면 "대통령은 무능하다." 이것은 어느 쪽인가. 정말 궁금하다. 미국 백악관 안보보좌관도 "대통령은 정신분열적이다."라고 했는데, 이것은 고발 안 하는가. 이건 명예훼손 아닌가. 정신분열이다, 하면 명예훼손이고, 정신분열적이다, 하면 괜찮은가. 조원진 전 의원이 문대통령의 대북 정책을 비판하면서 '정신없는 인간'이라고 한 적이 있는데, 고발은 당했으나 검찰이 불기소 처분을 했다. 그럼, 이 표현은 어떻게 되는가. 우리는 정신없는 인간이라는 말이 공산주의자라는 말보다 더 심하게 사회적 평가를 저해하고 있다고 보는데, 사법부 판단은 어떤가.

동서독 통일을 이끈 헬무트 콜 총리는 자신을 '바보'라고 욕을 하는 시민에 대해 기자가 "명예훼손이 아니냐?"고 묻자 콜은 "아니다. 국가기밀 누설죄다."라고 해서 한바탕 웃음바다로 만들고 웃어넘겼다는 일화도 있다. 레이건·고르바초프의 농담과 정반대로 이제 우리는 평양에 가서 문재인은 공산주의자다, 그렇게 소리치면 안 잡아가는데, 서울에서 문재인은 공산주의자다, 그렇게 말하면 유죄가 되는 세상에 살고 있다.

종교의 탈을 썼다니…… 당신은 무슨 탈을 썼나?

정치인과 종교

한국 정치인들이 유난히 약한 모습을 보이는 상대가 있는데 바로 종교, 종교 단체, 종교 신자들이다. 특정 종교를 비난하거나 탓하거나 적대적인 발언을 하면 뒷감당을 할 수 없는 사태가 벌어진다는 것을 여러 경험을 통해 알고 있기 때문이다. 정치인들은 자신이 믿고 있는 신앙과 관계없이 어떤 종교 행사에 가서도 말조심, 행동 조심을 하면서 일거수일투족에 신경을 쓴다. 자칫 조그만 실수라도 하게 되는 날이면 그 종교의 신도들로부터 회복 불가능한 공격을 받을 수도 있기 때문이다. 그런데 근년 들어 정치인들이 특정 종교나 종파宗派 혹은 특정 교회를 향해서 아무런 거리낌 없이 집중 포화를 퍼붓는 것을 볼 수 있다. 세월호 사고와 구원파, 코로나 사태와 신천지교회, 그리고 광화문 집회와 전광훈 목사의 경우를 들 수 있다. 정치인들은 큰 사건 사고와 겹쳐서 국민적 여론이 어떤 특정 종파나 종교인을 비난하는 쪽으로 기울었다고 판단되면 조심스레 숨겼던 발톱을 공개적으로 드러내 상대를 할퀴려 든다. 어떤 정치인들의 속성이 그렇다.

더불어민주당 전당대회가 8월 24일부터 절차에 돌입해서 8월 29일 결판이 난다. 당 대표에는 이낙연, 김부겸, 박주민, 세 사람이 출마했다. 최고위원 후보에는 신동근, 염태영, 양향자, 한병도, 소병훈, 노웅래, 이원욱, 김종민 8명이 이름을 올렸다. 정치부 기자들은 '어대낙'이란 말을 쓴다. 어차피 대표는 이낙연이다. 이 말을 줄여서 어대낙이라고 한다. 이낙연 대세론인 셈이다. 물론 막판 뒤집기가 없으란 법은 없다. 길고 짧은 것은 대봐야 안다. 그런데 전당대회에서 당 대표, 최고위원 선출을 앞두고 출마 후보자들의 입이 한없이 거칠어지고 있다. 친문 지지자들의 표가 가장 중요하기 때문에 그들에게 잘 보이려는 맞춤형 막말을 할 때도 있겠거니 했는데, 최근에는 그래도 이건 아니다 싶은 말들이 나오고 있다. 정말 이건 아니다.

먼저 당 대표에 출마한 김부겸 전 의원은 8·15 광화문 집회를 주도한 사랑제일교회 전광훈 목사를 겨냥해서 이렇게 말했다. "문재인 정부가 방역에 실패한 것으로 만들기 위해 종교의 탈을 쓴 일부 극우 세력이 코로나 바이러스를 퍼뜨리고 있다. 이들이 정부를 뒤흔들고 정권 붕괴까지 노리고 있다." 종교의 탈을 쓴 일부 극우 세력이라니, 그리고 정권 붕괴를 노려서 일부러 코로나 바이러스를 퍼뜨리고 있다니, 이것이 정말 김부겸이라는 사람의 입에서 나온 소리인가 귀를 의심하지 않을 수 없다.

물론, 지금 우리가 전광훈 목사나 사랑제일교회의 행동을 일방적으로 옹호할 생각은 없다. 그래도 그렇지, 아닌 것은 아닌 것이다. 어떻게 종교의 탈을 썼다는 말과 함께 정권 붕괴를 노려 바이러스를 퍼뜨리고 있다는 말을 할 수 있다는 말인가. 김부겸 전 의원은 이런 말을 사사로운 자리에서 말한 것이 아니다. 김부겸 후보는 여의도 민주당사에서 열린 합동연설회에서 그렇게 말했다.

이낙연 후보 역시 전광훈 목사를 비난하면서 이렇게 말했다. "대규모 집회를 열고 황당한 유언비어까지 퍼뜨리며 방역에 도전한 세력은 현행 법령이 규정하는 가장 강력한 방법으로 응징할 것을 정부에 거듭 요구한다." 수십 년 전 권위주의 정권의 가장 살벌했던 시기에도 들어보지 못했던 표현들이 아무 거리낌 없이 터져나오고 있다. 가장 강력하게, 그리고 처벌도 아니고 응징해 달라는 요구 발언을 차기 대권까지 노린다는 사람의 입에서 듣고 있는 셈이다. 차제에 입은 삐뚤어졌어도 말은 똑바로 하겠다. 지금 우리나라가 국가적 방역 위기에 처해 있는 것은 맞다. 그렇지만 사나흘째 이어지고 있는 300명이 넘는 전국 확진자 중에서 광화문 집회 관련자는 15~20%에 불과하다. 80% 이상이 광화문 집회와는 관련이 없는 지역 감염이다. 그래서 이낙연 의원에게 묻지 않을 수 없다. 당신이 만약 집권 여당의 당대표가 되고, 차기 대권의 최종 후보로 굳어지는 상황이 되면 지금 누구를 가장 강력하게 응징하겠다는 것인가. 교회를 상대하겠다는 것인가, 야당을 대적하겠다는 것인가, 전 국민을 상대로 싸우겠다는 것인가.

더불어민주당 최고위원 후보로 나선 이원욱 의원은 이런 말도 했다. "바이러스 테러범을 방조한 통합당 김종인 위원장을 끌어내려야 한다." 이건 또 무슨 뜻인가. 광복절 집회에 나왔던 전광훈 목사를 '바이러스 테러범'으로 지목한 것이고, 전광훈 목사의 배후에는 통합당과 김종인 비대위원장이 있다는 뜻인가. 정말 그렇게 말한 것인가. 이참에 전광훈 목사를 비난하는 여론에 올라타서 그와 김종인 위원장을 일심동체처럼 한 몸으로 묶고 그 위에 국민적 분노를 쏟아붓게 하려는 총동원령을 내리고 있는 것인가. 김종인 위원장은 충북 청주에 있는 질병관리본부를 찾아가 정은경 본부장을 면담하고 난 뒤 언론에 말하기를 "국민들과 정치권은 정은경 본부장의 전문적인 의견을 정확하게 따르면 위기를 헤쳐나갈 수 있다."고 했다. 이원욱 의원은 그런 김종인 위원장을 테러범과 한통속으로 묶으려고 하는가. 만약 우리가 진짜 총기 난사와 폭탄 테러가 터지는 나라에 살고 있다면 이원욱 의원의 '테러범' 발언은 엄중한 책임을 져야 하는 중대한 도발이 아닐 수 없다.

최근 집권 세력들은 대통령부터 여당 대표, 국무위원들까지 오로지 광화문 집회만을 공격 목표로 삼고 있다. 문 대통령은 "공권력의 엄정함을 분명하게 세워달라."고 말했다. 그러자 김창룡 경찰청장은 "전 경찰력을 동원해 총력 대응하겠다. 배후까지 규명해 처벌하겠다."고 했다. 경찰청장이 배후까지 규명하겠다고 했는데, 김창룡 청장은 코로나 확산에도 배후가 있다는 것인지, 그 배후가 누구인지, 분명하게 밝히기 바란다. 여당 사람은 툭하면 야당과 교회를 겨냥해서 유언비어를 엄단하겠다고 했는데, 그들에게 묻고 싶다. 코로나 확산에 정치적 배후가 있다는 당신들의 말보다 더 악랄한 유언비어가 어디에 있는가. 지금 국민이 겪고 있는 코로나 확산 위기까지도 처음부터 끝까지 정치적 이용만 하려는 속셈이 아니라면 어떻게 이런 발언을 할 수 있을까. 국민들은 지켜보고 있다.

교회가 국가를 걱정하는가
국민이 교회를 걱정하는가?

마녀사냥, 주홍글씨, 인민재판, 낙인찍기

마녀사냥은 16~17세기 종교 개혁기에 유럽에서 벌어진 학살이다. 10만 명이 고발당해 4만 명이 죽었다고 추정한다. 마녀란 '그리스도에 대한 신앙을 버리고 악마와 계약을 맺어 악마를 섬기고, 그 대가로 부여되는 마력을 사용하며, 악마와 교접을 하는 자로서 그 몸뚱이에는 악마의 손톱자국이 늘 있었다.'고 돼 있다. 『주홍글씨』는 1850년 미국 작가 너새니얼 호손의 작품이다. 목사와 간통한 여인에게 A라는 붉은 낙인을 찍는다는 설정이다. 그 뒤 인간을 얽매는 굴레를 상징하는 뜻으로 많이 인용됐다. 인민재판은 인민에게 공개 형식으로 진행된 재판을 말한다. 북한, 중국, 소련 같은 공산주의 국가에서 많이 시행됐다. 재판 주동자가 인민을 흥분시키거나 부추겨서 분위기를 주도한 뒤 인민 중 한두 명이 찬동하면 일사천리로 즉결 처분까지 이뤄지기도 했다. 이런 것들은 인류가 저지른 역사적 범죄라고 할 수 있는데, 오늘날에도 변형된 형태로 남아 있다고 볼 수 있다. '좌표 찍기', '낙인찍기' 같은 과녁 설정이 이뤄지면 인터넷 공간에서 상대에게 뭇매를 퍼붓곤 한다.

지금 우리가 겪고 있는 코로나 비상사태, 제2차 코로나 대유행 우려, 코로나 확산 사태에 대해 누가 책임을 져야 하는가. 누구 탓인가. 집단 감염이 발생한 서울 성북구 사랑제일교회 전광훈 목사가 모든 책임을 져야 하는 장본인가. 아니면 사태가 이렇게 퍼지도록 방치한 문재인 정부가 모든 책임을 져야 하는가. 아니면 전광훈 목사도, 그리고 문재인 정부도 둘 다 이번 책임에서 벗어날 수 없다는 양비론兩非論을 펼치겠는가.

　사석에서 전광훈 목사에게 정치적 책임을 묻는 목소리도 많다. 부동산 대란大亂을 비롯해서 문재인 정부의 전반적인 국정 운영 실패로 문 대통령과 더불어민주당의 지지율이 급락하고 있던 국면에서 전광훈 목사 때문에 청와대와 민주당이 목소리를 높이는 계기가 됐다는 것이다. 국민적 압박을 견디지 못한 문재인 정부가 어쩔 수 없이 정책 전환을 할지도 모른다는 기대가 있었는데, 전광훈 목사 때문에 그 기대가 거꾸로 뒤집히고 있다는 것이다. 전광훈 목사로 인해 청와대와 민주당이 야당을 공격할 수 있는 빌미를 주었을 뿐만 아니라 자신들의 지지 세력을 다시 결집시키는 계기로 삼고 있다는 것이다. 그래서 전광훈 목사를 두고 혹시 사실은 민주당을 위한 'X맨 아니냐. 저쪽에서 파견한 트로이 목마가 아니냐.' 이런 얘기가 나오고 있는 실정이다.

　그러나 국가가 종교를 판단하고, 국가가 종교 행사를 제한하고, 하는 일은 매우 민감하고 조심스러운 일이라는 것을 우리는 오랜 역사를 통해 체감하고 있다. 기독교든 불교든 어떤 종교든 오랜 역사 속에서 전제 군주와 정치 세력의 핍박으로 고통과 희생을 겪고 숱한 순교자까지 냈던 것은 동·서양을 가릴 것 없이 매우 많다. 종교는 이런 탄압과 핍박 속에서 오히려 더 굳건한 신앙의 뿌리를 내리고 사랑과 자비의 정신을 발현했다고 할 수 있다. 자유민주주의를 한마디로 정의하면 그것은 신앙의 자유를 보장하는 체제라고 말할 수 있을 정도다.

그렇다면 지금 우리가 제2차 코로나 대유행의 초입에서 이번 사태를 객관적이고 과학적으로 잘 파악하는 길은 어디에 있는가. 지금 단계에서는 정부의 코로나 정책 실패, 그리고 마녀사냥 식 낙인찍기의 위험, 이 두 가지를 지적하지 않을 수 없다.

이번 코로나 사태는 누가 뭐래도 문재인 정부가 키웠다고 하지 않을 수 없다. 정부는 국민들에게 코로나 국면이 끝나간다는 잘못된 신호를 여러 번 내보냈다. 2020년 7월 21일 몇몇 교회에서 집단 감염이 시작되고 있었는데도 불구하고 정부는 '교회의 소모임 금지를 24일부터 해제하겠다.'고 발표했다. 그리고 정부는 이날부터 프로야구를 비롯한 스포츠 경기의 관중 입장을 제한적으로 허용했다. 이뿐만이 아니다. 홍남기 기획재정부 장관은 "1천8백만 명을 대상으로 외식·숙박·영화·전시 등 8대 소비 쿠폰을 집행하겠다."고 했다. 같은 날 정세균 국무총리는 8월 17일을 임시공휴일로 지정하면서 '심신이 지친 국민과 의료진에게 조금이나마 휴식의 시간을 주고 내수 회복 흐름도 이어가기 위한 것.'이라고 했다. 한 치 앞을 내다보지 못한 정부 정책이 동시다발로 쏟아져나온 것이다.

근본책임은 방역의 끈을 풀어버린 정부에게 있는데도 불구하고, 여권과 집권 세력은 사랑제일교회 전광훈 목사라는 과녁이 정해지자 이곳에 집중 화살을 퍼붓고 있다. 물론 전광훈 목사에게 아무런 책임도 없다는 것은 아니다. 그러나 그런 책임 문제를 거론하는 차원을 떠나서 특정 종교 집단이나 소수를 겨냥하는 마녀사냥 식 낙인찍기는 오히려 신속한 방역을 불가능하게 만들고 있다. 경기도 파주와, 경북 포항에서, 확진 판정을 받고 격리돼 있던 사랑제일교회 예배 참석자가 병원을 탈출했다.

장기간 격리, 동선動線 공개, 그리고 공포감을 느꼈기 때문인 것으로 알려졌다. 검사 대상자나 확진자가 지역사회에 숨어 들어가 행방을 알 수 없게 되면 숨은 감염자들이 조용한 전파를 일으키게 되는 것이다. 지난 번 대구 신천지교회의 집단 감염, 그리고 서울 이태원 클럽 집단 감염 때도 상황은 비슷했다. 특정 종교에 대한 과도한 비판, 그리고 클럽 주점을 다녀가면 곧 동성애자일 것이라는 식으로 낙인찍기를 하게 되는 것이 보건 당국의 연락과 검사를 기피하게 만드는 것이다.

우리나라 최고 감염병 전문가인 고려대 김우주 교수는 이렇게 말했다. "코로나 재확산의 근본적인 이유는 정부 방역 정책의 실패 때문입니다. 거기에 대한 반성 없이 위기 때마다 특정 집단을 마녀사냥하는 방식으로는 또 다른 위기를 불러올 뿐입니다. 정부가 교회 소모임을 허용하고 외식 쿠폰을 뿌리겠다고 발표하면서 국민들에게 방심해도 된다는 일종의 시그널을 줬습니다. 명백하게 잘못된 정부의 판단으로 이 같은 사태가 벌어진 것입니다. 매번 하나의 집단을 싸잡아 매장하는 걸로 상황을 마무리하고 방역 시스템에 어떤 문제가 있었는지는 제대로 진단하지 않은 것이 반복되는 위기의 근본 원인입니다."

이 같은 김우주 교수의 지적에 대해 우리는 여기에 한 가지를 덧붙여 결론을 내리지 않을 수 없다. 즉 종교가 세상을 걱정하고 종교가 나라를 걱정하고 종교가 국민을 걱정해야 정상이다. 어떤 경우에도 이것이 뒤바뀌어서는 안 된다는 점이다. 국민과 사회 구성원들이 종교를 걱정하는 사태가 빚어지면 그 종교도 국민도 불행해진다는 것을 알아야 한다.

서울 성북구 사랑제일교회 신도들도, 전광훈 목사도 모두 나름의 신앙심과 애국심에서 8월 15일 광화문 광장에 나왔을 것이라고 믿고 싶다. 그러나 자신들이 하는 나라 걱정보다 자신들에 대한 국민 걱정이 더 커지는 상황이 빚어지면 그것은 곤란하다. 다시 강조하지만, 특정 종교를 믿든 안 믿든 누구에게든 자유민주주의의 요체는 신앙의 자유를 보장하는 데 있다. 그러나 교회가 국가를 걱정하는 것보다 국민이 교회를 걱정하는 상황이 되면 국가도 교회도 불행해진다는 것을 잊지 말아야 한다.

이게 나라냐?

이게 나라냐

'이게 나라냐'는 2016년 박근혜 정부 때 이른바 국정농단 사건이 끓어오르고 있을 무렵 반정부 집회 장소에서 불렸던 민중가요 제목이다. 박근혜 대통령을 향해서 노골적으로 하야下野를 촉구하는 뜻으로 '하야, 하야, 하야'라는 구절을 율동과 더불어 불렀고, 후렴구에는 박 대통령을 하옥下獄시키라는 뜻으로 '하옥, 하옥, 하옥'을 반복하기도 했다. 그러나 아이러니하게도 문재인 정부 출범 이후에는 문 정권을 비꼬는 의미로 더 자주 쓰이게 됐다. 문 정부의 온갖 실정失政과 비리 의혹이 터져나올 때마다 신문 지상에는 '이게 나라냐'는 제목의 장탄식 칼럼과 사설이 실리곤 했다.

정말 궁금하다. 정말 묻고 싶다. 누가 대답 좀 해주면 좋겠다. 지금 이 나라에는 도대체 무슨 일이 벌어지고 있는가. 국민들 앞에서 공개리에 벌어지고 있는 일들, 그리고 국민들이 볼 수 없는 은밀한 곳에서 벌어지고 있는 일들, 이런 일들을 조종하고 있는 보이지 않는 손길, 그 손길의 주인은 누구인지, 정말 궁금하기 짝이 없다.

청와대, 여당, 여권 인사들, 정부, 서울시 할 것 없이 저쪽 편 사람들은 마치 약속이나 한 듯 박원순 서울시장의 성추행 사건을 두고 '성추행 피해자'를 '피해 호소인'이라고 불렀다. 피해 여성의 증언이 거짓일 수도 있다는 가정 하에 이 같은 2차 가해를 자행하고 있는 것인데, 정작 궁금한 것은 누가 맨 처음 피해 호소인이란 표현을 쓰도록 지휘했을까, 하는 점이다. 청와대일까, 여당 지도부일까, 우리가 모르는 집권 세력 내부에 어떤 아이디어맨이나 지휘자가 있는 것일까. 그 '빅 브라더'는 누구일까. 다른 나라에서는 성추행 피해자를 희생자victim 혹은 생존자survivor라는 표현으로 부르기도 한다. 그만큼 사태를 심각하게 바라본다는 뜻이다.

국회 본청에 있는 미래통합당 비대위 사무실은 회의실 배경 글귀를 바꿨다. 이전까지는 김종인 비대위 체제가 들어선 것을 계기로 '변화 그 이상의 변화'라는 백드롭을 써왔는데, 고 박원순 서울시장 사망을 계기로 이것을 '지금, 이 나라에 무슨 일이'로 바꾼 것이다. 통합당 측은 이렇게 설명했다. '박원순 전 서울시장의 피소 사실 유출 논란을 비롯해 계속 터져나오는 여권 발 각종 의혹을 규명해야 한다는 의지를 담은 것이다.' 김종인 비대위원장도 이렇게 요구했다. "문재인 대통령은 박 전 시장의 죽음에 대해 명확한 설명을 해달라."

지금 이 나라에서는 무슨 일이 벌어지고 있는 것일까. 주호영 통합당 원내대표가 문재인 대통령에게 보낸 '10가지 공개 질의'에 그 내용이 대부분 요약돼 있다. 이렇게 돼 있다.

1. 지난 한 달 민주당은 국회 의장단 단독 선출, 야당의원에 대한 상임위원 강제 배정, 야당 몫의 법사위원장 강탈, 추경 단독심사 및 처리 등 헌정 사상 유례없는 의회 독재를 강행하고 있다. 이것이 대통령님께서 말씀하시는 협치協治인가.

2. 윤미향 사태에 대해 아직 윤미향 의원은 검찰 소환조사조차 이뤄지지 않고 있다. 대통령께서 피해자들의 눈물을 닦아주기 위해 직접 나설 의향은 없는가.

3. 실업자 수와 실업률이 지난 1999년 이후 최고치를 기록했다. 전문가들은 급격한 최저임금 상승과 준비되지 않은 주 52시간제 도입, 기업에 대한 적폐몰이, 각종 규제 등 소득주도성장의 총체적 실패라고 지적하고 있다. 대통령께서는 지금이라도 정책을 바꾸실 의향은 없으신가.

4. 탈원전 정책은 언제까지 고수하실 것인가. 원전이라는 그린에너지를 포기하면서 그린 뉴딜이 어떻게 가능한지 답해달라.

5. 이 정부 들어 22차례 발표한 부동산 대책에 대한 국민의 불만이 가히 폭발 직전이다. 주무 부처인 김현미 국토부 장관에게 부동산 정책 실패의 책임을 물으실 의향은 없는가.

6. 대통령께서는 아직도 김정은이 북핵 미사일을 포기할 수 있다고 생각하는가. 작금의 남북관계가 긴장되고 민감한 상황에서 대통령님께서 박지원 전 의원을 국정원장 후보로 지명하신 사유에 대하여 그 배경을 소상하게 밝혀달라. 국가안보의 최일선에 있는 국가 최고의 정보기관에 헌법상 반국가단체이자 국가보안법상 이적단체인 북한과 긴밀한 관계를 지속하고 있는 후보자를 수장으로 지명하신 이유는 무엇인지, 북한과 협의가 있었다는 보도에 관한 입장도 밝혀달라.

7. 다수의 국민들은 대통령과 이 정권이 한국전쟁의 영웅 고 백선엽 예비역 대장에 대한 예우를 충분히 갖추지 않았다고 지적하고 있다. 대통령께서는 어떻게 생각하시는지 입장을 밝혀달라.

8. 추미애 법무부 장관의 부당한 수사지휘권 행사에 대한 대통령의 입장은 무엇인지 밝혀달라. 윤석열 총장은 대통령께서 직접 서울중앙지검장으로 또 검찰총장으로 발탁하신 분인데, 그런 분이 대통령 주변의 소위 친문인사들로부터 전방위적인 사퇴압박을 받고 있는데 대해서 대통령께서는 왜 침묵하고 계신 것인지, 윤 총장이 잘못하고 있다고 생각하신다면 임명권자인 대통령께서 직접 해임을 하시든

지, 왜 추미애 장관이 검찰총장을 내리누르고 이성윤 서울중앙지검장이 치받도록 그냥 두고만 계시는 것인지, 그 이유를 밝혀달라. 아울러, 대통령께서는 대통령 주변을 직접 감찰하는 특별감찰관을 3년째 임명하지 않고 있다. 대통령 주변의 권력을 감시하는 기구인 특별감찰관을 3년째 비워두고 계신 이유는 무엇인지 밝혀달라.

9. 박원순 전 서울시장, 오거돈 전 부산시장, 안희정 전 충남지사 등 자당 소속 광역단체장들의 잇따른 성범죄 사건에 대해 대통령께서 왜 언급이 없으신지, 대통령께서 국민 앞에 사과하고 책임 있는 조처를 해가실 계획은 없으신지 밝혀달라. 페미니스트 대통령을 자처했던 대통령의 침묵과 민주당의 제 편 감싸기에 여성과 국민의 실망과 분노가 커지고 있다는 점에 유의해달라.

10. 대통령께서는 과거 민주당 대표 시절 '재보궐 선거의 원인을 제공한 정당은 후보를 내지 말아야 한다.'고 말씀하신 바 있다. 심지어 민주당은 당헌 제96조 2항에 관련 규정을 두고 있다. 그런 마당에 여당 내부에서는 고 박원순 시장 장례가 끝나기 무섭게 당헌을 바꾸자는 이야기마저 공공연히 나오고 있다. 책임 있는 대통령으로서 여당에 무공천을 요구하실 계획은 없으신지 밝혀달라.

  지금 이 나라에는 무슨 일이 벌어지고 있는가. 야당 원내대표가 대통령에게 던진 10가지 공개 질의, 여기서 지적한 일들이 아무런 설명도 해명도 없이 때로는 대놓고 뻔뻔하게 때로는 은밀하게 진행되고 있다고 보면 된다. 여기에 덧붙여 몇 가지 이 나라에서 무슨 일이 벌어지고 있는지 추가해보겠다. 박삼득 보훈처장이 대한민국의 건국 대통령이요 초대 대통령인 이승만 대통령을 '대통령'이 아닌 '박사'라고 7차례나 부르고 있다. 그것도 이승만 대통령 서거 55주기 행사에서 그랬다.

지금 국민들의 가장 뜨거운 관심사인 주택 공급 문제를 놓고 대부분 전문가들은 그린벨트 해제보다 재건축이 낫다고 입을 모으고 있는데, 여권은 엉뚱한 내부 분열을 일으키고 있다. 홍남기 부총리, 김태년 민주당 원내대표 등 정부와 여당은 '그린벨트 해제를 검토한다'는데, 정세균 총리, 이낙연 의원, 이재명 경기지사 같은 대선 주자들은 반대하고 있고, 청와대는 김상조 정책실장이나 고위 관계자 발언에서 보듯 오락가락하는 모습을 보이고 있다. 그런데 느닷없이 추미애 법무부 장관이 금융과 부동산을 분리시켜야 한다면서 끼어들었다.

지금 이 나라에는 신라젠 사건에 집권 세력의 핵심 인물이 연루돼 있는지를 다소 욕심내어 취재하던 채널A 기자가 '강요 미수'라는 별난 혐의로 구속되고, 허위사실 공표와 공직선거법 위반 혐의를 받던 경기지사가 '거짓말을 적극적으로 하지는 않았다.'는 황당한 이유로 무죄로 풀려나고, 운전기사와 차량을 무상으로 제공받아 정치자금법 위반한 것이 명백해진 성남시장은 항소장 부실 기재라는 기상천외한 구실로 살아났고, 대통령을 '형'이라고 불렀다는 유재수 전 부산시 부시장은 '받은 것도 있지만 준 것도 있다.'는 기가 막힌 이유로 집행유예로 풀려났다. 탈북민 단체 두 곳이 설립을 취소당했고, 대통령을 풍자하는 대자보를 붙였던 청년이 유죄 선고를 받았고, 대통령 측근을 수사했던 검찰 지휘부는 통째로 날아가버렸고, 5·18 민주화 운동에 삐끗 말을 잘못하면 곧바로 감옥에 보내는 특별법이 추진되고 있다. 대통령을 비난하거나 정권의 눈 밖에 나는 일을 했다가는 방송을 비롯한 여러 허가 승인이 취소되는 것은 물론이고, 생존권이 위협받거나 감옥에 갈 걱정을 해야 하는 나라가 되어가고 있다. 이것이 지금 이 나라에서 벌어지고 있는 일들이다.

박원순 성추행 사건, 대통령이 해명하라

무책임한 마지막 선택

비리 의혹을 받던 고위 공직자는 대개 두 가지 태도를 보인다. 첫째는 즉각 사퇴를 발표하고 물러나는 경우다. 둘째는 비리 의혹에 대한 진실을 밝힌 뒤에 물러나도 물러나겠다며 현직을 고수하고 있는 경우다. 평생을 공인으로 살아온 인물에게 '불명예 사퇴'란 사실상 마지막 선택일 수 있다. 그 다음 자리가 보장될 수 없기 때문이다. 이때 현직을 고수하는 공직자는 사퇴란 무책임한 행동일 뿐이라는 변명을 하기도 한다. 성추행 의혹을 받던 박원순 시장이 스스로 목숨을 끊은 마지막 선택에 대해서도 두 가지 반응이 있는 것 같다. 한쪽은 '당사자에게 더 이상의 죄과를 물을 수는 없는 것 아니냐, 본인이 본인의 행동에 대해 모든 책임을 떠안은 것으로 봐야 한다.'는 반응이다. 그러나 성추행 피해자를 비롯한 다른 쪽 사람들은 박 시장의 마지막 선택에 대해 '무책임했다.'는 비난을 하고 있다. 정말로 성추행을 인정하고 뉘우친다면 피해자의 존엄을 되살려놓는 일까지 마치고 죗값을 치러야 했다는 것이다. 그것이 본인의 존엄과 본인 가족의 명예를 어느 선까지는 회복하려고 노력하는 일이었을 것이란 관점이다.

거의 모든 권력이 대통령에게 집중된 강력한 대통령제 국가에서는 대부분 중요 국가 현안이 대통령으로부터 시작되고 대통령에게 가서 끝난다. 입법부에 '슈퍼 여당'을 구성한 상태에서 사법, 행정, 언론 관련 최고 기관 수장들의 임명권을 대통령이 차지한 권력 구조에서는 그럴 수밖에 없으며, 현 문재인 정부에서 권력이 작동하는 관행을 보면 더더욱 그럴 수밖에 없어 보인다. 입법 사법 행정이 청와대 출장소로 전락했다는 비난을 듣는 상황에서 모든 비상조치는 청와대로부터 나오고 청와대로 귀결되는 상황인 것이다. 나룻배가 바닷물에 빠져도 청와대 회의 시간에 추도묵념을 올렸던 대통령이기에 더욱 그렇다.

인구 1천만을 가진 대한민국 서울의 현직 시장이, 그리고 여권의 유력 대선 주자로 꼽히는 인물이, 그리고 대통령과 사법시험 합격 동기생이며 나이 차이 때문에 대통령을 형님으로 모셨다는 고故 박원순 서울시장이 성추행 의혹에 휩싸여 고소를 당한 다음 날 스스로 목숨을 끊었다. 당연히 이러한 사실들은 문재인 대통령에게 긴급 현안 보고 사항으로 실시간 중계되었을 것이다. 그렇게 믿는 것이 합리적이다. 이 와중에 대통령이 '한국판 뉴딜 국민보고대회'라는 것을 발표하는 등 또 다른 행사를 준비하고 있었다고는 하지만, 대통령에게 가장 중요한 긴급 현안은 '박 시장 사건'이었을 것이다.

모든 신문들은 성추행 피해자에 대한 '강제추행을 방조'한 부분, 그리고 박 시장에 대한 '고소 사실이 유출'된 부분은 추가 수사가 불가피하다는 지적을 하고 있다. 성추행 피해자 측이 이미 기자회견을 통해서 추가 조사를 촉구하기도 했었다. 방향은 두 갈래다. 하나는 피해자 측이 서울시 내부에 성추행 사실과 그 피해를 호소했지만 조치가 전혀 이뤄지지 않았다는 점이다. 다른 하나는 고소 사실이 박 전 시장에게 유출된 경위를 밝혀내야 한다는 점이다. 성추행 자체는 '공소권 없음'으로 종결되지만, 그러나 남은 두 의혹에 대해서는 추가 조사와 수사가 반드시 이뤄져야 한다는 것이다. 다만 고인에 대해서는 민주당의 박용진 의원조차 마지막 선택이 '무책임하다.'고 지적하고 있다.

　　피해 여성은 박 시장의 마지막 선택에 대해 '타인의 존엄을 해치더니 본인의 존엄마저 내려놓았다.'면서 "너무나 실망스럽습니다."라고 박 시장을 책망했다. 피해자의 절규는 박 전 시장의 정무 라인에 의해 막혔다는 정황이 드러나고 있다. 서울시청 6층에 근무하는 사람들이다. 피해 여성으로부터 성추행 피해 사실을 듣고도 이를 묵살한 인물은 비서실 정무라인의 5급 비서관이었다는 구체적인 취재 결과도 나와 있다. 그리고 박 전 시장과 가까웠던 인물들은 성추행에 대해 '시장님이 그럴 리 없다.'는 말을 자주 했다는 증언도 나와 있다. 이런 사람들이 직·간접적으로 강제추행을 방조한 그룹을 형성하고 있다고 봐야 할 것이다.

이중에서도 가장 중요한 부분은 박 전 시장에게 누가 고소 사실을 알렸는가 하는 점이다. 고소 사실을 알린 사람이 애초에 이런 결과를 의도하지는 않았겠지만, 그러나 박 전 시장이 극단적 선택을 하도록 압박을 받은 측면이 있고 사건의 진실이 '공소권 없음'으로 묻혀버릴 상황에 처했기 때문이다. 이와 관련 한 시민 단체는 어제 고소 사실 유출 의혹과 관련해 경찰과 청와대의 '성명 불상不詳 관계자'를 대검찰청에 고발했다. 아직 이름은 모르겠으나 청와대 혹은 경찰청에 있는 어떤 사람이 공무상 기밀 누설 죄를 저지른 것이 확실하니 검찰이 그 사람을 찾아내어 처벌해달라는 것이다. 현직 서울시장의 성추행 피소와 극단적 선택이라는 엄청난 사건은 경찰에서는 서울경찰청장, 본청 경찰청장 그리고 청와대에서는 대통령, 이 세 사람에게 가장 중대하고 긴급한 현안이었을 것이다.

그런데 경찰청 본청은 청와대에 박 전 시장의 피고소 사실을 보고는 했지만 박 전 시장에게 유출한 적은 없다고 주장하고 있다. 청와대도 보고는 받았지만 박 전 시장에게 유출한 적은 없다고 말하고 있다. 그러나 서울시 임순영 젠더 특별 보좌관은 고소가 이뤄진 당일 이미 "서울시 외부로부터 시장님 관련한 불미스러운 일이 있다는 얘기를 들었다. 급하게 시장님 집무실로 달려가서 다른 업무 중이시던 시장님께 실수한 것 있으시냐고 물었다."고 증언하고 있다. 이제 이 외부를 밝혀내는 일이 중요해졌다. 이런 사안에 대해 서울시 대변인은 '직원 인권침해 진상규명에 대한 서울시 입장발표'란 기자회견을 갖고 여성단체를 포함한 민관 합동 진상조사단을 꾸리겠다고 밝혔다. 피해 여성이라고 말하지 않고 민주당처럼 '피해를 호소하는 직원'이라는 표현을 썼다. 현재로서는 서울시에 접수되고 조사가 진행된 바가 없기 때문이라고 해명하고, 그러나 피해 호소 직원이란 용어를 이전에 쓴 적은 없다고 했다. 민주당과 조율된 표현인지는 밝히지 않았다.

그러나 조선일보 사설은 이렇게 지적하고 있다. '청와대 국정상황실이 박 시장 피소 사실을 보고받았다면 이 심각한 사안을 문재인 대통령에게 보고하지 않았을 리가 없다. 결국 문 대통령이 이 문제를 보고 받고 어떤 지시를 내렸느냐가 핵심이다. 문 대통령은 이 문제에 대해 지금껏 아무런 말이 없고 청와대 차원의 진상 조사도 없다. 이 정권은 언론에 사소한 일이 보도돼도 관련 부처 공무원들 휴대폰을 통째로 턴 사람들이다. 그런 사람들이 자신들 사이에서 벌어진 중대한 범죄 행위에 대해선 모른 척하고 있다. 문 대통령부터 박 시장 문제를 보고 받고 어떤 지시를 내렸는지 밝혀야 한다.'

이해찬 대표는 "피해 호소인이 겪은 고통에 깊은 위로의 말씀을 드린다."고 했다. 그렇지만 여전히 피해자란 표현 대신 피해 호소인이란 표현으로 사건을 묘하게 비틀고 있다. 그는 사건 초기에 당 차원의 대응 계획을 묻는 기자에게 "예의가 아니다. XX 자식 같으니라고."하고 욕설을 내뱉었는데, 그것이야말로 참으로 예의를 모르는 행동이었다. 한편 부천경찰서 성고문 사건의 피해 당사자였던 민주당의 권인숙 의원은 "여성가족부나 국가인권위원회 등 외부인들이 다 같이 참여해서 냉정하고 정확하게 문제들을 밝혀야 한다."고 말했다. 민주당 당대표 경선에 출마한 김부겸 전 의원은 "아직 한쪽 당사자의 이야기만 있는데, 객관적인 기관에서 진상조사를 할 필요가 있다."고 말했다. 다시 한 번 강조한다. 본인의 극단적 선택으로 귀결된 현직 서울시장의 여비서 성추행 사건의 전말에 대해 문 대통령이 국민들에게 설명해야 한다.

청와대냐 경찰이냐
박원순 피소 사실 누가 본인에게 알렸나

자살은 가해加害다

한국은 OECD 국가 중 자살률 1위다. 오래됐다. 타의 추종을 불허하는 1위다. 흔히 자살을 하는 사람은 삶의 막다른 길목에서, 사방이 캄캄한 벽에 가로막혀 어쩔 수 없이 마지막 선택을 한 것이라는 생각들을 하고 있다. 애인에게 버림을 받아서, 빌린 돈을 갚지 못해, 처자식과 먹고 살 길이 막막해서, 인터넷 '악플'에 시달리다 못해, 오랜 우울증을 앓다가, 여러 사람이 연루된 어떤 중대 범죄 혐의를 혼자 덮어쓰는 것 같아 너무도 억울해서, 기타 등등 이유가 많다. 이런 이유들의 밑바탕에는 자살자가 우리 사회의 피해자라는 생각이 은연중에 깔려 있다. 그러나 소설가 정세랑은 "어떤 자살은 가해였다, 아주 최종적인 가해였다."고 갈파하고 있다. 자살자가 세상을 뜨고 난 뒤에 남아 있는 주변 사람들이 너무도 큰 정신적·물질적 피해를 감당해야 하기 때문이다. 그렇게 보면 자살은 너무도 이기적인 행동이라고 할 수도 있다.

박원순 전 서울시장은 한 줌 재가 됐다. 그의 유해가 경남 창녕 고향으로 가고 있을 때 서울에서는 닷새 동안 침묵했던 피해 여성 측의 기자회견이 있었다. 박원순 전 시장의 유서가 이번 사건의 진실된 내용과 피해 여성에 대한 사과, 그 어느 것도 대답을 주지 못했다면, 피해 여성의 입장문은 상당한 울림이 있다. 소설가 정세랑 씨의 최근작 『시선으로부터』에는 이런 구절이 나온다. '어떤 자살은 가해였다. 아주 최종적인 가해였다.' 고인은 피해 여성에 대한 성폭력을 넘어서서 매우 치명적이고 회복하기 힘든 마지막 가해를 남기고 떠났다는 뜻이다. '고소인 입장문' 전문全文은 이렇게 돼 있다.

손바닥으로 하늘을 가릴 수 있다고 생각했습니다. 미련했습니다. 너무 후회스럽습니다. 맞습니다. 처음 그때 저는 소리 질렀어야 하고, 울부짖었어야 하고, 신고했어야 마땅했습니다. 그랬다면 지금의 제가 자책하지 않을 수 있을까, 수없이 후회했습니다. 긴 침묵의 시간, 홀로 많이 힘들고 아팠습니다. 더 좋은 세상에서 살기를 원하는 것이 아닙니다. 그저 인간답게 살 수 있는 세상을 꿈꿉니다. 거대한 권력 앞에서 힘없고 약한 저 스스로를 지키기 위해 공정하고 평등한 법의 보호를 받고 싶었습니다. 안전한 법정에서 그분을 향해 이러지 말라고 소리 지르고 싶었습니다. 힘들다고 울부짖고 싶었습니다. 용서하고 싶었습니다. 법치국가 대한민국에서 법의 심판을 받고 인간적인 사과를 받고 싶었습니다. 용기를 내어 고소장을 접수하고 밤새 조사를 받은 날, 저의 존엄성을 해쳤던 분께서 스스로 인간의 존엄을 내려놓았습니다. 죽음, 두 글자는 제가 그토록 괴로웠던 시간에도 입에 담지 못한 단어입니다. 저를 사랑하는 사람들의 마음을 아프게 할 자신이 없었습니다. 그래서 너무나 실망스럽습니다. 아직도 믿고 싶지 않습니다. 고인의 명복을 빕니다. 많은 분들에게 상처가 될지도 모른다는 마음에 많이 망설였습니다. 그러나 5십만 명이 넘는 국민들의 호소에도 바뀌지 않는 현실은, 제가 그때 느꼈던 위력의 크기를 다시 한 번 느끼고 숨이 막히게 합니다. 진실의 왜곡과 추측이 난무한 세상을 향해 두렵고 무거운 마음으로 펜을 들었습니다. 저는 앞으로 어떻게 살아야 할까요. 하지만 저는 사람입니다. 저는 살아있는 사람입니다. 저와 제 가족의 고통의 일상과 안전을 온전히 회복할 수 있기를 바랍니다. 이상입니다.

박원순 전 서울시장의 성폭력 범죄 사건에 대한 진상 규명은 앞으로 상당 기간 지속될 것 같다. 국민들의 의혹이 해소되지 못한 부분이 너무나 많고, 또한 고인은 없지만 그 주변에 성폭력에 연루된 관련자들이 상당수 있을 것으로 추정되기 때문이다. 오늘 핵심 쟁점은 다음 세 가지 정도다. 일단 피해 여성이 성폭력 사실을 서울지방경찰청에 고소했는데, 고소 사실과 고소장 내용을 누가 언제 얼마나 박 전 시장에게 알려주었는가 하는 점이다. 고소인을 상대로 수사하는 과정에서 고소장에 들어 있는 혐의를 피고소인에게 알려준다는 것은 자칫 증거인멸의 기회를 줄 수도 있기 때문에 불법적 소지가 많다고 본다. 이것은 공무상 기밀 누설에 해당한다.

이 사건 피해 여성이 고소장을 접수했고, 이튿날 새벽까지 경찰에서 조사를 받았는데, 고소장이 접수된 날 밤부터 이미 관련 내용들이 박 전 시장 쪽으로 전달됐을 가능성이 높다. 그래서 박 전 시장이 측근들과 대책회의까지 했다는 얘기가 나오는 것이다. 이런 경우에는 역지사지易地思之를 해보면 금세 전체 상황을 짐작할 수 있다. 내가 만약 서울경찰청장이라면 어떻게 했을 것인가. 경찰청 실무 수사책임자는 우리나라 최고 지도층 중에 한 사람인 박원순 서울시장이 성폭력 범죄 혐의로 피소 당해 고소장이 접수된 순간 곧바로 서울경찰청장에게 보고했을 것이고, 서울경찰청장은 곧바로 청와대 민정 라인 쪽에 보고했을 것이다. 이것은 거의 동시에 이뤄졌다고 보면 된다.

서울시는 서울에 있는 거의 모든 공공기관과 민간 기업에게 '갑중의 갑'이다. 여러 인·허가권을 쥐고 있을 뿐만 아니라 관련 예산과 민원을 처리할 수 있는 곳이다. 서울경찰청은 서울시장이 성폭력 범죄로 피소됐다는 것을 곧바로 서울시에 알렸을 가능성도 있다. 따라서 국민들은 묻고 싶은 것이다. 박원순 전 서울시장에게 고소 사실과 그 내용을 누설한 자가 청와대에 있는 사람인지, 아니면 서울경찰청에 있는 사람인지, 아니면 양쪽 모두 박 시장에게 알려주었는지 밝혀야 한다. 이것은 성폭력 피해 여성의 권리를 심각하게 침해하고 수사를 방해하는 공무상 기밀 누설죄에 해당하기 때문이다. 피해 여성 측 기자회견에 따르면 박원순 전 서울시장은 지난 4년 동안 성폭력 범죄를 계속해왔는데, 그것은 안희정 전 충남지사, 오거돈 전 부산시장의 성폭력 사건이 한창 불거져 있을 때도 성추행을 멈추지 않고 지속했다는 뜻이다. 이것은 몇몇 좌파 집권 세력들이 언론과 서울시민과 국민을 정말 하찮고 우습게 알고 세상을 얕잡아본 것은 아닌지 가슴이 답답하다. 우리가 흔히 좌파들의 이러한 행태에 대해 '내로남불'이라는 말을 쓰곤 했지만 그것으로는 부족하고 어떤 집단적이고 추잡한 이중인격, 혹은 위선적 행동을 엿볼 수 있다는 진단이 정확할 것이다. 카메라와 마이크 앞에서는 여성 인권을 부르짖고 몇 발자국 뒤에 있는 집무실 안의 비밀 침실에서는 여성 비서를 성추행하는 행위, 이것은 '지킬 박사와 하이드'라는 작품에서 나타난 '분열된 자아'라고 봐야 할지 전문가의 감정이 필요하다.

다음 쟁점은 피해자가 여럿일 개연성에 대해 조사해야 한다는 점이다. 다른 피해자는 없나 살펴봐야 한다는 점이다. 지금 현행법은 공공기관 민간기관 할 것 없이 성폭력을 신고하고 구제하는 부서를 지정하도록 돼 있다. 이번 사건의 피해 여성도 서울시에 줄곧 하소연해왔는데 묵살됐던 것으로 드러나고 있다. 이것은 피해자가 여럿일 가능성도 있고, 그리고 자의든 타의든 서울시 안에 여러 사람이 어물쩍 덮으려 했을 가능성이 있는 것이다. 그래서 이번 사건은 박 전 시장의 자살을 끝으로 '공소권 없음'으로 종결지을 수 없는 것이고, 당연히 추가 조사가 뒤따라야 하는 것이며, 또 서울시의 외부 기관이 진상 조사를 진행해야 한다고 보는 것이다.

한국일보는 이렇게 1면 톱 제목을 붙였다. '추모의 시간이 가고 진실의 시간이 오나.' 국민은 조금 더 확실한 것을 원한다. 진실의 시간이 올지 말지 궁금해하는 것이 아니라 진실의 시간은 반드시 와야 한다고 주장하는 것이다.

박원순, 그는 호숫가에 돌을 던졌는가

성추행은 호숫가에 돌 던지기다

성희롱, 성추행, 성폭력 등등은 사실은 '호숫가에 돌 던지기'나 비슷하다. 성추행 가해자는 호숫가에서 장난삼아 돌을 던지는 악동惡童에 비유할 수 있다. 성추행 피해자는 그 돌멩이에 맞아 죽거나 치명상을 입는 개구리에 빗댈 수 있다. 악동은 호숫가에서 돌 던지는 장난을 하다 해가 저물면 자기 집에 돌아가서 착하고 얌전한 아들 노릇을 할지도 모른다. 그러나 그 돌멩이에 맞은 개구리는 밤새 호숫가에서 엎드려 피울음을 울며 상처를 핥고 있어야 하는 것이다. 성희롱을 '호숫가에 돌 던지기'에 비유한 이 말은 다름 사람 아닌 박원순 전 서울시장이 변호사 시절에 했던 명언이다. 박 전 시장은 자신의 말대로 호숫가에 돌을 던진 악동이 된 셈이다. 세상에 이런 비극적 아이러니가 없다.

우리는 그 어떤 극단적 선택에도 찬성할 수 없다. 본인이야 오죽했으랴 싶기도 하고, 깜깜한 절벽이 사방에 막혀 있는 것 같은 상황이었겠지만, 그렇다고 해도 극단적 선택은 무책임한 것이다.

특히 피해자와 자신의 남아 있는 가족을 생각한다면 그럴 수는 없다. 박원순 시장은 서울시에 '성평등위원회'를 설치한 사람이다. 일찍부터 여성 친화적 이미지를 내세워 많은 호응을 얻었다. 민주당 정치인 중에 박원순 시장만큼 일찍부터 여성 지지자를 핵심 지지층으로 확보한 정치인도 많지 않다. 박원순 시장은 우리나라에 아직 '여성인권'과 '성희롱'에 관한 구체적인 개념조차 싹트지 못했을 때 성희롱은 명백한 불법 행위라는 인식을 만드는 데 결정적인 공헌을 한 사람이다.

1993년 '서울대 우 조교 성희롱 사건'이 있었다. 서울대학교 화학과 실험실에서 핵자기 공명장치 기기를 담당하던 조교 우 모 씨가 관리책임자였던 신 모 교수에게 성희롱을 당했다고 고발한 사건이다. 기기의 작동법을 가르쳐준다는 구실로 '신 모 교수가 뒤에서 껴안고 포옹하는 자세를 취했다.'는 것이 피해자 측 주장이었다. 이 사건은 우리나라에서 최초로 제기된 성희롱 관련 소송이었다. 6년간 법정투쟁이 이어졌고, 결국 신 교수가 우 모 조교에게 5백만 원을 지급하라는 최종 판결이 나왔다. 이 사건을 계기로 성희롱도 명백한 불법행위라는 사회적 인식이 생기기 시작했다. 그때 피해자 측 여섯 사람 변호인단에 박원순 변호사도 포함돼 있었다.

당시, 서울대 우 조교 성희롱 사건의 피해자 변호를 맡았던 박원순 변호사가 고소장에 적었던 마지막 문장은 오랫동안 기억에 남았다. '호숫가에서 아이들이 장난삼아 던진 돌멩이로 개구리를 맞춘다. 아이들은 장난이지만 개구리는 치명적인 피해를 입는다.' 박원순 시장은 그해에 이 사건의 변호인 자격으로 '올해의 여성운동상'을 받았다. 그런데 그 상금을 한국여성단체연합에 기부해서 또 한 번 화제가 됐었다. 그랬던 사람이 이번엔 자신이 성추행 고발로 몰려 있다가 돌이킬 수 없는 극단적 선택을 한 채 발견됐다. 삶이란 아차 하는 순간 벼랑길이란 생각도 든다.

2002년에는 '우근민 제주 지사 성추행 사건'이 있었다. 그해 1월 제주 지사 집무실에서 우 지사가 여성 직능 단체장 면담을 하면서 가슴을 만지는 신체 접촉을 했다는 혐의였다. 직사각형 테이블 모서리 부분에 우 지사와 피해 여성이 90도 각도로 앉아서 대화를 나누던 중 왼손으로 피해 여성의 목 뒷부분을 잡고 오른손으로 가슴을 만졌는데 피해자가 그 손을 뿌리쳤다는 내용이다. 우 지사는 '정치적 음해공작'이라고 주장했으나 4년 뒤 1천만 원을 배상하라는 대법원 확정판결이 나왔다. 당시 박원순 변호사는 이 사건의 민간 진상조사 위원으로 활동했었다. 그랬던 여성인권 변호사 박원순이었다.

2019년 2월 박원순 시장은 서울시 여성 리더 신년회에 참석했었다. 그 자리에서 박원순 시장은 이렇게 말했다. "많은 여성이 저항 주체로서 독립운동(3·1 운동)에 참여했고 오늘날의 대한민국이 있게 됐으며 그 정신은 1987년 민주화 운동, 2016~2017년 촛불집회, 지금도 지속되고 있는 미투 운동으로 이어져오고 있습니다. 그동안 우리 사회는 나라를 지키고 만들어온 수많은 여성을 제대로 기억하지 않았습니다. 그러나 저는 여성의 기억으로 역사를 만들고, 여성의 역사로 미래를 만드는 서울시장이 되겠습니다." 박 시장은 그날 서울여성플라자 2층 성 평등 도서관에 설치된 '서울시 성 평등 아카이브' 즉 성 평등 기록문서 자료관의 정식 출범을 선언하기도 했다.

한 신문은 이런 제목의 기사를 올렸다. '도덕성 타격 힘들었나…… 비극으로 끝난 최장수 서울시장 박원순.' 박 시장은 2020년 7월 8일, 전직 서울시장 비서였던 A 씨로부터 성추행 고소를 당했다는 게 확인됐다. 전직 비서 A 씨는 9일 새벽까지 고소인 자격으로 경찰 조사를 받았다. 박원순 시장은 9일 오전 10시 44분에 집을 나갔다. 그리고 10일 0시 20분쯤 서울 북악산 숙정문 부근에서 숨진 채 발견됐다.

지난 십수 년 동안 스스로 극단적 선택을 한 정치인들이 적지 않다. 2011년 노무현 전 대통령, 2018년 노회찬 정의당 의원, 2015년 19대 국회의원이기도 했던 기업인 성완종 회장, 2013년 17대, 18대 열린우리당과 민주당 국회의원이었던 김종률 의원, 2004년 이준원 파주시장, 작년엔 17대, 18대, 19대 국회의원을 지냈던 정두언 의원, 그리고 홍준표 경남지사 시절 경남 정무 부지사를 지낸 조진래 18대 국회의원이 스스로 목숨을 끊었다. 이런 고인들의 마지막 선택에 결코 동의할 수는 없지만, 안타까운 마음이 드는 것도 사실이다. 누구보다 박원순 시장의 마지막 선택이 너무도 충격적이다. 그의 인명사전에는 인권변호사, 시민운동가, 서울시장, 이 세 가지 표현이 빠질 수 없을 것이다. 동시에 성적 범죄의 가해자를 준렬하게 꾸짖어온 인권변호사가 비슷한 혐의로 고발을 당했다는 아이러니 앞에 고인의 유족들과 피해자와 박 시장의 지지자들이 느끼고 있을 충격과 혼란도 생각하게 된다.

성폭력 사건은 '그들만의 리그'였나

업무상 위력威力

대법원은 오래 전인 1998년 1월 판결에서 성폭력 범죄와 관련된 '업무상 위력'에 의한 추행을 다음과 같이 정의하고 있다. '성폭력 범죄의 처벌 및 피해자 보호 등에 관한 법률(업무상 위력 등에 의한 추행) 상의 위력威力이라 함은 피해자의 자유의사를 제압하기에 충분한 세력을 말하고, 유형적이든 무형적이든 묻지 않으므로 폭행·협박뿐 아니라 사회적·경제적·정치적인 지위나 권세를 이용하는 것도 가능하며, 위력행위 자체가 추행행위라고 인정되는 경우도 포함되고, 이 경우에 있어서의 위력은 현실적으로 피해자의 자유의사가 제압될 것임을 요하는 것은 아니라 할 것이고, 추행이라 함은 객관적으로 일반인에게 성적 수치심이나 혐오감을 일으키게 하고 선량한 성적 도덕관념에 반하는 것이라고 할 것이다.'

최근 몇 년간 정치권 성추문은 주로 진보 진영, 그러니까 민주당 쪽에 집중돼 있다. 안희정 전 충남지사가 수행 여비서 성폭력 사건으로 법원에서 유죄 판결을 받았다. 더불어민주당 정봉주 전 의원, 그리고 민병두 의원 등은 '미투 폭로' 파문으로 공천에서 배제됐다. 게다가 총선을 앞두고 영입된 원종건 씨는 데이트 성폭력 논란이 일면서 쫓겨나듯 탈당했다. 총선 막판엔 안산 단원을 지역구의 김남국 당선자가 이른바 '섹드립(성적 발언을 뜻하는 비속어)'이 난무하는 여성 비하 팟캐스트에 무려 23회나 출연해 사실상 고정 멤버였다는 게 밝혀지기도 했다. 정치권 인사는 아니지만, 총선 전날 밤 11시쯤에는 서울시에 근무하는 남성 공무원이 회식을 마친 뒤 만취한 동료 여직원을 모텔로 끌고 가 성폭행한 혐의를 받고 있다.

일일이 다 거론하자면 시간이 모자랄 지경이니 광역단체장이었던 안희정 전 충남지사와 오거돈 부산시장만 놓고 보자면, 오거돈 시장은 안희정 지사 사건에서 아무런 교훈도 얻지 못하고, 아무런 경각심도 없었다는 말인가, 하는 궁금증이 생긴다. 두 사람 모두 너무도 판박이로 '업무상 위력威力'을 행사했다는 점에서 놀랍다. 위력이란 상대방을 압도할 만큼 강한 힘이다. 피해 여성을 밀폐된 공간에 가둬놓거나, 의자에 묶어놓지 않았다고 하더라도, 가해자가 인사권을 쥔, 직장 내 최고위 상사였다는 점에서 가둬놓거나 묶어놓은 것 이상으로 심리적 강제력을 행사한 것으로 봐야 한다는 뜻이다.

그래서 대법원에서는 안희정 사건에 대해 최종 판결을 내리면서 안희정 전 지사와 피해자 수행비서 김지은 씨 사이를 위력이 미치는 관계라고 봤던 것이다. 폭행을 하거나 협박을 하지 않았다고 하더라도 사회적·경제적·정치적 지위나 권세가 상대를 꼼짝 못하게 제압할 수 있는 관계라면 그것은 위력이 통한다고 본 것이다. 오거돈 시장은 2019년 9월 안희정 전 지사에게 대법원 판결이 내려지는 것을 보면서, 같은 광역단체장이었다는 점, 같은 민주당 소속이었다는 점 등등에서 아무런 경각심도 갖지 못했다는 것일까. 진보 진영의 특징이란 이런 것일까. 이처럼 성적인 윤리 의식이 보통 사람과는 전혀 다른 세상에서 살고 있는 사람들인가 하는 생각마저 들었다.

안희정과 오거돈 사건은 같은 점이 많다. 성추행, 성폭력 사건이란 점, 가해자가 선출직 고위 공직자였고 둘 다 광역단체장이었다는 점, 둘 다 소위 진보 진영이라는 민주당 인사였다는 점, 둘 다 민주당에 치명적인 오명을 안겼다는 점, 피해자가 같은 건물에서 일하는 아래 직원이었다는 점, 둘 다 사건에 휘말려 불명예 사퇴했다는 점이 닮았다. 오거돈 시장도 사퇴하는 선에서 끝나지 않고 형사처벌을 받게 될 때 '업무상 위력 등에 의한 추행' 혐의를 받게 될 가능성이 높다. 성폭력 범죄의 처벌 등에 관한 특례법을 보면 업무, 고용이나 그 밖의 관계로 인해 자기의 보호, 감독을 받는 사람에 대해 위계나 위력으로 추행한 사람은 3년 이하의 징역 또는 1천5백만 원 이하의 벌금에 처한다고 돼 있다. 법리상으로 오거돈 시장은 3년 징역형을 받을 수 있다는 뜻이다.
'안희정 사건' 때는 공증서가 없었고, '오거돈 사건'에는 사건이 외부로 밝혀지기 전에 이미 가해자와 피해자 사이의 합의 내용을 담은 공증서가 있다는 점은 이번 사건의 희한한 특징이다. 지난 몇 년 국내외를 막론하고 수십 수백 건의 '미투 사건' 중에서 유일하게 공증서가 등장한 사건이라고 할 수 있다.

'안희정 사건'은 그것이 비록 사련邪戀이라고 하더라도 그것을 '사랑'은 사랑이었다고 볼 수 있을 것인가가 쟁점이 됐었다. 특히 안희정 측에서 '그때만큼은 서로 좋아하는 사이였다.'는 식으로 주장을 펼쳤었다. 그러나 오거돈은 피해 여성이 피해 장소에서 저항하다가 울면서 뛰쳐나왔다고 할 정도로 일방적인 성폭력이었다. 다른 곳도 아닌 집무실에서, 컴퓨터 작동법을 가르쳐달라고 했다는 오거돈 시장은 왜 성추행 범죄에 대한 아무런 경각심이 없었는지 이해할 수 없다는 반응도 있다.

아울러 안희정은 대선 주자 후보였다는 점, 오거돈은 대선 반열에 오른 인물은 아니라는 점이 다르다. 그러나 안희정 사건은 선거와 무관했지만, 오거돈 사건은 선거와 맞물려 있다는 점이 크게 다르다. 여기서 쟁점은 여당 지도부는 오거돈 사건 직후에 이런 사실을 알았는가, 몰랐는가. 야당은 눈치를 챘나, 못 챘나 하는 점이다. 이런 쟁점들의 내막은 추후에 폭로될 가능성이 있다. 오거돈 사건의 피해 여성이 울면서 뛰어나온 날이 2020년 4월 7일 화요일이었다. 그러니까 총선을 일주일 앞둔 화요일이었다. 그런데 우연하게도 그날부터 이틀 동안 이해찬 민주당 대표, 유시민 노무현재단 이사장, 방송인 김어준 씨 등이 마치 입을 맞춘 듯 '야당이 총선용 정치 공작을 준비하고 있는 것 같다.'는 말을 했다. 그들은 총선을 앞둔 마지막 주말인 4월 10일 금요일, 4월 11일 토요일쯤 야당이 뭔가 한 방을 터뜨릴지 모른다는 식으로 발언을 했다. 시한폭탄 같은 한 방을 두고 여러 추측이 있었는데 민주당 고위 인사의 자제가 n번방 사건에 연루돼 있다는 폭로라는 소문까지 돌았다. 그런데 이제 막상 오거돈 사건이 터지고 보니, 그때 이해찬, 유시민, 김어준, 이런 인사들이 말했던 야당 측의 정치 공작 운운했던 것들이 혹시 오거돈 사건 폭로가 있을까 봐 그걸 염두에 두고 미리 입막음 전략으로 했던 발언이 아닌가 하는 의심이 든다고 통합당은 말하고 있다. 만약 야당 쪽에서 오거돈 시장의 성추행 폭로를 하면 여당은 정치 공작으로 되치기를 하려는 전략이었다는 뜻이다.

만약 총선을 사나흘 앞둔 주말에 오거돈 사건이 터졌으면 선거 결과에 적지 않은 영향을 끼쳤을 것으로 보인다. 지금 결과와 견주었을 때 여야 의석에 몇 석쯤 변화가 생겼을까. 여당에서 야당 쪽으로 몇 석이나 옮아갔을까. 특히 경합지역 중에 상당수는 영향을 받지 않을 수 없었을 것이다. 지역구에 따라 젊은 여성 유권자를 포함한 수천 장의 투표용지에 지지 정당 기표가 달라졌을 수도 있다.

표현의 자유가 있는 평양 대학생이 부럽다

대북 전단

역사적으로 돌아볼 때 한반도에서 남북 간 전단 살포는 6·25 전쟁을 계기로 본격화됐다고 볼 수 있다. 당시 유엔군이 심리전 차원에서 북측에 전단을 뿌렸고, 이에 대응하는 북한도 전단을 살포했다. 일부 자료에 따르면 6·25 때 뿌려진 전단은 모두 28억 장으로 한반도 전체를 스무 번 이상 덮을 수 있는 분량이라고 한다. 남쪽에서는 대부분 투항과 귀순을 권유하는 내용이었는데, 가령 '빨찌산들이여! 귀순은 사는 길이다. 빨리 하산하라!' 같은 문구도 있었다. 필자가 군 복무를 할 때 강원도 산악 지역으로 수색 정찰을 나가면 북측의 대남 삐라를 수거하는 것도 임무 중의 하나였다.

80년대 미국 대통령 레이건은 농담의 달인이었다. 공화당 후보 레이건은 민주당 후보 카터 대통령과 맞붙었는데 이렇게 말했다. "경제 불황이란 이웃이 실직자가 되는 것이다. 경제 공황은 내가 실직자가 되는 것이다. 그러나 경제 회복이란 바로 카터 대통령이 실직자가 되는 것이다." 지금 우리나라 상황에서도 충분히 패러디를 할 수 있는 농담이다. 레이건은 이런 말도 했다. "소련 헌법에는 발언의 자유와 집회의 자유가 있다. 그러나 미국 헌법에는 발언 후의 자유와 집회 후의 자유가 있다." 이런 농담은 농담이 아니라 마치 지금 우리나라 상황을 걱정했던 것처럼 섬뜩하게 다가온다. 대전 법원은 대통령을 비판한 대자보를 단국대 천안캠퍼스에 붙인 25살 청년에게 벌금 50만 원을 선고했다. '건조물 무단 침입'이라는 죄목을 붙였다. 오히려 학교 측은 '침입이 아니다, 피해도 없다, 처벌을 원치 않는다.'고 했는데도 법원은 유죄 판결을 내렸다. 대자보에는 시진핑 중국 주석 사진과 함께 이런 말이 적혀 있었다. '나(시진핑)의 충견인 문재앙이 총선에서 승리한 후 미군을 철수시켜 완벽한 중국의 식민지가 될 수 있도록 준비를 마칠 것.'이라고 돼 있었다. 패러디 형식으로 문 정부의 친중 노선을 비판한 것이었다. 그러나 우리 청년에게는 '발언 후의 자유'가 없는 셈이다. 지난 총선 전에는 평화로운 집회를 이끌었던 목회자 한 사람이 선거법 위반으로 구속 기소되기도 했다. 그에게는 '집회 후의 자유'가 없었던 셈이다.

대북 전단을 뿌린 박상학 자유북한운동연합 대표와 관련된 여러 조치가 취해진 일도 있었다. 통일부는 그가 '허위사실로 남북 간 긴장을 고조'한다고 했고, 이재명 경기지사는 탈북민 단체 4곳을 사기 및 자금 유용 등의 혐의로 수사 의뢰했다. 이재명 지사는 '대북전단은 진정한 반국가적 행위이기 때문에 불온 자금을 수사해야 한다.'고 했다. 그런데 며칠 전 북한 노동신문에는 이런 보도가 있었다. 평양건축대학 학생인 리혁송이란 자가 한 발언이다. '일단 전선 지역이 개방된다면 우리 청년 대학생들은 남 먼저 달려 나가 추악한 인간쓰레기들의 서식지인 남조선 땅에 속 시원히 삐라 벼락을 퍼부을 만단의 태세를 갖추고 있다.' 대남 삐라 벼락을 뿌리겠다는 평양 대학생은 칭찬 받는데, 파주에서 대북 전단을 뿌린 박상학 대표 집 앞에는 지금 경찰들이 포진하고 있다.

통일부에게 묻는다. 탈북 단체가 허위사실을 퍼뜨린다고 했는데, 무엇이 허위사실인가. 북한을 3대 세습 왕조 체제라고 한 말이 허위사실인가, 대북 전단이 북한 땅으로 넘어갔다는 말이 허위사실인가. 이재명 지사에게도 묻는다. 탈북 단체의 대북 전단을 '반국가적 행위'라고 했는데, 그렇다면 문재인 대통령 얼굴에 담배꽁초 뿌린 사진을 실은 평양 대학생의 대남 삐라는 애국적이란 뜻인가. 대남 삐라를 습득 신고하란 얘기를 들어야 할 경기 북부 주민들에게 이재명 지사는 대북 전단을 습득 신고하라며 코로나 경보에 쓰이는 재난 문자로 안내를 내보냈다. 우리는 뒤죽박죽 세상에 살고 있다.

김정은 국무위원장이 총참모부가 제기했던 대남 군사행동을 보류했다고 노동신문 기사가 떴다. '김정은이 주재한 조선노동당 중앙군사위원회는 조성된 최근 정세를 평가하고 조선인민군 총참모부가 당 중앙군사위원회에 제기한 대남 군사행동 계획들을 보류했다.'고 보도했다. 앞서 북한군 참모부는 금강산·개성공단·GP 등에 군부대 진주, 접경지역 군사훈련 재개, 대남전단 살포 지원 등을 예고했었다. 그런데 김정은은 왜 이런 도발을 잠시 보류한다고 했을까. 그들이 다시 살펴봤다는 최근 정세란 무엇일까. 여러 분석이 가능하다.

첫째, 김정은·김여정 남매는 문재인 정부를 상대로 '굿 캅 배드 캅' 놀이를 하고 있다. 여동생 김여정은 군사행동도 불사하겠다며 갖은 욕설을 퍼붓는 '나쁜 경찰' 역할을 맡고, 오빠 김정은은 뒤에서 이를 달래는 '좋은 경찰관' 역할을 맡고 있다는 것이다.

둘째, 미국 항공모함 3척이 제7함대로 집결하고 있는 것에 북한은 더럭 겁이 났을 수도 있다. 이미 일본 요코스카 항에 있는 레이건 항모, 그리고 필리핀 근해에 있는 루스벨트 항모, 니미츠 항모 등 미국 항공모함 3척이 한반도 근역으로 모여들 조짐을 보이고 있기 때문이다.

셋째, 나쁜 경찰 김여정의 협박이 있고 난 뒤에 존 볼턴 전 백악관 안보보좌관의 회고록이 공개됐다. 회고록을 면밀히 검토한 북한은 2018년 싱가포르 미·북 회담 때 북한의 비핵화와 미국의 제재 해제라는 핵심 현안을 놓고 청와대 안보실장 정의용이 상당 부분 거짓말을 했거나 아니면 다소 과장된 말 심부름을 하고 다녔을 가능성을 분석할 시간이 필요했다고 본 것이다. 아니 그보다는 회고록 중에 2017년 12월 트럼프가 볼턴에게 '우리가 북한과 전쟁을 수행할 가능성에 대해 어떻게 생각하는가. 50대50?'이라고 물었고, 볼턴은 '중국에 달렸다. 아마도 50대50?'이라고 대답했다는 대목을 듣고 충격에 빠졌을 수도 있다.

평양 지도부가 모골이 송연할 회고록 부분은 이런 대목이다. 트럼프 대통령과 백악관 안보보좌관이 나눈 대화다. '우리(미군)가 서울을 위협하는 북측 비무장지대의 포대를 겨냥해 대량의 재래식 폭탄을 어떻게 쓸 수 있을지, 또 그렇게 함으로써 사상자를 극적으로 줄일 수 있다는 점을 설명했다. 중국이 극적인 행동에 나서지 않는다고 가정한다면, 왜 미국은 양자택일의 문제로 신속하게 접근해야 하는지 설명했다. 양자택일이란 북한의 핵무기를 그대로 놔두거나 아니면 군사력을 사용하거나 하는 문제다.' 그래서 50대50이란 뜻이다. 김정은으로서는 매우 심각하게 받아들이지 않을 수 없는 대목이다. 미국의 군사 공격으로 김정은 일가와 평양 지도부가 궤멸될 수도 있었던 순간이 50%의 확률로 지나갔었다는 뜻이고, 그것은 6·25 때처럼 중국이 또 개입할 것인지 불분명한 상황에서 트럼프와 볼턴이 전쟁 불사 군사행동을 진지한 대화로 검토했다는 뜻이며, 이제 다시 미국 항공모함 3척이 한반도 작전 권역으로 집결하고 있는 상황에서 북한의 대남 군사행동은 너무 위험한 도박이라고 판단했을 것이다.

또 김정은이 봤을 때 문재인 대통령이 성의를 보였다고 생각했을 수 있다. 일단 김연철 통일부 장관이 책임지고 사의를 표했고, 문 대통령이 사표를 수리했다. 형식적으로 김여정이 한국의 통일부 장관 목을 친 것이다. 거기에다 문 대통령 얼굴에 담배꽁초를 뿌린 대남삐라 사진은 며칠째 계속된 신문방송을 통해 남한의 모든 국민이 다 봤다. 제주도 주민들까지 다 봤다. 그래서 대남삐라를 더 이상 뿌릴 필요가 없어진 것이다. 아니 그보다 김정은은 유성옥 전 국정원 심리전 단장이 조선일보 인터뷰에서 했던 말을 귀담아 들었을 수도 있다. 유성옥 전 단장은 이렇게 말했다. '북한이 수手를 잘못 뒀다. 이제 우리 정부가 대북 전단을 막을 명분이 없어졌다. 북한의 비대칭 무기가 핵과 화학무기라면, 우리가 가진 비대칭 무기는 자유 체제를 불어넣는 대북 심리전이었다. 우리로서는 전단 문제가 자연스럽게 해결된 셈이다.'

탈북단체의 대북 전단 살포와 표현의 자유는 대한민국 정부가 아니라 평양 대학생들이 지켜주고 있는 셈이다. 이런 아이러니 코미디는 처음 봤다. 물론 통일부와 경찰은 물론이고, 이재명 경기지사까지 대북 전단을 끝까지 막겠다고 벼르고 있지만, 김정은은 훨씬 더 영리하게 남쪽의 대북 전단을 막을 명분을 생각하고 있었던 셈이다. 그러나 문재인 정부는 잊지 말아야 한다. 김정은은 대남 군사행동을 보류시켰다고 했다. 보류란 언제든 다시 꺼내들 수 있다는 뜻이다.

사람이 먼저다. 아니야, 사람이 꼴찌야

노무현 18번 운동가요 '어머니'
이 노래의 가사를 그대로 옮겨 싣는다.

사람 사는 세상이 돌아와/ 너와 내가 부둥켜안을 때/ 모순 덩어리 억압과 착취/ 저 붉은 태양에 녹아내리네./ 사람 사는 세상이 돌아와/ 너와 나의 어깨동무 자유로울 때/ 우리의 다리 저절로 덩실/ 해방의 거리로 달려가누나./ 아 아 우리의 승리/ 죽어간 동지의 뜨거운 눈물/ 아 아 이글거리는 눈빛으로/ 두려움 없이 싸워나가리/ 어머님 해맑은 웃음의 그날 위해

우리 모두 귀에 못이 박히게 들었을 것이다. '사람이 먼저다.' 이 말은 문재인 대통령이 2012년 본격적으로 사용하기 시작했다. 문 대통령이 당시 『사람이 먼저다』라는 책을 냈다. 그게 책 제목이었다. 그리고 제19대 대통령 경선 때 당시 야당 후보였던 문 대통령은 선거출범식 무대 뒷면 전체를 '사람이 먼저다!'라는

커다란 글씨로 장식했다. 솔직히 말씀드려서 이 말을 처음 들었을 때 생소하기도 했지만 다른 한편 신선하기도 했다. 아니, 사람이 먼저라는데, 기계보다 사람이 먼저요. 이념보다 사람이 먼저요, 규제나 법률보다 사람이 먼저라는데, 젊은이나 늙은이나 귀가 솔깃하지 않을 수 없었다. '사람이 먼저다'라는 구호는 문 대통령이 대선에 실패하면서 사라졌다가 5년 뒤 다시 부활했고, 지금은 문재인 정권의 핵심 슬로건이자 국정지표로 사용되고 있다.

그런데 김동규 고려대 북한학과 명예교수가 이런 지적을 하고 나섰다. 즉 '사람 중심'이라는 말은 북한 헌법 제3조, 그리고 제8조에 나온다는 것이다. 북한 헌법 제3조는 '조선민주주의 인민공화국은 사람 중심의 세계관이며……'라고 돼 있고, 제8조는 '조선민주주의 인민공화국의 사회제도는…… 사람 중심의 사회제도이다.'라고 돼 있다. 김동규 교수는 "북한 헌법상의 '사람'이라는 말과 문재인 대통령이 말하는 '사람'은 그 개념이 전혀 다른 것이 아니고 함축하고 있는 의미가 상당히 근접해 있다."고 주장했다. 김동규 교수는 1980년대 말 일부 공산주의 학자들이 '인간의 얼굴을 한 새로운 공산주의론'을 들고 나왔던 것도 뿌리가 같다고 지적하고 있다. 김 교수는 문재인 정권이 출범한 이후 어떤 지방도시 시장은 '사람 중심 행정'이란 슬로건을 내걸기도 했으며, 어떤 교육감은 '아이가 먼저다'란 구호를 내세웠고, 어떤 도시에서는 '사람 중심, 걷고 싶은 ○○ 만들기' 캠페인을 진행하기도 했다고 지적했다. 문재인 정권이 내세우는 '사람이 먼저다'라는 구호에 대해 김 교수의 결론은 이렇다. '문제는 여기서의 사람은 필자가 보기에 대다수의 일반 국민 또는 대중이 아니라는 것이다. 자본가 계급으로부터 억압받고 착취당하는 노동자 중심의 계층을 지칭하는 것으로 그들만의 사람인 것이다.'

김동규 교수의 지적에 적극 공감하시는 분도 있을 것이고, 100% 공감하지 못하여 고개를 갸웃하시는 분들도 있을 것이다. 그렇다면, 백번 양보해서, 문재인 정권이 말하는 '사람이 먼저다!'에서 그 사람은 노동자 중심의 저들만을 지칭하는 것이라고 했을 때 그 사람들이 항상 먼저로 으뜸 대접을 받는 그런 세상은 와 있는 것인가, 하는 질문을 던지지 않을 수 없다.

최근 이런 질문에 대해 박명림 연세대 정치학 교수가 명쾌한 대답을 내렸다. 박명림 교수는 한 칼럼에서 '나라가 거꾸로 가고 있다.'는 제목을 달고, 출산, 자살, 비정규직, 산재産災사망 등 중요 인간지표들 모두가 완전 거꾸로 가고 있다고 분석했다. 즉 사람이 꼴찌인 나라로 달려가고 있는 중이라는 것이다.

먼저 출산율은 문재인 정부 들어 인류 역사상 최초로 0점대로 접어들었다. 한국 역사가 아니라 근대 인류의 역사상 처음이다. 2018년 0.98로 떨어져 최초로 0점대를 기록하더니, 2019년에는 0.92로 더 떨어졌다. 2020년 2/4분기에는 0.84까지 떨어져 있다. 그런데도 저출산 예산은 역대 어느 정부보다 천문학적 규모로 쏟아붓고 있다. 2018년 26조3천억 원, 2019년 37조천 2백억 원, 올해는 40조천 9백6억 원으로 문재인 정부 3년 동안 100조 원을 훌쩍 넘는다. 그런데도 출산 예산과 출산율은 완전 반反비례로 가고 있다. 박명림 교수는 '현대 인류사에서 한국보다 더 오래 출산율 꼴찌를 기록한 나라는 없다.'고 말했다. 자살률도 똑같아서 한국보다 더 오래 '1등 자살률'을 기록하고 있는 나라는 없다.

문재인 정권의 '사람이 먼저다'라는 슬로건은 노조가 먼저다, 노동자가 먼저다, 이런 속뜻도 있을 것이다. 그렇다면 노동자들의 상황은 어떠한가. 결과는 매우 실망스럽다. 산업재해 사망, 즉 산재 사망은 문재인 정권 들어와 다시 크게 증가하고 있다. 노무현 정부 때인 2003년 2천923 명으로 최고치를 기록했다가, 박근혜 정부 때인 2016년 1천777 명으로 최저치를 기록했는데, 근년 들어 1천957 명, 2천142 명, 2천20 명으로 다시 증가하고 있다. 참고로 말하면 박근혜 정부 때는 단 한 번도 2천 명을 넘은 적이 없다.

이번에는 문재인 정권이 그토록 온 힘을 기울여 정성을 들이고 있다는 정규직과 비정규직 문제를 보자. 그들은 정말 '사람이 먼저다'라는 구호가 구현된 세상을 살고 있을까. 비정규직 노동자들은 2016년 615만6천 명, 2017년 657만8천 명, 2018년 661만4천 명이던 수준에서 2019년에는 748만1천 명으로 급증하고 있다. 정규직 대비 비정규직은 36.4%까지 치솟고 있다. 박명림 교수는 비정규직 비율이 노무현 정부 때인 2004년 37%, 2005년 36.6%를 빼고는 이명박·박근혜 정부 때는 단 한 번도 35%를 넘은 적이 없었다고 밝혔다.

이밖에도 지역균형발전, 남녀 고용평등 문제가 어떻게 거꾸로 가고 있는지 더 많은 통계 수치를 말씀드릴 수 있으나 숫자가 많아지면 오히려 어지러우실 테니 이쯤에서 멈추겠다. 박명림 교수의 결론은 이렇다. '진보 기득권세력과 86세대에게서 더 강고하게 지속되는 특권과 반칙, 세습과 특혜의 적폐가 청년들과 국민들의 희망을 앗아간 것이 분명하다. 특히 출산·자살·부동산·비정규직·균형발전·산업재해의 영역들은 특별한 저항세력도 없었다. 정부 스스로 실패한 것이다.'

이 말이 폐부를 찌른다. '정부 스스로 실패한 것이다.' 문재인 정부가 내세우고 있는 '사람이 먼저다'는 스스로의 모순 속에서 어느 분야 한 곳도 성한 구석이 없기 때문이다. 박명림 교수는 묻고 있는 것이다. 문재인 정부, 당신들 말처럼 사람 사는 세상이 돌아왔다면, 지금 당신들이 만들어내고 있는 이 모순덩어리는 어떻게 할 것이냐고 묻고 있는 것이다.

정신 차려, 그 사람은 당신한테 관심 없어

'분노한 민심'이란 이름의 단두대

18세기 프랑스 혁명에 관한 기록을 보면 단두대를 만든 사람들 중에 많은 이들이 그 단두대의 이슬로 사라졌다는 것을 알 수 있다. 혁명의 살기 어린 주도권을 누가 쥐느냐에 따라 분노한 민심의 향방도 쉴 새 없이 바뀌었던 것이다. 서울에 주재하는 외국 언론인의 눈에는 한국의 역대 대통령들이 거의 예외 없이 퇴임 후 감옥에 갔던 것도 바로 '분노한 민심'이라는 단두대 때문이라고 보는 것 같다. 후임 정권이 민심을 조작하고 왜곡하고 자기들에게 유리한 방향으로 유도한 결과라고 생각하는 것이다. 그래서 영국 출신 마이클 브린 기자는 북한도 문재인 대통령의 퇴임 후에 대해 비관적으로 보고 있다고 칼럼에 썼다.

올해 예순여덟 살인 마이클 브린이라는 서울 주재 외국기자가 있다. 영국 에딘버러 대학을 졸업했고, 한국에는 1982년부터 살기 시작했다. 38년 동안을 살았다. 북한문제 전문가이면서 영국 신문과 미국 신문의 한국 특파원을 지냈고, 외신기자클럽 회장을 역임한 바 있다. 『한국, 한국인』이란 책도 냈다. 어떻게 보면, 웬만한 한국인보다 한국과 한국 정치를 더 속속들이 잘 아는 사람이라고 할 수 있다.

그가 조선일보에 '바보! 북한은 당신을 사랑하지 않아'라는 칼럼을 썼다. 여기서 북한은 김정은 정권을 비롯한 그의 아버지, 할아버지 모두를 가리킨다. 그 북한이 당신을 사랑하지 않는다고 했는데, 여기서 당신은 과거 김대중 정권은 물론이고, 지금의 문재인 대통령, 그리고 주사파 출신 정부 인사들을 가리킨다. 대뜸 '바보!'라고 불러놓고, '북한은 당신을 사랑하지 않아'라고 단정짓는 제목을 붙였는데, 다른 말로 풀어본다면 '문재인 대통령님, 바보처럼 굴지 마세요, 아무리 애를 써도 김정은은 당신을 좋아하지 않아요.'라고 따끔하게 충고하는 글이라고 할 수 있다.

그렇다면 왜 마이클 브린은 지금 이 시점에 이런 칼럼을 썼을까. 본인이 그 이유를 밝히고 있다. '얼마 전 서해안에서 북한이 자행한 어업 지도원 총격 살해 사건은 우리를 충격에 빠뜨렸다. 우리는 이 사건을 통해 뭔가 새로운 걸 배워야 한다. 현 정부는 북한과 대화를 원하고 협력을 바라지만 명심해야 할 교훈이 있다. 그것은 북한에 대해 환상을 가져서는 안 된다는 것이다.' 여기서 말하는 환상이란 무엇인가. 그것은 북한이 진심을 갖고 당신과 대화에 나설 것이라는 환상, 북한 김정은이 문재인 대통령을 정말 좋아하게 될지도 모른다는 환상, 그런 것을 뜻한다.

마이클 브린은 우선 김정은 정권과 문재인 대통령의 관계를 꼬집듯 분석하기 위해 2004년 미국에서 출간된 연애 상담 에세이 『그는 당신에게 반하지 않았다』를 인용한다. 이 책은 아마존 베스트셀러 1위에 올라 두 달 만에 1백만 부가 팔려나가는 초대형 판매량을 기록했다. 목차를 간단히 살려보면 이렇게 돼 있다.

1) 당신에게 접근하지 않는다면, 그는 당신에게 반하지 않았다. 2) 전화 약속을 지키지 않는다면, 그는 당신에게 반하지 않았다. 3) 당신과 데이트하지 않는다면, 그는 당신에게 반하지 않았다……. 8) 헤어지자는 말을 쉽게 한다면, 그는 당신에게 반하지 않았다. 9) 갑자기 연락을 끊었다면, 그는 당신에게 반하지 않았다. 10) 그를 독차지할 수 없다면, 그는 당신에게 반하지 않았다. 11) 당신의 감정을 무시한다면, 그는 당신에게 반하지 않았다. 등등이다.

이 책의 목차는 정말 우연인 듯 북한 정권이 문재인 정부에게 하고 있는 행태를 그대로 드러내는 비유가 아닐 수 없다. 김정은 정권은 문재인 정부에게 접근하지도 않고, 전화 약속도 안 지키고, 데이트도 않고, 즉 만나주지도 않고, 헤어지자는 말을 쉽게 하고, 문재인 정부의 감정을 대놓고 무시하고 있다. 마이클 브린은 한국의 현 정부 사람들에게 해주고 싶은 말이라면서 이 책속에 나와 있는 구절을 인용한다. '정신 차려. 그 사람은 너한테 관심이 없어. 시간 낭비하지 마.'

마이클 브린은 주사파 출신 정부 인사들이 이념적으로 북한에 빠져 있는 부분도 있겠지만, 그보다는 정서적인 뿌리에서 북한과 사랑에 빠져 있다고 분석하고 있다. 이렇게 말했다. '장담컨대 북한과 사랑에 빠진 이들은 북한 지도자나 체제를 경외하는 게 아니다. 주사파들도 바보는 아니다. 그들이 북한에 대해 느끼는 애정은 이를 통해 자신들이 해묵은 남북문제를 해결하고 통일에 기여한다고 믿고 있는 데서 나온다. 스스로를 분단 시대 영웅처럼 상상한다는 얘기다. 그런 몽상이 지난 20년간 끊임없이 북한과 대화를 시도해온 원동력이었다.' 쉽게 말해서 철없는 자기 환상, 자기 애착, 철 지난 나르시시즘 때문에 자꾸 북한에게 애정을 구걸하고 있다는 정도로 이해하면 될 것 같다.

그런 결과로 2000년 김대중 대통령이 남북 정상회담을 위해 평양으로 가고 술잔을 기울이며 김정일 위원장을 초청했지만 그는 서울에 오지 않았다는 것이다. 문재인 대통령이 아들인 김정은과 함께 소나무를 심었지만, 두 사람이 언제 다시 만날 수 있을지 아무런 기약도 없다는 것이다. 칼럼은 이렇게 말한다. '김일성은 박정희와 통일을 원하지 않았고, 김정일은 김대중과 통일하고 싶어 하지 않았다. 김정은도 마찬가지다. 대통령이 누구인지는 중요하지 않다.'

왜 그럴까. 이유는 명백하다. 주사파들만 모르는 척하고 있을 뿐 보통 상식을 가진 한국 국민들은 다 알고 있는 사실이다. 마이클 브린의 목소리를 빌리면 이렇다. '김 씨 일가와 북한 집권층은 자유를 부정하고 발전을 막으면서 1960년대 군사기지처럼 북한을 다스리고 싶어 한다. 그 수단으로 남한으로부터 위협을 계속 활용한다. 긴장이 풀어지면 주민들이 봉기할 수 있다고 본다. 그래서 북한의 진정한 변화는 정권 교체 말고는 기대하기 어렵다.' 이런 분석을 문재인 대통령은 단 한 번도 들어본 적이 없다는 말일까. 아니면 일부러 귀를 막고 모르는 척하고 있는 것일까.

마이클 브린은 거의 결론처럼 이런 분석까지 내놓는다. '북한은 남한을 믿지 않는다.'면서 '그 이유는 한국 정치가 보여준 악랄함 때문'이라는 것이다. 이것은 무슨 뜻일까. 과거에 한국 정치가 무엇을 보여줬길래, 어떤 악랄한 측면이 있길래 북한은 남한을 믿지 못하는 것일까. 칼럼에 나오는 대답을 직접 옮기면 이렇다. '북한은 아마도 문재인 대통령도 퇴임 후 2~3년 내에 감옥에 간다고 생각하고 있을 것이다. 지금까지 그래왔기 때문이다.' 그렇다. 다시 말해 그렇기 때문에 북한 김정은은 문재인 대통령이 어떤 약속을 하든, 어떤 미소를 짓든 그것을 믿지 않는다는 것이다. 마이클 브린의 냉철한 현실 진단은 우리가 흔히 술자리 같은 사석에서는 꺼낼 수 있는 말이었고, 익명을 전제로 한 인터넷 댓글에서도 간혹 저런 말을 꺼내긴 했지만, 서울 주재 유명 외국 언론인이 한국의 유력 일간지 칼럼에 '지금 대통령도 퇴임 후 2~3년 내에 감옥에 갈 것이라고 북한은 생각한다.'는 말을 과감하게 쓴 것이다. 마이클 브린은 박근혜 전 대통령, 이명박 전 대통령 얘기도 꺼냈다. 이렇게 말했다. '분노한 민심을 단두대 삼아 대단치 않은 구실로 전직 대통령들을 감옥에 보낸 게 한국 정치사다.'

한국 언론인들이 차마 공개적으로 하지 못하는 말을 외국 언론인이 하고 있다. 근본적으로 본다면 현직 대통령에게 무슨 악담을 하려는 것은 결코 아닐 것이다. 해수부 공무원 총격 피살 사건을 계기로 문재인 정권에게 제발 북한에 대한 환상에서 벗어나라고 간곡하게 당부하고 있는 것이다.

김정은 사과문에 담긴 8가지 진실

북한의 피의자 진술서

우리나라 해수부 공무원이 북한군에 의해 총격 피살된 사건이 있고 나서 북한 통전부는 당시 상황을 비교적 소상하게 기술하는 통지문을 보내왔다. 여러 내용을 간략하게 요약한다면 '미안하다, 하지만 우리 잘못은 없다.'라고 할 수 있다. 그러나 북한도 당시에는 경황이 없었던 것 같다. 굳이 밝힐 필요가 없었을 내용까지 구체적으로 기술하고 있기 때문이다. 그 내용들은 이번 사건이 국제적인 재판에 회부될 경우 중요한 피의자 진술서가 될 수 있을 것이다.

'내재적 접근법'이란 말이 있다. 문학평론에서는 작품 외적인 부분을 신경 쓰지 않고, 오로지 작품 그 자체만 갖고 감상할 때 이 말은 쓴다. 정치·사회학에서도 영역은 다르지만 방법은 비슷하다. 가령 좌파 인사들이 북한에 대해 이런 말을 많이 쓴다. 북조선의 특질인 '수령영도 유일체제'의 관점에서 바라보면 북한 주민의 여러 기이한 행태가 이해된다는 뜻이다. 표류하다가 우리

측에 구조됐던 북한 어부들이 판문점에서 팬티만 남기고 남측이 제공한 옷을 죄 벗어버리고 선물까지 집어던지며 패악을 부리다 북으로 넘어간 일. 부산 아시안 게임에 참가한 북한 꽃봉오리 응원단이 단체로 이동하다가 김대중·김정일이 악수하고 있는 사진이 들어가 있는 현수막이 비를 맞고 있자 울부짖으며 달려가 현수막을 떼어내 잘 접어 숙소로 갖고 가 접히지 않게 다림질하고 말린 일. 이런 기괴한 모습들은 내재적 접근으로 파악해야 속뜻을 알 수 있다는 것이다.

우리도 이번에는 대한민국 해양수산부 국가공무원이 북한군에 의해 총살된 사건을 놓고 내재적 접근을 해보겠다. 지난번 북한의 대남 공작부서에 해당하는 통일전선부가 보내온 통지문을 내재적 접근으로 분석해보겠다. 350여 개 단어로 돼 있는 A4용지 한 장 남짓 분량의 이 통지문에 대해 '가짜다'라는 일부 논란이 있지만, 북한식 말투라는 원본이나 우리 말투로 돼 있는 것이나 큰 차이가 없는 것 같아 여기서는 일단 무시하겠다. 다만 전달 중간에 박지원 국정원장이 뭔가 손질을 했다면 그것은 나중에 문제가 될 수도 있다. 우리는 그 통지문 자체를 내재적으로 분석해보겠는데, 저들은 통지문에서 스스로 발목을 잡을 수 있는 상당한 진실을 공개하고 말았다. 아마도 '시신을 소각했다'는 잔혹성에 대해 한국 민심이 크게 동요하고 국제 여론이 크게 나빠지자 이를 감춰보려다 다른 진실을 고스란히 노출하고 말았다고 본다. 아마 지금 북한 군부와 평양 지휘부에서는 이 사과문 내용을 놓고 상당한 진통이 있을 것 같다. 일단 이 통지문은 제목이 '청와대 앞'이라고 돼 있다. 우리는 흔히 개인에게는 이름 뒤에 '귀하', '님께' 이런 표현을 쓰고 기관으로 보낼 때는 '귀중'이란 말을 쓴다. 그런데 북한 통전부 통지문은 대뜸 '청와대 앞'이라고 돼 있다. 미국에 보내는 편지, 러시아에 보내는 편지에도 '백악관 앞', '크렘린궁 앞' 이렇게 쓰는지 궁금하다.

1. 통지문은 '정체불명의 인원 한 명이 우리 군인들에 의해 사살된 사건'이라고 했다. 이것은 북한 스스로 이번에 피살된 우리 측 공무원이 무장 침입자가 아닌 비무장 상태였다는 점을 인정한 것이고, 자기들이 사살했다는 것을 인정한 것이다. 국제형사재판소에 이 사건이 회부될 경우 이것은 범죄 자백과 같은 증거로 채택될 것이다.

2. 통지문은 이 사람을 '부유물을 타고 불법 침입한 자'라고 했고, '80m까지 접근하여 신분 확인을 요구하였으나…….'라고 말했다. 저들은 여기서 해수부 공무원이 부유물을 타고 있었다는 점을 확인한 셈이다. 이 부유물이 고무 튜브인지, 고무 보트였는지, 크기는 얼마만 했는지, 노를 저을 수 있는 도구가 있었는지 등과 관련이 있고, 그 점이 자진 월북 의사가 있었느냐는 논란과 관련해서 아주 중요한 근거가 될 수 있다. 고무 튜브는 몸이 상당 부분 물속에 잠겨 있어야 하는 부유물이고, 고무 보트는 몸이 배에 타고 있는 것이나 같고 노

358

를 저을 수도 있다는 뜻이다.

3. 또 통지문은 '80m 거리에서 신분 확인을 했다.'고 했으나 이것 역시 말이 되지 않는다. 파도치는 바다 위에서 선박 소음까지 섞여 있는데 정상적인 대화가 가능하겠는가. 더구나 해수부 공무원은 무려 27시간 넘게 바다를 표류한 뒤였기 때문에 거의 기진맥진한 상태였다고 추정해야 한다. 따라서 이 부분은 역설적으로 북한군이 현장 상황에 대해 뭔가를 숨기고 있다는 진실을 드러냈다.

4. 통지문은 해수부 공무원에게 신분 확인을 요구하자 '처음에는 한두 번 대한민국 아무개라고 얼버무리고…….'라고 대답했다는 것을 적시했다. 이 부분 역시 사건의 전모를 드러내는 진실이 담겨 있다고 본다. 북한 통지문은 해수부 공무원이 '나는 대한민국 해수부 소속 누구다.'라고 대답했다는 것을 말해주고 있는 것이다.

5. 북한 통지문은 북한 군인들이 '정장艇長의 결심 밑에' 총격을 가했다고 적시했다. 북한은 왜 군이 대위 계급쯤 되는 함장을 사살 명령을 내린 자로 적시했을까. 북한 해군사령부, 평양지휘부, 최고 사령관은 사살 명령과 전혀 관련이 없다고 강변하려는 것일까. 물속에 무려 6시간 동안이나 담가놓은 채 갖은 취조를 다 하고 상부와 교신을 계속했으면서, 심지어 대한민국 해수부 소속 공무원이란 신분까지 파악했으면서, 사살 명령을 일개 함장이 내렸다고 말하는 진짜 이유

가 뭘까. 차관급 탈북자인 리정호 씨는 '남한에서 넘어온 사람을 사살하는 것은 김정은의 지시 없이는 있을 수 없는 일.'이라고 증언하고 있다. 그렇다면 통지문이 '정장의 결심 밑에' 사살했다고 밝힌 것은 북한식 꼬리 자르기라는 진실을 드러내고 있다고 봐야 한다.

6. 통지문은 군 사격이 '해상경계근무 규정이 승인한 행동준칙에 따라' 이뤄졌다고 했고, 부유물을 불에 태워버린 것은 '국가비상방역 규정에 따라' 이뤄진 것이라고 밝히고 있다. 이것은 무슨 뜻일까. 한국 국민이 총살된 것에 대해 '미안하긴 하다, 그러나 우리 잘못은 전혀 아니다.'라고 강변하고 있는 것이다. 모든 것은 자기네 규정에 따라 이뤄진 것이고 따라서 책임자 처벌도 없을 것이란 점을 분명하게 밝히고 있는 셈이다. 하긴 최고 권부에서 내려온 사살 명령이라면 어떻게 책임자를 처벌할 수 있겠는가.

7. 통지문은 북한군이 '10여 발의 총탄으로 사격하였으며, 이때 거리는 40~50m였다.'고 밝혔다. 자동화기를 사격해본 사람이라면 누구나 알 수 있다. 40m 거리라면 과녁의 눈·코·입을 따로 겨냥할 수 있을 만큼 가까운 거리다. 거의 탈진 상태에 있는 비무장 공무원을 향해 한두 발도 아닌 10발이 넘는 총격을 가했다. 이미 숨이 끊긴 시신까지 분해해버릴 생각이 아니었다면 어떻게 그럴 수 있나, 하는 끔찍한 생각마저 드는 것이다. 통지문의 이 부분 역시 저들의 엽기성과 잔혹함을 스스로 자백하고 있는 대목이라고 하지 않을 수 없다.

8. 통지문은 현장 상황을 묘사하면서 사격이 끝난 뒤 '10m까지 접근'하여 보니 '침입자는 부유물 위에 없었으며 많은 양의 혈흔이 확인되었다.'고 했다. 이 대목 역시 저들의 사살 총격이 얼마나 잔학무도 했는지 스스로 밝히는 진실일 수 있다. 무차별 총격으로 시신이 분해되어 조각조각 흩어져버렸다는 뜻일까. 그래서 혈액만 낭자하게 남아 있었다는 뜻일까. 앞으로 그날의 진상을 밝히기 위한 남북의 공동조사가 어디까지 이뤄질지, 그리고 시신 혹은 유류물 회수 작업이 어디까지 성과를 거둘지 현재로서는 알 수 없다. 국민들은 큰 기대도 안 할 것이다.

북한 통일전선부가 보냈다는 '청와대 앞' 통지문. 요약하면 '미안하다, 하지만 우리는 잘못 없다.'는 내용이다. 하지만 이번 사건이 국제적인 형사 재판, 민사상 손해배상 재판에 회부될 경우 통전부 통지문은 그날의 진실을 밝히는 유일한 '피의자 진술서'로써 매우 중요한 자백 증거가 될 것으로 보인다.

우드워드의 책 『격노』에 등골 오싹한 사람

B61-12 저위력 핵무기

도널드 트럼프 대통령이 북한의 군사 거점에 대해 사용할 수 있다고 말했다는 미국의 저위력 핵무기 B61-12는 어떤 무기일까. 간단히 말하면 전술·전략 양용兩用 수소 폭탄이다. 전술핵이란 실전에서도 사용될 가능성이 높은 무기라는 뜻이다. 이 핵폭탄은 '벙커버스터'로써 터널 같은 깊은 곳까지 파고 들어가 목표물을 타격할 수 있으며, 주변 민간인들에 대한 피해를 최소로 줄일 수 있다. 그것은 기술적으로 폭발력을 조절할 수 있다는 뜻이다. 이 핵무기는 F-35 전투기의 내부 무장창에 탑재할 수 있다. 북한군 지도부가 등골이 오싹할 수 있는 무기인 것이다.

올해 일흔일곱 살 밥 우드워드. 전 세계에서 가장 유명한 언론인이다. 워터게이트 사건 특종으로 닉슨 대통령을 권좌에서 물러나게 했던 기자다. 지금도 현역 언론인이다. 워싱턴포스트 부편집장인데, 그가 트럼프 대통령을 무려 18번이나 인터뷰를 한 뒤에 내놓은 책 『격노激怒 Rage』는 지금 지구촌 화제다. 그중 북한 김정은과 핵무기에 관련된 부분만 전부 추려 요약·분석해 본다.

2017년 미·북 관계가 경색됐던 당시 미국 네브래스카 주 오마하에 있는 미 전략사령부는 '작계作計 5027'을 깊게 검토했다. 북한의 공격에 대한 대응으로 80개의 핵무기를 사용하는 방안도 포함돼 있었다. '작계 5027'이란 앞 '50'은 한반도 지역을 뜻하고, 뒤 두 자리는 상황에 따른 세부 계획을 말한다. 남북한 전면전에 대비한 한미연합사의 작전 계획이다. 미국이 주도적으로 작성하며 미 태평양사령부가 총괄한다. 2017년 당시는 북 중요 거점을 먼저 공격하는 '선제 타격' 혹은 '예방 타격', '외과적 타격' 등등이 거론되고 있었다. 트럼프는 "다른 사람이 생각하는 것보다 훨씬 전쟁에 가까이 갔다."고 말했다.

그렇다면 80개의 핵무기를 북한에 쏟아부을 경우 어떤 핵무기를 염두에 두었던 것일까. 트럼프 대통령은 우드워드와 인터뷰에서 "나는 이전에 이 나라에서 아무도 갖지 못한 핵무기 시스템을 개발했다."고 말했다. 이어 "우리는 푸틴이나 시진핑이 들어본 적도 없는 것을 갖고 있다. 우리가 가진 것은 엄청나다."고 과시했다고 한다. 우드워드는 나중에 익명의 관계자들로부터 미군이 보유한 새로운 기밀 무기 시스템에 대해 확인을 받았다고 했다. 군사전문가들은 트럼프가 말했던 새로운 핵무기 시스템이란 북한 지도부나 군사 거점에 대한 초정밀 타격이 가능한 극소형 핵무기를 뜻할 수 있다고 분석했다. 주변에 방패 역할을 하는 민간인의 피해를 최소화하는 핵무기라는 것이다. 이것은 잠수함에서 쏘아 올리거나 혹은 순항미사일에 탑재하거나 하늘에서 투하하는 B61-12 저위력底偉力 핵무기를 뜻할 수도 있다.

청와대는 이례적으로 '작계 5027에는 핵무기 사용계획이 없다.'고 부인했다. 어느 쪽이 맞을까. 우드워드일까, 청와대일까. 한 가지 분명한 것은 일단 전쟁이 터지면 그 이전까지 세웠던 모든 계획은 없던 것이나 마찬가지란 점이다. 그날그날이 새로운 상황이기 때문이다. 아울러 미 군사작전은 동맹국이나 정치권과 '사전논의를 하지 않는다.'는 원칙을 갖고 있다.

2017년 7월 미군이 전술미사일 ATACMS를 동해상으로 발사했는데, 김정은이 ICBM 발사를 참관했던 그 텐트에 정확히 거리를 맞췄고 방향만 틀어서 쏘았다고 했다. 트럼프는 이듬해 6월 싱가포르에서 김정은을 만났을 때 "당신을 제거하고 싶지 않다."고 말했다. 비운에 제거된 리비아의 카다피를 암시하며 "나는 당신을 제거하고 싶지 않다."고 말했다는 것이다.

2017년 9월 22일 북한은 '수소폭탄을 실험하겠다.'면서 미국을 위협했다. 다음 날인 9월 23일 미국은 '죽음의 백조' 전략폭격기 B-1B 랜서 등 전투기 20대를 동원해서 동해상 북방한계선 너머로 '모의模擬 공습' 비행을 했다. 문재인 정부는 '미국이 너무 멀리 나갔다.'면서 불만을 표시했다.

'죽음의 백조'는 어떤 위력을 지녔을까. 최대 마하 1.2로 미국 3대 전략폭격기 중 B-52나 B-2보다 빨라 괌에서 한반도까지 2시간이면 된다. 기체 내부에 34톤, 외부에 27톤, 최대 61톤의 폭탄을 적재·투하할 수 있다. 레이저 유도 폭탄Guided Bomb Unit, GBU-31과 GBU-38 같은 합동직격탄, 장거리 공대지 순항미사일 재즘JASSM을 장착하는데 수백 km 밖에서도 정밀타격이 가능하다. 유사시 폭탄의 어머니로 불리는 GBU-43이나 지하 60m까지 파괴할 수 있는 GBU-57 탑재도 가능하다. MK-84, MK-82 등도 수백 발 무장한다. 재래식 폭탄만으로도 평양 지휘부와 지하 벙커, 핵·미사일 기지를 초토화시킬 수 있다.

2017년 9월 상황을 보자. 9월 5일 북한은 6차 핵실험, 9월 15일 IRBM 화성-12형 발사, 9월 22일 수소폭탄 위협이 있었다. 그런데도 문재인 정부는 9월 14일 8백만 달러의 인도적 대북지원을 발표하는 등 엇박자로 나가고 있었다. 그런 상황에서 미국은 '죽음의 백조'를 북방한계선 너머로 날려 보냈던 것이다.

우드워드는 책 『격노』에서 미 CIA의 한반도 전담부서인 코리아미션센터가 북한 정권 교체를 염두에 두고 만들어졌다고 말했다. 이 센터의 책임자는 북한에 대해 가장 성공적인 첩보 공작을 했던 앤드루 김이다. 우드워드는 '앤드루 김이 북한 지도자를 전복시키는 비밀공작을 계획했다.'고 말했다.

해가 바뀌어 2018년 5월 마이크 폼페이오 미 국무장관이 두 번째로 북한을 갔을 때 만찬 자리에서 김정은 위원장이 담배를 피웠다. 그러자 앤드루 김 센터장이 "건강에 좋지 않다."고 말했다. 순간 함께 있었던 김여정과 김영철 노동당 부위원장은 얼어붙었고 거의 마비된 모습으로 김정은의 반응을 기다렸다고 한다. 이설주가 침묵을 깼다. "그 말이 맞습니다. 나도 흡연의 위험에 대해 남편에게 말해왔습니다." 우드워드는 김여정과 이설주의 상반된 모습이 매우 놀라운 것이었다고 말했다.

매슈 포틴저 당시 NSC 아시아 담당 선임보좌관은 북한에 대해 '9가지 옵션'을 갖고 있었다. 가장 안 좋은 옵션은 북한을 핵보유국으로 받아들이는 것이다. 가장 강력한 것은 CIA 비밀공작이나 군사 공격을 통해 북 정권을 궤멸시키고 정권 교체를 이끌어내는 것이다. 트럼프는 최대의 압박을 선택했다고 한다.

미국은 제2차 세계대전이 끝난 뒤에도 한반도에서, 베트남에서, 아프간에서, 중동에서, 한 번도 전쟁을 멈춘 적이 없는 나라다. 미국은 세계에서 전쟁을 가장 잘할 줄 아는 나라다. 미국은 미국을 뺀 전 세계의 군사력을 모두 합한 것보다 더 강력한 군사력을 갖고 있다. 그런 나라가 북한에 대해 80개의 핵무기 공격을 계획했었고, 김정은의 텐트까지 정확하게 거리를 계산한 에이태킴스 미사일을 동해로 발사했었다고 우드워드는 책 『격노』에서 밝히고 있다.

박경미의 문재인 소나타

문재인 소나타

박경미 전 의원이 만든 이 영상은 꼭 한 번 볼 필요가 있다. 문재인 대통령에 대해 거의 우상화에 가까운 경배를 드린다는 것이 어느 수준까지 와 있는지 적나라하게 보여주는 경우이기 때문이다. 박경미 전 의원은 이 영상을 올린 배경에 대해 '문재인 정부가 반환점을 돌았다. 문재인 정부의 피날레는 월광 소나타의 화려한 3악장처럼 뜨거운 감동을 남길 것.'이라고 했다. 해당 영상에 대해 문 대통령을 지지하는 누리꾼들은 '우리 대통령님 성품과 닮은 월광 소나타. 단호하게 적폐청산.' 같은 댓글을 남겼다고 한다. 긴 말이 필요 없다. 유튜브를 통해서 해당 영상을 한 번 보면 된다. 감상평은 각자의 몫이다.

문재인 정권은 청와대가 곧 정부다. 과거 어느 정권보다 청와대의 힘이 막강하다. 행정부와 국무위원들은 청와대 위세 앞에 절절 맨다. 여당도 몸집만 큰 바보 같다. 허울만 180석일 뿐 청와대 출장소 신세를 면치 못하고 있다. 아니 청와대 출신들이 21

대 국회의원에 대거 당선됨으로써 그런 구분도 무의미해졌다. 4·15 총선 결과 문재인 정부의 청와대 출신이라는 이력을 내걸고 출마한 30명 중 19명이 대거 국회에 입성하게 됐다. 청와대 출신 총선 출마자는 모두 30명이나 된다. 수석비서관급이 4명, 비서관급이 13명, 행정관급이 13명이다. 이들이 포진하고 있는 여당은 청와대의 입안에 든 혀라고 해도 좋을 것이다.

청와대의 빈자리를 누가 채우나 했더니 '문재인 소나타'가 울려 퍼지고 있다. 엊그제 교육비서관에 임명된 박경미 전 민주당 의원이 대표적이다. 박 비서관은 2016년 20대 총선 때 김종인 비대위원장의 천거로 비례대표 1번으로 영입됐었다. 수학 교수 출신이긴 하지만 교육 정책 분야에서 특별한 능력을 보여준 바는 없다. 박경미 교육비서관이 선보인 가장 인상적인 장면은 작년 11월 유튜브에 올렸던 월광소나타 연주 장면이다. 자신이 직접 연주했다.

베토벤이 작곡한 피아노 소나타 14번, 올림다단조, 작품번호 27-2, 일명 월광소나타는 너무 소중한 인류의 문화유산이다. 이 작품은 베토벤이 음악을 사랑하는 눈먼 처녀를 위해서 썼다고도 하고, 오스트리아 비엔나 교외에 있는 한 귀족의 저택에서 달빛에 감동하여 썼다고도 하며, 연인인 귀차르디에 대한 이별의 편지 차원에서 작곡했다는 얘기도 있다. 박경미 전 의원은 월광소나타 피아노를 치면서 내레이션을 이렇게 읊조린다. "잔잔한 호수에 비치는 달빛의 은은함이 느껴집니다. 이 곡은 주제 선율을 과시하지 않고 은근하게 드러냅니다. 저는 이런 월광소나타 moonlight, 달빛소나타가 문재인 대통령의 성정을 닮았다고 생각합니다."

베토벤이 다시 살아나서 이 말을 들었다면 뭐라고 할까. 다른 것을 다 떠나서, 한 나라의 헌법기관으로서 행정부를 감시하고 견제해야 하는 입법부의 전 국회의원이라는 사람이 행정부의 수장인 문재인 대통령을 향해서 그의 성정이 천하의 명곡 베토벤의 월광소나타를 닮았다니, 어이가 없어서 말문이 막힐 지경이다. 북한 노동당 기관지 노동신문은 김정은 국무위원장이 '자라는 인기척만 나도 물속으로 달아나는 동물'이라는 사실을 일깨워 간부들을 놀라게 했다는 일화를 소개하며 '우리 원수님은 참으로 비범출중한 분'이라고 찬양했다는 보도가 있었다. 박경미 전 의원의 '문재인 소나타'가 그것과 다를 게 뭐가 있겠는가. 진혜원 대구지검 부부장 검사가 세계적 소프라노 르네 플레밍이 부른 '달님에게 보내는 노래'를 문 대통령에게 바치는 노래인 양 페이스북에 소개하자 진중권 전 동양대 교수는 "북조선이나 남조선이나…… 조선은 하나다. 북에는 '인민의 태양'이 계시고, 남에는 '국민의 달님'이 계신다."라고 비틀어서 개탄하기도 했다.

당시 박경미 전 의원의 해당 유튜브는 제목이 '박경미가 문재인 대통령께, Moon Light'이다. 혹시라도 문재인 대통령이 못 알아차릴까 봐 아예 제목을 박경미가 문재인 대통령께 보내는 찬양가라고 정확하게 명시한 것이다. 길이가 4분 34초로 카메라도 여러 대를 쓰고, 편집도 꽤 공을 들여서 만들었다. 박경미 전 의원은 월광소나타를 나름대로 해석하고 풀이하면서 계속 문재인 대통령을 긍정적으로 비유하고 있다.

'……이 곡은 피아니시모로 침울하게 시작하지만…… 그래도 다시금 희망의 불씨를 살리는 감정의 기복이 고스란히 전달됩니다. 저는 그 과정이 한반도 평화와 비슷하지 않을까 생각하는데요. 문재인 정부가 출범하고, 북한은 미사일을 쏴대고 참 우울했습니다. 저는 조만간 문재인 정부가 월광 소나타의 3악장에 도달해서 검찰개혁을 완수하고, 그동안 조용히 추진하던 정책들이 눈부신 성과를 거둘 수 있기를 기원합니다. 문재인 정부의 후반기, 혁신·포용·공정·평화의 길을 가겠다고 천명하셨습니다. 그 길에 화려한 3악장이 연주될 수 있도록 저도 열심히 노력하겠습니다.'

살다 살다 이런 용비어천가는 처음 들어봤다. 요즘 '문文비어천가'의 수준이 어느 정도인지 가늠케 해준다. 친문 인사들은 문재인 이름의 성娃인 글월 '문文'을 소리 나는 대로 영어의 '문moon'에 견주어, 그러니까 달에 빗대어 미화하곤 하는데, 박경미 당시 의원도 그 찬양 대열에 발 벗고 나섰던 것이다. 특히 박경미 전 의원이 '문재인 소나타'를 차려서 헌상獻上했던 2019년

11월은 문재인 대통령이 상당한 정치적 곤경에 처해 있었다. 밖으로는 외교적 왕따 상황에서 남북 관계가 완전 교착 상태에 빠져 있었고, 국내적으로는 조국 사태가 절정을 치달으면서 진보 진영에서조차 비판의 목소리가 커져가던 시기였다. 그때 문 대통령이 박경미 전 의원의 '문재인 소나타'를 들었으니 아마 감동을 받아 울컥했을 것이다.

그리고 문 대통령은 그 '달빛 소나타'를 잊지 않았다. 박경미 전 의원은 지난 4·15 총선에서 서울 서초을 지역구에 출마해 떨어졌다. 박경미 전 의원은 5월 말로 20대 국회의 의원 임기가 끝나 백수로 돌아가야 할 판이었다. 그런데 문 대통령이 단 하루의 공백도 두지 않고, 그 이튿날 박경미 전 의원을 청와대 교육비서관으로 임명한 것이다. 어떻게 보면 박경미 전 의원은 2019년 11월 그때 이미 6개월 앞을 내다보고 확실한 구직 활동을 했던 셈이다.

대한민국 양아치 조국과 윤미향

양아치

일제강점기 때도 양아치란 말은 쓰였다고 한다. '동냥아치'가 줄어서 생겼다는 해석이 가장 그럴 듯하다. 특히 6·25 전쟁 직후에 거리로 내몰린, 오갈 데 없는 아이들이 이런 말을 들었을 수도 있다. 그 아이들은 윤리나 도덕에 앞서 우선 먹고 살아야 한다는 것과, 어떻게든 생존해야 한다는 절박함 속에 밥벌이가 되는 일이라면 무엇이든 했을 것이다. 도둑질과 강도질, 사기와 폭력이 늘 따라다녔을 것이다. 안쓰러운 우리네 과거가 서려 있는 말이다. 요즘은 그런 속성을 가진 인간 군상을 비하할 때 쓰는 말이다.

오늘은 좀 비루한 단어를 써서 죄송하다. 저잣거리에서 흔히 쓰는 말로 '양아치'가 있다. 속어俗語이긴 하지만 국어사전에도 올라 있는 말이다. 옛날에는 동냥아치, 즉 거지를 양아치라고 했다. 그러나 요즘에는 그런 모습을 거의 볼 수 없기 때문에, 보통 품행이 천박하고 못된 짓을 일삼는 사람을 속되게 일컫는 말이 됐다. 못된 짓을 자꾸 하면 '양아치 같은 놈'이라고 욕을 먹을 수도 있고, 그런 사람에게 '양아치 같은 짓 하지 말라.'고 꾸짖기도 한다. 그래서 나름대로 의리를 따지는 조직폭력배는 자신들을 '건달'이라고 자처하면서 힘없는 사람을 뜯어먹는 족보 없는 경쟁 조폭을 '양아치'라고 깔보기도 하는 것이다.

점잖은 한 신문사 주필이 조국 전 법무장관과 윤미향 민주당 당선자를 양아치에 빗대는 칼럼을 썼다. 그런 부류의 사람들이 보이는 특징이라고나 할까, 사리사욕과 야비함 같은 것을 어떤 행동 양태로 묶어 하나의 '이즘(-ism)'으로 분류한다면 그것을 '양아치즘'이라고 할 수 있다는 것이다. 시론 제목이 '조국·윤미향과 양아치즘'이었다. '잘못이 드러나도 뻗대고, 오히려 문제를 제기하는 측을 궤변과 힘으로 굴복시키려 드는' 부류들, 그들은 '뒷골목에서 힘없는 사람을 이용하거나 협박해 뜯어먹는 양아치와 같다'는 것이다. 이 칼럼은 조국 부부와 윤미향 당선자 같은 부류가 득세하는 세상을 한탄하면서 이런 사람들, 여권에서 손꼽는 내로남불의 화신처럼 보이는 양아치 같은 사람들과 동조 세력이 몇 가지 위험한 경향을 드러내고 있다고 지적했다. 그 네 가지 '위험한 경향'을 소개하면서 필자의 생각을 덧붙이고자 한다.

첫째, 그들은 양심을 중요시하지 않는다. 양심 세력인양 거들먹거리고 있지만, 그 사람들의 목표는 국민들 눈에 그렇게 비치기만 하면 된다. 일단 자신들이 양심 세력으로 분류되는 데 성공하면 다음에는 도덕성이나 투명성을 헌신짝처럼 던져버린다. 네차예프의 '혁명가 교리문답'처럼 목적 실현을 위해서는 인륜과 도덕과 양심 따위는 당장 버려도 된다. 세르게이 네차예프는 19세기 러시아의 무정부주의 혁명 청년이었다. 그는 무기징역 형을 살다가 35세에 죽었다. 도스토옙스키의 소설 『악령』의 캐릭터이기도 하다. 네차예프는 '혁명가 교리문답'을 만들어, 혁명가는 오로지 혁명만을 위해 무슨 짓이라도 다 하는 몰沒도덕적이고 초超윤리적인 괴물이 돼야 한다고 주장했다. '혁명가는 법률·도덕·인습에 얽매여선 안 된다. 부도덕과 범죄를 주저해서도 안 된다. 고마워하는 생각, 명예 의식, 감상주의, 낭만주의, 사랑에 빠져도 안 된다. 부모·자식, 친구, 애인 관계에 묶이면 더욱 안 된다.'

　　　　　　　　　　　　　　　　　　　　－조선일보, 류근일 칼럼 재인용

　'양아치즘'에 빠진 위험한 부류들의 두 번째 특징은 '명분'과 '개념'을 선점先占하는 데는 귀신들이라는 점이다. 명분을 선점하면 그 다음에 진정성 있는 노력 따위는 개나 줘버리라는 태도다. 이들이 노리는 명분은 정의, 공정, 평등, 생명, 기억, 평화, 인권 등이 대표적이다. 우리가 익히 아는 것처럼 정의란 말을 단체 이름에 앞세운 사람들이 우리를 실망시키는 경우가 어디 한두 번이었던가. 정의기억연대를 앞세운 곳에 정의는 사라지고 없다. 교육 평등을 앞세워 수월성 기회를 없애면서 자기네 자식은 자사고

특목고 외국어고 보내고 미국에 유학 보냈다. 평화와 인권을 외치면서 정작 북한 핵무기와 북한 주민의 인권은 내팽개쳤다.

'양아치' 같은 부류들의 세 번째 특징은 '다음 세대'를 생각하지 않는다는 점이다. 이들은 다음 세대를 생각하지 않고, '다음 선거'를 생각할 뿐이다. 미래 세대에게 부담을 떠넘기는 줄 뻔히 알면서도 수십조 원에 이르는 적자 국채 발행에 앞장섰다. 노동 시장이 경직되면서 청년 일자리는 오히려 줄어들었다. 인구가 감소하는데 공무원 일자리는 늘렸다. 그런데도 30·40 세대의 지지는 확고하다. 최대 피해 계층으로부터 최대 지지를 받는 이런 아이러니는 야당의 무능과 방관, 그리고 전교조 덕분일 것이다.

여권에 포진한 이런 부류 속에 나타나는 네 번째 위험한 경향은 국익보다 지지층을 먼저 챙긴다는 점이다. 여권에서 '사람이 먼저다'라는 슬로건을 내걸었다면, 그것은 자기네 지지층이 먼저라는 뜻일 뿐이다. 원전 부문에서 우리나라가 초일류 경쟁력을 갖추고 있고 해외 시장도 확대일로에 있어도, 저쪽 극렬 지지층 중에 원전에 반대하는 세력이 있으면 탈원전 정책을 끝까지 밀고 나간다. 실제로 탈핵 운동가가 비례대표에 당선되기도 했다.

영화 '기생충'에서는 등장인물들이 위선적인 삶을 살면서도 부끄러운 줄을 알고 자신을 감추려고 자제한다. 그러나 조국이나 윤미향 같은 부류는 그보다 훨씬 나쁘다. 보통 사람들은 자신의 어두운 면이 드러나면 바로 고개를 숙이고 공적인 자리에서 내려온다. 그러나 어떤 부류는 끝까지 고개를 쳐들고 당당하게 발뺌한다. 비판하는 쪽을 향해 '친일 세력의 발악'이라고 되받아 친다. 윤미향 당선자는 "6개월간 가족과 지인들이 숨소리까지 털린 조국 전 법무장관이 생각난다."고 했다. 칼럼은 이걸 두고 한마디로 '유유상종'이라고 했다. 모든 것을 떠나서 '인간의 조건' 같은 것을 떠올리게 한다. 지금 이런 양아치즘이 성실하게 노력하는 사람이 존경받는 우리 사회의 정신적 기초를 허물어뜨리고 있다.

대한민국 부패방지용 '소금 목소리' 터졌다

소금이 맛을 잃으면 무엇으로 짜게 하리오

예수님 말씀 중에 기자를 천직으로 알고 살아온 필자에게 가장 뼈를 울리는 말씀이 있다. '너희는 세상의 소금이니 소금이 만일 그 맛을 잃으면 무엇으로 짜게 하리오. 후에는 아무 쓸데없이 밖에 버려져 사람에게 밟힐 뿐이니라.' 최재형 감사원장이 감사원 직원들에게 '성역 없는 감사'를 촉구하면서 인용한 말씀이다. 그러나 기자들에게도 그대로 적용될 수 있는 말씀이다. 기자의 존재 이유를 밝힌 말씀이기도 한 것이다. 옷깃을 여미며 오늘도 이 말씀을 되새긴다.

성서 누가복음 14장 34절에 이런 예수 말씀이 있다. '소금도 그 맛을 잃으면 무엇으로 짜게 하리오.' 여기서 말하는 소금은 음식에 맛을 내라는 뜻이 아니다. 제자들에게 세상의 부패 방지 역할을 하라는 준엄한 명령 말씀이다. 조선일보 1면에는 모처럼 대한민국 부패 방지용 '소금 목소리'를 세 분한테서 들을 수 있었다. 한 분씩 차례로 소금 목소리를 음미해본다.

첫 번째 '소금 목소리'는 최재형 감사원장에게서 나왔다. 감사원은 한국수력원자력이 월성 원전 1호기를 너무 빨리 폐쇄하기로 결정한 것에 대해 절차를 제대로 밟았는지, 규정을 정확하게 지켰는지, 경제성을 고의로 축소 조작하지는 않았는지, 등등을 들여다보고 있었다. 그런데 국회에 감사 보고서를 내야하는 법정 시한을 어기면서까지, 특히 지난 4·15 총선을 며칠 앞둔 4월 9일, 4월 10일, 4월 13일 세 차례나 감사위원회를 열고도 결론을 내지 못하고 보류 상태로 넘어가자, 최재형 감사원장은 4월 20일 실·국장 회의를 열고 준열하게 꾸짖은 것이다. 그 '소금 어록'을 몇 곳 소개하겠다.

'성역 없는 감사란 공직 사회에서 누구나 문제가 있다는 것을 알고는 있지만 문제 제기조차 금기시되는, 감사할 경우 거센 반발이 예상되는 영역에 대한 감사다.' 나는 일찍이 이것보다 더 명쾌하게 성역 없는 수사나 감사를 정의한 말씀을 보지 못하였다. 감사원 감사관이나 검찰, 그리고 언론사 기자들에게 말해주고 싶다. '성역'이 뭔지 모르겠는가. 그것은 손을 댔을 경우에 거센 반발이 예상되는 곳, 그곳이 바로 성역이다. 정권 눈치를 보던 감사원 감사관이 있었다면 가슴이 뜨끔했을 것이다.

최재형 감사원장은 이어 이렇게 말했다. '외부의 압력이나 회유에 순치된 감사원은 맛을 잃은 소금과 같다.' 최 원장이 기독교인인지는 모르겠으나 이 말씀은 예수님 말씀과 맥락이 똑같은 것이다. 또 최 원장은 이렇게 말했다. '검은 것은 검다고, 흰 것은 희다고 말할 수 있어야 한다. 검은 것을 검다고 분명히 말하지 않는다면 그것은 검은 것을 희다고 하는 것과 다를 바 없다.' 검은 것을 검다고 하지 않는다면, 그것은 검은 것을 희다고 하는 것이나 진배없다. 정말 명언 중에 명언이다. 감사관에게 있어서 범죄를 보고 침묵하는 것은 단순히 방관자로 남는 게 아니라 그 범죄에 적극 가담하는 것이나 같다고 되새겨준 것이다.

최 원장은 옛날 경험을 인용하면서 이렇게 말했다. '원장인 제가 사냥개처럼 달려들려 하고 여러분이 뒤에서 줄을 잡고 있는 모습이 돼서는 안 된다.' 전쟁터에서 지휘관은 적진으로 달려들려고 하는데 병사들이 뒤에서 망설이고 있다면 승패는 보나마나다. 반대가 되어야 한다. 병사들이 사냥개처럼 적을 물어뜯으려 하고, 지휘관이 오히려 시와 때를 가리는 '지혜의 목줄'을 잡고 있어야 사기가 충천한 군대라고 할 수 있는 것이다. 비단 감사원뿐만 아니라 어떤 조직이든 그 기관의 기관장이 적극적으로 뛰어들어 불의와 부패를 솎아내려고 하는데, 오히려 아래 직원들이 주저주저하면서 기관장을 만류한다면, 그 기관은 죽은 조직이다.

두 번째 '소금 목소리'는 일본군 위안부 피해자 구명운동에 앞장서온 올해 아흔둘 이용수 할머니에게서 들을 수 있었다. 이용수 할머니는 대구에서 기자회견을 열고 이렇게 말했다.

'증오만 키우는 수요집회는 더 이상 참석하지 않겠다. 학생들이 수요집회에 참가하기 위해 귀한 돈과 시간을 쓰지만 집회는 증오와 상처만 가르친다. 올바른 역사 교육을 받은 한국과 일본의 젊은이들이 친하게 지내면서 대화를 해야 문제가 해결된다. 저는 수요집회를 마치겠다. 이것 때문에 학생들 마음의 상처가 크다고 생각한다. 수요집회를 없애더라도 사죄와 배상은 백년이고 천년이고 가도 받아야 한다. 사죄와 배상을 받아내기 위해선 데모가 아니라 교육을 해야 한다. 교육관을 지어서 당당한 교육, 올바른 역사 교육을 해서 양국 문제를 해결하도록 하겠다.'

참으로 넉넉하고 정곡을 찌르는 말씀이다. 이처럼 폭넓고 스케일이 크신, 대승적이며 현실적인 판단과 지혜를 들어본 적이 있는가. 집회와 데모는 증오와 상처를 키우기만 할 뿐 문제 해결에는 도움이 안 된다, 문제를 해결하려면 올바른 역사 교육과 더불어 한일 양국의 젊은이들이 친하게 지내면서 대화를 해야 한다, 이런 말씀이다. 툭하면 반일 감정을 부추겨 정치와 선거에 이용해왔던 집권 세력이 뼈아프게 반성해야 할 말씀인 것이다. 물론 일본의 아베 정권도 옷깃을 여미고 마음에 새겨들어야 할 것이다.

세 번째 '소금 목소리'의 주인공은 단국대 장영표 교수의 아들인 스물아홉 살 장모 씨의 발언이다. 서울대 공익 인권법 센터가 2009년 조국 전 법무장관의 딸 조민 씨에게 발급한 인턴 증명서를 보고 장 교수의 아들은 검찰 조사에서 이렇게 말했다. "어떻게 이럴 수가, 완전히 거짓입니다." 조국 씨의 딸이 받은 인턴증명서가 완전 거짓이란 뜻이다. 아버지 장 교수는 '조민 씨가 역할이 커서 제1 저자로 넣었다.'면서 조국 딸을 두둔하다가 재판장으로부터 '변호인이냐'라는 핀잔을 들었는데, 오히려 그 아들은 사실이 무엇이고 거짓이 무엇인지 분명히 밝힌 것이다. 아들 장 씨는 이렇게 말했다. "제 아버지가 조민의 스펙을 만드는 데 도움을 줬기 때문에 저도 조국 교수님으로부터 스펙 도움을 받은 것입니다."

장영표 교수의 아들도 내년이면 서른 살인데 어찌 깊은 번민이 없었겠는가. 아버지가 관련돼 있고, 또 자신에게 도움을 주었던 조국 교수가 관련된 일이니만큼, 시쳇말로 좋은 게 좋은 것이라는 식으로 얼버무릴 수도 있었을 것이다. 그러나 장 교수의 아들은 그것이 부모들 사이에 '품앗이 스펙 쌓기'에 다름 아니었다고 똑바로 말한 것이다. 장 교수 아들은 조국 씨 딸과 본인이 실제 서울대에서 인턴 활동을 하지 않았다고 진술했다. 그는 이렇게 말했다. "생활기록부에 있는 것처럼 번역 서류 정리, 회의장 안내 등의 인턴 활동을 한 적이 없다. 그런 활동을 했다는 인턴 증명서는 참으로 완전한 거짓이다." 아마 모르긴 몰라도 나중에 장영표 교수는 세상 물정과 타협하는 진술을 한 아비와는 달리 끝까지 진실을 얘기한 아들이 자랑스러울 것이다.

지금까지 대한민국 부패 방지용 '소금 목소리' 세 분의 말씀을 들어봤다. 어제 만난 오랜 친구는 현 정권에게 이런 말을 했다. '풀어야 할 숙제를 안 풀고 가면 나중에 호되게 당한다.' 코로나 사태 때문에 그냥 덮어두고 총선 이후까지 넘어가버린 숙제들, 말하자면 '월성 1호기 폐쇄 의혹, 반일 감정을 정치에 이용하기, 조국 재판' 같은 것이 여기에 포함된다. 이제 그것을 호되게 꾸짖는 소금 목소리가 터져나오고 있는 것이다.

[김광일의 입] 당신의 대한민국이 무너지고 있다

초판 1쇄 인쇄일 • 2020년 12월 25일
초판 1쇄 발행일 • 2020년 12월 30일

지은이 • 김광일
펴낸이 • 임성규
펴낸곳 • 문이당

등록 • 1988. 11. 5. 제 1−832호
주소 • 서울시 성북구 동소문로 65−2 삼송빌딩 5층
전화 • 928−8741~3(영) 927− 4990~2(편)
팩스 • 925−5406

ⓒ 김광일, 2020

전자우편 munidang88@naver.com

ISBN 978−89−7456−534−3 03300

값은 뒤표지에 표시되어 있습니다.

잘못된 책은 바꾸어 드립니다.
저자와의 협의로 인지는 생략합니다.
이 책의 판권은 지은이와 문이당에 있습니다.
양측의 서면 동의 없는 무단 전재 및 복제를 금합니다.